LE ROYAUME

DE

L'ÉLÉPHANT BLANC

QUATORZE MOIS

AU PAYS ET A LA COUR DU ROI DE SIAM

PAR

CHARLES BOCK

CONSUL GÉNÉRAL DE SUÈDE ET NORWÈGE A SHANGHAI

TRADUCTION FRANÇAISE

PAR ANDRÉ TISSOT

TOURS

ALFRED MAME ET FILS, ÉDITEURS.

LE ROYAUME

DE

L'ÉLÉPHANT BLANC

———

1ʳᵉ SÉRIE GRAND IN-8°

Le roi de Siam en costume de fête.

LE ROYAUME

DE

L'ÉLÉPHANT BLANC

QUATORZE MOIS

AU PAYS ET A LA COUR DU ROI DE SIAM

PAR

CHARLES BOCK

CONSUL GÉNÉRAL DE SUÈDE ET NORVÈGE A SHANGHAÏ

TRADUCTION FRANÇAISE

PAR ANDRÉ TISSOT

TOURS

ALFRED MAME ET FILS, EDITEURS

M DCCC LXXXIX

LE ROYAUME

DE

L'ÉLÉPHANT BLANC

CHAPITRE I

En juin 1881, je me trouvais de nouveau en Orient, sous la zone chaude et humide de l'île de Singapour; je souffrais horriblement, et j'attendais avec impatience le départ du vapeur *le Kongsi*. J'espérais que le mouvement du navire dans cet air immobile me procurerait quelque soulagement; car le manque d'air était absolu, les rayons du soleil accablants. Tandis que la présence de l'eau adoucit généralement la chaleur sèche de l'atmosphère, dans ces parages le miroitement de la mer l'augmente plutôt. La surface de l'eau, lisse comme une glace, reflète et fait converger, comme un miroir concave, les reflets brûlants du soleil.

Mon unique compagnon de cabine était le señor Prostes, le nouveau consul portugais de Siam, qui se rendait dans la capitale du roi aux éléphants blancs pour y prendre possession de son poste.

Sur l'avant du bateau se trouvait une société des plus variées : des Hindous de Madras, la plupart tailleurs ; des coolies chinois, allant chercher fortune chez leurs coreligionnaires de Siam ; des Birmans, au corps bizarrement tatoué en bleu et en rouge : ceux-ci se rendaient aux célèbres mines de saphirs de Tschandabun, pour y chercher la richesse ou plutôt la mort sous un climat meurtrier.

Tandis que nous longions la côte est de la péninsule de Malacca pour nous rendre à la ville étrange et féerique de Bangkok, le capitaine Uldall, qui est un marin accompli et en même temps un homme de bonne compagnie, nous indiquait les points de vue les plus curieux.

Une montagne s'élevait au loin, sur une langue de terre ; à mesure que nous avancions, le paysage formait un tableau charmant.

Après un voyage de quatre jours, le vapeur arriva à l'embouchure du Ménam ou Tschau-Pya-Ménam[1]. Un pilote vint à bord pour nous guider à travers les obstacles qui hérissent le rivage : partout des bancs de rochers, des récifs et des écueils, qui semblent être autant de chevaux de frise menaçants.

Il y avait surtout une barre extrêmement dangereuse. Quand nous l'eûmes passée, nous arrivâmes près d'une petite île dans laquelle s'élève un *wat* ou temple, appelé Paknam-Pratschedi-Samund-Aprakan. Ses tours dorées, entourées de celles de plusieurs *pratschedis* ou annexes au temple, surpassaient de beaucoup les cimes des arbres et luisaient au soleil couchant.

J'étais enfin arrivé au pays des temples et dans la patrie des éléphants, ce pays où la vérité et la fiction se confondent tellement, qu'il est souvent difficile de distinguer l'une de l'autre.

Quand le voyageur, arrivé dans l'île de Paknam, jette un premier coup d'œil sur Siam, il peut déjà se faire une idée

---

[1] *Tschau*, prince ; *pya*, chef de tribu ; *mé*, mère ; *nam*, eau.

de ce qu'il verra dans le royaume en général. Si Constantinople s'appelle la ville des mosquées, Bangkok peut être appelée avec plus de raison encore la ville des temples. On trouve non seulement à Bangkok, mais aussi dans les parties les plus éloignées du royaume, des wats ornés d'une ou plusieurs images de Bouddha. Ces wats sont toujours entourés d'innombrables pratschedis, également ornées d'images étranges, que tout pieux bouddhiste dépose à tout propos, comme un moyen infaillible de se rendre propice la divinité, ou comme témoignage de repentir.

Les bouddhistes professent leur religion de différentes manières, et chacun exerce la piété à sa façon. Dans les plaines fertiles, à l'ombre des forêts obscures, sur les cimes des hautes montagnes, partout enfin on remarque les signes d'un attachement général et profond à la religion, qui demande peut-être plus qu'aucune autre une soumission pieuse de la part des habitants du pays où elle exerce sa souveraineté. Le travail, le temps et l'argent qu'ont coûtés ces monuments sont incalculables. Au passage du vapeur, dans l'île de Paknam on aperçoit de tous côtés temple sur temple : l'effet de leurs tours dorées est tout à fait féerique.

Paknam est un lieu de pèlerinage très fréquenté : les pèlerins s'y rendent au commencement de la saison sèche. Ils y font de riches sacrifices et y apportent des trésors, au moyen desquels les prêtres peuvent entretenir les ornements des temples.

Les portes, richement laquées et incrustées de figurines dorées, ainsi que les marbres qui pavent le sol autour des temples, témoignent de la générosité des donateurs.

« Magnifique ! s'écria mon compagnon de voyage avec transport, superbe ! » Et, en effet, ce panorama réduit de Siam était splendide.

Mais si les temples de Paknam nous montrent ce qu'était Siam et ce qu'il est encore, les environs nous indiquent ce qu'il sera dans un avenir peut-être prochain.

En face du temple, sur la rive gauche du fleuve, s'élèvent

les bâtiments des douanes, et, ce qui est plus remarquable encore, le télégraphe; c'est par celui-ci que s'expédient au roi et aux dignitaires de l'État les nouvelles qu'apportent les navires, car nous sommes encore éloignés de quarante kilomètres de Bangkok.

C'est le premier bureau télégraphique du royaume; il supprime les vieux préjugés, et les murailles qui avaient existé pendant si longtemps dans la plus grande partie du continent asiatique, élevées par les rites mystérieux, par l'ignorance et la fatuité, tombent devant lui. Le câble télégraphique continue par Saïgon et se relie au câble interocéanique; Bangkok est maintenant en relation régulière avec le reste du monde.

A huit kilomètres, en amont de Paknam, est située Paklatlang, sur la rive ouest du fleuve. C'est là que débouche un canal qui raccourcit le chemin jusqu'à Bangkok d'à peu près trente-deux kilomètres, soit de la moitié; mais ce canal n'étant navigable que pour de petits bâtiments, notre navire dut suivre le cours tortueux du Ménam.

Arrivé près de la capitale, notre vapeur fut reçu par deux douaniers en chef, l'un siamois, l'autre chinois, qui se conduisirent très convenablement à notre égard comme seuls passagers européens, mais qui fouillèrent tous les autres consciencieusement, surtout les Chinois; car ces derniers sont passés maîtres dans la contrebande de l'opium et d'autres articles passibles des droits de douane.

D'ailleurs l'importation ne subit pas de droits d'entrée considérables, d'autant plus que l'exportation lui est supérieure.

C'est le riz qui paye le plus comme marchandise exportée, quatre *tikals* pour le *pikul* de riz issu, et la moitié pour le riz non issu. (Un tikal, en monnaie française, vaut 3 fr. 15, et un pikul pèse 60 kilogr. 500 gr.)

On me dit que cet impôt rapporte à lui seul 5 millions de francs; c'est le *kromatah* ou ministre des affaires étrangères qui en est responsable, il en touche le 10 pour 100. Il y aurait un grand avantage pour le pays s'il existait une perception d'impôts bien organisée, comme dans les douanes des ports chinois.

Les autres denrées d'exportation sont surtout le bois et le poisson sec, dont on expédie des quantités énormes, entre autres le fameux *pha-heng* ou *pla-salit;* on perçoit un droit de 3 pour 100 sur sa valeur réelle. Il y a un droit d'intérieur sur certains articles, par exemple sur le sucre, la soie, le coton, le poivre, le poisson salé (*pla-ta*), le sel, le tabac, la cire, etc.; mais ces articles ne payent pas pour l'exportation.

L'opium se vend également en détail par les agents et dignitaires du gouvernement.

Le dernier ex-régent recevait 10 pour 100 du produit de cet impôt. Un autre monopole presque aussi productif que celui de l'opium est celui de la boucherie de porc, c'est-à-dire le droit de tuer et de vendre les porcs, dont les habitants de Siam sont aussi friands que les Chinois.

Dès mon arrivée, je fis une visite au consul anglais, sir Newman, qui m'accompagna avec M. Gould, premier interprète du consulat, chez le kromatah, qui demeure dans un palais spacieux, un peu en amont du fleuve.

Les rues de Bangkok sont dans un triste état, surtout pendant la saison pluvieuse; on se sert alors presque toujours de bateaux. Le fleuve, à cause de l'immense extension de la ville sur ses deux rives, est d'une grande utilité pour les communications.

De nombreux petits canaux, qui servent aussi de rues latérales, conduisent dans l'intérieur de la ville. Il est vrai que, dans ces derniers temps, beaucoup de rues nouvelles ont été construites sur l'ordre du roi; mais elles sont toutes exposées aux inondations.

La ville de Bangkok est située dans une plaine formée successivement par des alluvions; cette plaine est sous l'eau pendant la saison pluvieuse, et pour que les rues pussent servir en toute saison, il faudrait les exhausser.

Une certaine partie des impôts est destinée à la construction et à l'entretien des rues. Les voyageurs feront donc bien, jusqu'à ce que les rues soient rendues plus praticables, de s'en tenir au fleuve et aux autres voies d'eau, et de parcourir la ville en barque, comme cela se fait à Venise. Comme les Européens et les riches naturels cherchent aussi à éviter les émanations de l'intérieur de la grande ville, les maisons situées sur les bords de l'eau sont très recherchées, et, par suite, les loyers y sont relativement élevés.

Rien de plus intéressant que la vue du fleuve.

Au milieu de son large lit se dressent les mâts des vapeurs anglais; leur taille gigantesque dépasse de beaucoup les plus grands bâtiments des naturels, qui vont et viennent entre eux et le rivage. Le long de la rive flottent côte à côte les barques des indigènes, dont la première rangée est fixée au rivage, tandis que les autres sont attachées entre elles au moyen de bambous. La barque où le batelier loge avec sa famille est recouverte d'un toit en forme de demi-lune.

Au-dessus de ces rangées de barques, le long du rivage, s'étendent aussi loin que voit l'œil les toits inclinés des maisons, dont l'uniformité n'est interrompue que par le reflet des tours des temples, des pratschedis, ou des pinacles des palais royaux.

On dit qu'il y a plus de cent temples dans cette ville, sans compter les innombrables pratschedis. Par une journée de beau soleil d'Orient, l'effet des tours étincelantes, dont beaucoup sont dorées jusqu'à la pointe, est vraiment superbe.

La rivière elle-même est très animée.

Ici, devant la demeure de l'interprète royal, M. Alabaster, se tient une espèce de marché sur l'eau; des douzaines de petites barques vont et viennent, montées par une ou deux femmes vêtues de camisoles blanches étroitement ajustées, la figure à peine visible sous leurs chapeaux aux larges bords, faits de paille ou de feuilles de palmier; on entend leurs voix bruyantes, elles marchandent avec leurs pratiques. Ces femmes vendent des fruits et des légumes, du bois à brûler, et toutes les marchandises venues par bateaux des contrées en amont du fleuve.

Çà et là on voit flotter des restaurants chinois dans lesquels un « seigneur chinois » quelconque débite pour quelques

Les bords du Ménam à Bangkok.

sous un menu fricot de riz épicé, de légumes cuits, de porc, de poisson séché et de gâteaux.

Et plus loin passent des barques de plaisance en forme de gondoles, dans lesquelles des employés, des marchands, oubliant un moment leurs soucis, prennent l'air, comme c'est la mode à Bangkok. Car, malgré la verdure du rivage, malgré les jardins des temples, toujours ornés à profusion d'arbres rares et verts, et, bien que les rues soient souvent plantées de palmiers, de noyers, de platanes et d'autres arbres des tropiques; quoique enfin les espaces vides entre les maisons soient garnis de plantations, il n'existe pas de parcs ou de jardins publics : le seul et unique endroit où l'on respire, c'est le fleuve.

Le jardin royal est ouvert une fois par semaine, et une musique excellente y joue tout l'après-midi. Mais les rares dames européennes et américaines n'ont pas l'occasion d'y déployer leurs toilettes : ces dames ne se montrent dans leurs atours que quand le ministre des affaires étrangères ou un autre dignitaire donne un bal ou une soirée.

A Bangkok, tout le monde a sa barque ou un rameur à son service.

Les étrangers peuvent se procurer des barques à l'hôtel au prix fixe de 10 fr. 80 pour une barque à quatre rameurs, et la moitié pour un ou deux rameurs.

Le courant du fleuve est très fort, et les rameurs ont une manière à part de manœuvrer qui leur permet, prétendent-ils, de déployer plus de force contre le courant. Le point où sont fixées les rames est très haut; comme sur des échasses, le rameur est debout au lieu d'être assis; il a la figure tournée en avant, de sorte qu'il ne tire pas ses rames, mais qu'il les pousse.

C'est par la voie d'eau que nous nous rendîmes au palais du kromatah.

Après un quart d'heure d'attente, on nous fit passer par une série de pièces spacieuses et aérées; puis nous fûmes introduits dans une longue cour étroite remplie d'hommes,

de femmes et d'enfants, qui assurément ne s'étaient placés
là que pour nous dévisager avec curiosité.

Dans cette cour, il y avait une grande quantité de cages
remplies d'oiseaux vivants et d'autres animaux. Je vis, entre
autres, deux beaux singes blancs et un corbeau blanc aussi.

Les albinos paraissent être tout à fait communs dans ce
pays, où l'éléphant blanc est un animal sacré.

En tournant à gauche, nous fûmes introduits dans une
salle au milieu de laquelle s'élevait une espèce d'estrade à
laquelle conduisaient des marches d'un beau bois foncé ressemblant un peu au bois de rose; ces degrés étaient merveilleusement polis; sur l'estrade, trois piliers magnifiques, luisants
comme de l'ivoire, de ce même bois rare et précieux, suppor-
taient le plafond. Bien que ce bois fût si dur qu'aucun Chinois
n'avait voulu le travailler, les ornements de ces piliers avaient
cependant été exécutés par des indigènes.

Son Excellence le kromatah était un homme de cinquante
ans environ, fort, bien proportionné, au visage affable un
peu marqué de petite vérole, mais défiguré à cause de ses
dents teintes à la noix de bétel. J'avais cru le trouver dans un
habillement de cour, il n'était presque pas vêtu. Le kromatah
n'avait qu'un drap enroulé autour de la ceinture; un esclave
lui frotta les bras et les mains, et les lui lava ensuite avec du
jus de citron, ce qui me rappela le *pitscha*[1] des Malais.

Le ministre souffrait, paraît-il, du mal habituel des diplo-
mates : la goutte. Il était dans sa chambre à coucher; sur une
estrade se trouvait un lit anglais, en cuivre, étrange contraste avec les riches boiseries indigènes; le long des murs
plusieurs armoires pleines de curiosités de toute espèce, et
presque aussi nombreuses que dans un musée; le kromatah
les avait collectionnées à Londres lorsqu'il remit, en 1880, à
la reine d'Angleterre et au prince de Galles les insignes de
l'ordre de l'Éléphant-Blanc.

J'étais un peu embarrassé de faire la connaissance du

----

[1] Massage.

puissant ministre dans ce costume aussi primitif; mais
M. Newman m'assura que c'était une faveur d'être reçu ainsi,
sans façons, en audience privée. D'après les habitudes du
pays, on me présenta des cigares et du thé; je ne restai naturellement auprès du kromatah que le temps nécessaire pour
expliquer la raison de mon voyage et pour demander une audience auprès du roi.

Son Excellence me promit d'exposer ma demande à Sa
Majesté.

CHAPITRE II

Deux jours plus tard, M. Newman m'écrivit que Sa Majesté me recevrait à quatre heures de relevée. A l'heure convenue, je franchissais, avec le consul qui devait me présenter, les portes du vieux palais qui fait suite au nouveau, le Tschakr-Kri-Maha-Prasat, dont la construction a été décidée par le roi.

Ce monument ne fut terminé qu'en 1880; c'est un mélange de différents styles d'architecture européenne. On a conservé cependant les toitures pittoresques et originales de Siam.

L'ameublement et la décoration sont d'un goût artistique consommé. Les meubles ont été achetés à Londres pour le prix de deux millions de francs.

Une des curiosités du palais est une bibliothèque très grande et très bien fournie, à laquelle le roi s'intéresse vivement; tous les écrits périodiques d'Europe et d'Amérique y sont collectionnés fort régulièrement.

C'est ici que le roi s'occupe de toutes les affaires de l'État, aidé par son frère et secrétaire privé, le prince Devawongsa, nommé ordinairement prince Devan. Ce sont les hommes les plus affairés du pays; rien n'est trop élevé, rien n'est trop petit pour échapper à l'attention du roi. Un de mes amis, qui a souvent l'occasion d'observer l'activité du souverain, m'écrivait :

« Tout dignitaire de quelque importance doit faire personnellement ses rapports au palais, et toutes les questions intéressant le royaume arrivent chaque jour, jusque dans leurs détails les plus minutieux, à la connaissance du roi. Sa Majesté doit certainement feindre d'ignorer, par prudence, les nombreux abus des administrations; mais ils ne passent pas inaperçus à ses yeux, et trouveront bien un jour leur punition. »

Le prince Devan est le bras droit du roi, et il mérite absolument la confiance que son royal frère met en lui. Plein de tact et d'adresse, il fait face aux devoirs et aux responsabilités que la double charge de secrétaire privé et de chancelier du trésor lui impose. Quoique tout jeune encore, il a la réputation d'être aussi posé et aussi réfléchi que beaucoup d'hommes plus âgés, et ses capacités sont encore rehaussées par ses manières affables et polies envers tous ceux qui ont l'occasion de le voir, soit dans les affaires, soit dans la vie privée.

Derrière les portes du palais se trouvait une troupe de soldats en uniforme à l'européenne, sauf les bottes, qui sont réservées aux officiers.

C'est la tante du roi qui est à la tête de la garde du palais; elle est toujours en faction, et personne ne peut pénétrer dans le palais sans une permission en due forme.

Derrière une série interminable de cours, d'espaces libres, s'élève une rangée de bâtiments peints en blanc : la bibliothèque, le musée, la caserne, la monnaie, etc. Tout cela est très confortablement aménagé.

Nous arrivâmes enfin à un pavillon meublé à l'européenne, dans lequel deux officiers nous reçurent. Ils portaient le costume très coquet de la cour : jaquette à boutons dorés, *paming;* écharpe enroulée autour du corps et descendant, comme une sorte de pantalon ou de jupon, jusqu'aux genoux (ce costume est porté dans tout le Siam et le Lao), enfin des bas blancs et des souliers à boucles.

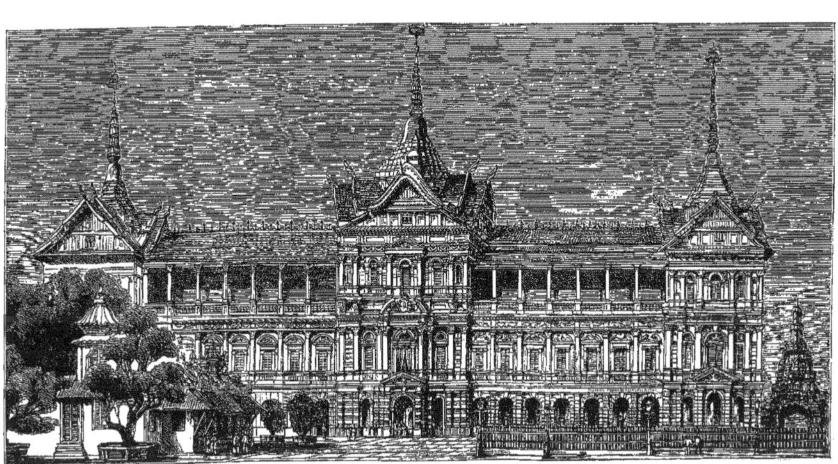

Le palais du roi à Bangkok.

On nous servit du thé, des cigares, du buris de Siam, sorte de cigarettes enveloppées dans des pétales de fleurs de lotus, produit des propres plantations du roi, et qui donnent un parfum étrange à la fumée.

Bientôt parut un adjudant, — un des frères du roi, — en uniforme richement brodé, pour nous conduire auprès de Sa Majesté.

Il nous fit traverser d'abord la salle du trône, où l'on arrive par un magnifique escalier de marbre garni d'élégants palmiers, de fougères et de fleurs, encadrant de beaux bronzes et de riches candélabres.

La salle elle-même contenait beaucoup de tableaux à l'huile et une grande quantité d'ornements, de bijoux et de bronzes, et, parmi ces derniers, les bustes de plusieurs souverains d'Europe. Mais nous passions si vite, que je ne pouvais remarquer tous les détails. La salle de réception fait suite à cette pièce; elle est grande et spacieuse, meublée tout à fait à l'européenne et avec un luxe prodigieux.

En entrant j'aperçus, à l'autre extrémité de la pièce, S. M. Tschulalonkorn, roi de Siam et de Lao, très bel homme d'une trentaine d'années, svelte et droit, au visage agréable où brillent de beaux yeux noirs.

Lorsque nous nous arrêtâmes pour faire trois fois la révérence, comme le veut l'étiquette, il vint au-devant de nous, tendant la main à M. Newman.

Après la présentation, il me pressa aussi la main, en nous invitant à prendre place sur des chaises, au milieu de la salle, tandis qu'il s'assit sur un divan élevé placé le long du mur.

La vieille coutume suivant laquelle toute personne paraissant devant le roi devait se jeter à terre, a été abolie par le prince aussitôt après son avènement, en 1868; toutes les classes de la société sont maintenant autorisées à s'approcher debout du souverain, et ont le droit de demander une audience qui leur est toujours accordée; les pétitions et les sollicitations sont remises au roi lui-même pendant ses promenades.

Sa Majesté sait, dans sa politique, faire tous les sacrifices pour augmenter le bonheur et la prospérité de son peuple. Son plus grand mérite jusqu'ici est probablement d'avoir aboli l'esclavage dans ses États. L'exécution de cette mesure date de 1872, et fait des progrès continuels. Les enfants d'esclaves sont libres[1]. Cette raison seule suffit pour lui donner droit à l'épithète de *Grand* ou de *Bon*, qu'il soit à même ou non d'exécuter et de mener à bonne fin les améliorations importantes qu'il a entreprises depuis son avènement au trône.

Sa Majesté s'appelle de son vrai nom Pra-Bat-Somdeth-Pra-Paramindr-Maha-Tschulalonkorn-Pra-Tschula-Tschom-Rlao-Tschau-Yu-Hua. A ce nom s'ajoutent encore une foule de titres, de charges et de dignités, comme par exemple : « maître de l'éléphant blanc, » etc.

Tschulalonkorn est le neuvième enfant du roi Mungkut, qui le précéda sur le trône.

Son père s'appelait Somdeth-Pra-Paramindr-Maha-Mongkut. Il était lui-même un savant monarque oriental. Il éleva ses enfants dans les principes de la liberté, tout en leur donnant une instruction solide. Tschulalonkorn en fit son profit, et, convaincu des avantages que procurent les connaissances étendues et multiples, il s'efforça de donner une forme réelle aux idées qu'on lui avait inculquées sur la civilisation de l'Occident.

Son règne est le commencement d'une ère nouvelle pour le développement du Siam.

Sa première jeunesse fut confiée à une dame américaine, Mme Leonowen, tandis que plus tard le capitaine Bush, chef

---

[1] Tous les princes et dignitaires ont un entourage, non pas d'esclaves proprement dits, mais d'esclaves pour dettes ; ce sont des gens qui servent dans les mêmes conditions que les *pandelinge* dans l'archipel malais. Le terme « esclave pour dettes » est employé pour un serviteur qui a fait des dettes chez son maître ; celui-ci le cède à quelqu'un parce qu'il ne peut s'acquitter, et le salaire du serviteur paye ses dettes à son maître précédent : il faut que le débiteur serve jusqu'au parfait payement de ce qu'il doit. Mais il n'arrive pas souvent qu'il se libère ; au contraire, il sait parfaitement s'arranger pour augmenter constamment ses dettes, de sorte qu'il reste dans un servage perpétuel, ce qui convient du reste à son caractère et à sa paresse. J'ai vu rarement un esclave pour dettes qui ne fût pas content de son sort.

actuel du port de Bangkok, homme d'esprit et de cœur, fut chargé de l'éducation du futur roi. Il employa son influence

Le prince Devawongsa.

bienfaisante à former le caractère du jeune homme. Sa Majesté n'a pas hésité à reconnaître et à récompenser le mérite du capitaine par toutes sortes de faveurs.

Né le 22 septembre 1853, le prince était âgé de quinze ans seulement quand il fut couronné roi.

Pendant sa minorité, S. A. le Somdeth-Tschau-Pya-Boro-mara-Sri-Snrinougse, homme d'État adroit et capable, chef de la plus puissante famille noble du pays, qui règne sur la plus grande moitié de l'ouest de Siam, fut chargé du gouvernement.

Son fils unique est président des ministres ou *kalahome;* mais il n'a hérité ni du talent politique, ni du talent administratif de son père; si renommé en Siam.

Le kromatah est un des demi-frères de l'ex-régent.

Pendant mon séjour à Bangkok, j'eus l'honneur de présenter mes respects à S. A. l'ex-régent. Il était alors âgé de soixante-quatorze ans. Sa mort, survenue depuis, a affecté douloureusement le roi, et tout le Siam a dû regretter cette personnalité éminente.

Une amélioration que le roi a introduite dans son royaume et dans l'administration, c'est que les princes et les dignitaires du *sanabodi* ou conseil d'État sont tenus de lui faire leurs rapports et de lui transmettre leurs idées par écrit. Les souverains précédents auraient puni de pareils faits comme inconvenants. Sous ce rapport, le roi est plus avancé que son peuple; mais il fait tout ce qui est en son pouvoir pour élever ses sujets jusqu'à lui. Il protège l'instruction et l'éducation; il accorde libéralement son influence à tout ce qui peut servir au triomphe des idées de la civilisation et de la science. Il a fait élever à ses frais en Angleterre, en France et en Allemagne, pendant plusieurs années, un certain nombre de jeunes gens de familles nobles.

Encore en ce moment, l'un de ses plus jeunes frères fait ses études à Oxford; mais, tout en étant très bien disposé à l'égard des Européens, le roi ne montre cependant pas une préférence exagérée envers eux; il ne s'en sert qu'autant que leur concours est indispensable à l'administration indigène. Parmi ceux d'entre eux qui sont au service du roi, le capitaine John Bush a déjà été cité; c'est lui qui est le plus intimement connu du souverain. Un autre est M. Henry Alabaster, dont les lumières sont d'une grande valeur au point de vue des relations extérieures du royaume; c'est un homme d'un grand savoir, d'une expérience consommée dans le service consulaire et d'un caractère sincère. Le docteur Gowan, le médecin européen du roi, est aussi une sorte d'ami plutôt qu'un simple conseiller de santé. De même, le capitaine Richelieu, qui commande le yacht royal *Vesatri,* est aussi un ami personnel de Sa Majesté. L'exemple du souverain n'a pas été sans effet sur les sentiments de ses conseillers indigènes; les princes et les hauts dignitaires de son entourage prennent rapidement des idées européennes. Ce fait est d'autant plus important, que beaucoup d'entre eux occupent des emplois élevés. Le roi ne peut pas s'entourer d'hommes à son goût, n'ayant pas le libre choix des personnes. C'est le cas, par exemple, dans la charge de médecin royal; qui est certainement la dernière qui devrait être héréditaire. Elle appartient en ce moment à S. A. Tschau-Sai, homme lettré, prince bien disposé en faveur des Européens. Il a fait étudier la médecine à son fils en Écosse, afin qu'il pût lui céder sa place plus tard auprès du roi.

Le père de Tschau-Sai avait déjà une grande confiance dans la médecine européenne; il s'était procuré une grande quantité de médicaments, et il avait fait venir 605 kilogrammes de pilules de Halloway !

Mais revenons à l'audience. Lorsque nous fûmes assis, Sa Majesté s'informa immédiatement du but de ma visite. A une seule exception près, le roi ne parle que la langue du Siam, et toujours très haut. M. Newman étant depuis vingt ans au Siam, et connaissant parfaitement la langue du pays, traduisit les paroles du roi en anglais; mais il n'avait pas besoin de traduire mes réponses en langue siamoise, parce que le roi parle et écrit couramment l'anglais.

Les habitudes de la cour exigent qu'il ne parle que la langue de son pays, et les seules paroles anglaises qu'il prononça furent lorsque M. Newman lui expliqua que j'étais naturaliste et désireux d'explorer le pays le plus loin possible, dans la région du Nord, pour y étudier les races et collectionner les animaux et les plantes.

« Ah ! un naturaliste ! » s'écria le roi, s'adressant à moi en anglais; mais aussitôt il reprit la conversation en langue siamoise, et se renseigna sur les animaux qu'on trouve dans les autres contrées. Notre entretien continua, et il me questionna sur ma nationalité. Le roi parut un peu surpris d'apprendre que j'étais Norvégien, car ma lettre d'introduction me venait de lord Granville. Puis je lui parlai du climat de l'Orient, de mes voyages à Bornéo et à Sumatra. Le souverain s'y intéressa tout particulièrement, et montra une connaissance approfondie de tout ce qui touche à ces îles. Il y a quelques années, Sa Majesté avait entrepris deux petits voyages à l'étranger, d'abord à Singapour, à Batavia et à Samarang; puis, plus tard, à Singapour, à Malacca, à Penang, à Mulmen, à Rangoun, à Calcutta, à Bombay et à Benarès; il visita tous les points remarquables des Indes. Son but était d'étudier ces États voisins, et de recueillir des exemples profitables à son royaume.

Les améliorations tentées sous le règne si sage et par l'administration si éclairée du roi commencent déjà à porter leurs fruits.

Il me promit son concours pour me faciliter mon voyage en Siam et en Lao, et enjoignit à son frère de m'autoriser à visiter tout ce que je désirerais voir.

Je remerciai Sa Majesté pour l'audience qu'elle m'avait accordée et pour la protection qu'elle me promettait; puis je m'inclinai en me retirant, tandis que le roi me serrait la main, m'assurant encore une fois qu'il mettait tout à ma disposition pour mon voyage dans l'intérieur.

Lorsque nous repassâmes par la salle du trône, je dus inscrire mon nom et le jour de ma naissance dans un registre qui servait à cet effet.

CHAPITRE III

Avant de retourner à l'hôtel, je visitai les écuries royales
d'éléphants.

Ces animaux sont au nombre de neuf, et chacun occupe un
bâtiment à part. Deux d'entre eux, qui ne sortent qu'à l'occasion des grandes fêtes, sont célèbres par leurs dents géantes,
dont les pointes se croisent et vont jusqu'à terre.

Tous les éléphants portaient de lourdes chaînes aux pieds,
afin qu'ils ne pussent s'éloigner que de quelques centimètres;
néanmoins nous fûmes prévenus de ne pas nous approcher;
car, malgré une captivité de cinquante ans, ils ne sont pas
habitués à la présence des étrangers.

Je demandai à voir l'éléphant blanc si renommé dans le
monde entier, et M. Newman m'en montra deux qui avaient
une teinte plus claire que les autres et quelques taches
blanches aux oreilles. La différence de couleur était à peine
perceptible.

Cependant on me dit que, d'après les dernières nouvelles,
on aurait capturé un véritable éléphant blanc dans les mon-

tagnes, et on ajoutait que son arrivée était prochaine. Le 21 juin était le jour fixé pour la réception de l'animal à Bangkok. On fit de grands préparatifs pour cet événement solennel.

La sainteté de l'éléphant blanc date des temps les plus reculés de l'histoire bouddhiste. Indra lui-même était monté sur un éléphant à trois têtes. Gaudama s'incarna sous la forme d'un éléphant pour renaître une dernière fois.

Un éléphant blanc est adoré dans le pays tout entier, si peu nombreuses que soient ses taches. On sait qu'un des titres du roi de Siam est celui de : « maître de l'éléphant blanc. »

Au jour fixé, Bangkok était dès le matin dans un état de surexcitation impossible à décrire; car, d'après les dernières nouvelles d'Ajuthia, l'éléphant était bien de nuance blanche très prononcée.

Les astrologues avaient du reste prédit que le règne de Sa Majesté serait un règne particulièrement heureux, et que plusieurs éléphants blancs seraient capturés. Déjà deux ou trois de ces éléphants blancs, ou plutôt tachetés, avaient été pris, et maintenant c'était un éléphant tout blanc, d'une nuance pure, qui allait faire son entrée à Bangkok !

On félicitait les astrologues d'avoir prédit ce qui arrivait, et, comme toute la population devait participer à ce rare bonheur, le plus grand enthousiasme régnait partout.

La journée du 21 juin sera certainement longtemps une date mémorable dans les annales du Siam.

Les astrologues ou *hohus* ont joué autrefois un rôle important dans l'histoire du pays, et aujourd'hui encore ils sont très vénérés par le peuple. Jouissant d'une impunité complète, ils peuvent exercer une grande influence sur un monarque faible et crédule. Le roi actuel est un bouddhiste fervent et très respectueux de la religion de ses ancêtres; il est encore, quoiqu'il soit exempt de superstition, attaché à l'ancienne croyance, qui consiste à interroger les astres. Il a huit astrologues à son service; mais c'est plutôt pour avoir leur avis et leurs conseils en politique que pour tirer parti de leur don de double vue ou de leur puissance divinatoire.

Instruit par M. Newman, et connaissant ainsi le pro-
gramme probable de la fête, je me rendis de bonne heure aux
environs du palais. A la porte du château, je rencontrai un
prince royal authentique, c'est-à-dire, d'après le capitaine
Kœbke qui m'accompagnait, un véritable frère du roi. Il était
dans une chaise à porteurs, revêtu de l'uniforme administratif.
Il portait de nombreuses décorations et un pardessus violet

La vaisselle d'or de S. M. le roi de Siam.

brodé d'or. Un serviteur agitait au-dessus de sa tête un parasol
gigantesque tout doré; un autre domestique marchait devant
le prince et tenait dans ses mains, à bras tendus, un faisceau
de joncs très fins, signe de la dignité royale, et qui rappelle
les verges des consuls romains. Plusieurs autres serviteurs suivaient la chaise à porteurs avec tout un attirail de pipes, de
pots à tabac, de boîtes à thé, etc.; car, au Siam, un habitant de
distinction ne quitte pas sa maison sans emporter tout ce qui
lui est nécessaire, et sans avoir à sa suite une demi-douzaine
d'esclaves ou plus, suivant sa fortune.

Les uns portent les pipes, les autres les parasols ou les

offrandes destinées à Bouddha, lorsque le maître se rend au temple.

Les Siamois attachent une grande importance à leurs cachets, qui ont la même valeur qu'une signature chez nous. Ces cachets sont pour la plupart en ivoire, de la forme d'un pratschedi; ils reproduisent soit un ange, soit une fleur de lotus; on ne les applique pas sur de la cire, mais sur une couleur rouge qui ressemble au vermillon.

Quand le maître s'arrête en chemin, toute la domesticité s'accroupit à une distance respectable. Quand il entre dans une maison, les domestiques se mettent à terre au dehors, devant les marches du perron.

Une foule indescriptible s'était portée aux environs du palais, le centre de la fête. Dans le jardin, les sentinelles avaient été doublées; des fonctionnaires à cheval se portaient partout, au grand galop, faisant les derniers préparatifs pour la réception de l'animal sacré.

Après avoir regardé un instant les mouvements de tout ce peuple, le capitaine Kœbke me proposa de nous rendre au fleuve pour assister au débarquement de l'éléphant.

Le débarcadère était occupé par l'infanterie et les marins, tous en uniforme de coupe européenne. Les soldats de l'infanterie de marine surtout me firent l'impression la plus favorable par leur air martial et leur maintien vraiment militaire. Ils faisaient grand honneur au capitaine Richelieu, créateur et instructeur de ces groupes. Nous vîmes aussi l'ancienne et la nouvelle garde : l'ancienne, en camisole et en grands chapeaux ronds, rangée sous de vieux drapeaux et des banderoles. La nouvelle garde a l'aspect plus militaire, en uniforme européen.

Les troupes formaient la chaîne, pour empêcher l'encombrement des rues.

La chaîne fut un moment rompue par un éléphant géant, aux défenses magnifiques, splendidement harnaché, qui devait se joindre au cortège royal, mais qui ne montrait aucun goût pour toutes ces cérémonies; il interrompait la circulation par

Les éléphants royaux.

sa fureur. Le cornac n'avait plus de pouvoir sur l'animal, qui hurlait, emplissait sa trompe de poussière et la jetait ensuite sur la foule. Pour éviter un malheur, le cornac fit entrer l'éléphant non loin de là, dans une cour fermée.

A côté de la garde étaient placés une batterie d'artillerie de campagne et les *gatlings*, pièces favorites du roi.

Tout près du fleuve se tenait un certain nombre d'indigènes tout en blanc, coiffés de grands chapeaux en feuilles de canne à sucre, autour desquels était enroulé un large ruban d'or.

C'étaient des prêtres, des « anges terrestres », qui, ayant franchi toutes les étapes de la religion bouddhiste, ont atteint le suprême degré de perfection spirituelle.

En ce moment le corps de musique commence à entonner l'hymne national; nous nous mettons de côté pour laisser passer le cortège.

Derrière les musiciens marchait une autre troupe de musiciens siamois habillés de la tête aux pieds en écarlate, avec des tam-tam, des coquillages et d'autres instruments bruyants.

Puis les éléphants de l'État, les trois plus grands les premiers, avec des harnais dorés qui étincelaient et brillaient sur leur peau mate; ils avaient sur le dos des chaises à porteurs richement ornées de dorures.

Puis venaient quelques gardes du corps, des hérauts, des chambellans et d'autres fonctionnaires; enfin Sa Majesté, qui ne monte jamais à cheval, portée sur une chaise dorée et incrustée de nacre, les jambes croisées, la tête abritée par une ombrelle gigantesque. Les rayons du soleil, ce jour-là, étaient particulièrement brûlants. Le roi était coiffé d'un casque indien blanc; il avait un habit dont la couleur cramoisie disparaissait littéralement sous l'or; sa poitrine était couverte de décorations.

Le roi avait l'air bien portant; il répondit à mon salut par une inclination imperceptible de tête en saluant militairement. La foule ne poussa aucune acclamation sur son passage; car la manière de saluer consiste seulement à porter deux ou trois fois ses mains au front en inclinant le corps, et à prononcer continuellement le mot *khorale,* qui veut dire obéissant, et celui de *tschau,* prince.

A Bangkok, les indigènes peuvent saluer debout; mais dans le reste du pays, et aussi en Lao, on se jette à terre devant les supérieurs.

Immédiatement après le roi, venaient des pages et des domestiques portant des boîtes, des théières en or massif, des dons destinés au peuple, et surtout des présents pour les prêtres; puis, entouré de princes et de dignitaires parmi lesquels on distinguait le maître des éléphants, S. A. R. Tschau-Fah-Maha-Mala, ministre de Siam et de Lao, oncle du roi, la personne la plus importante du royaume après lui, et qui avait été chargé de la réception de l'éléphant blanc. Enfin venait lui-même le héros, l'éléphant blanc, en compagnie de trois autres éléphants. Je serais certainement accusé de cécité si je disais qu'il était blanc. Mais c'était un parfait albinos. Tout son corps était d'un roux brun pâle, il portait sur le dos quelques poils réellement blancs; la prunelle de ses yeux était jaune pâle, comme chez les albinos.

L'éléphant paraissait très paisible; aussi était-il conduit par son cornac au lieu d'être monté, comme ses compagnons. La tranquillité de l'animal faisait un contraste frappant avec l'excitation générale.

Il marchait solennellement et semblait avoir conscience de son importance.

Nous nous hâtâmes d'arriver aussi vite que possible devant le palais, où une écurie provisoire avait été installée. L'animal devait y rester à peu près deux mois; puis, suffisamment purifié et débarrassé des mauvais esprits, il irait prendre sa place dans les murs du palais.

On le conduisit dans l'écurie, et on l'attacha par une de ses jambes de derrière, au moyen d'une corde, à un pieu blanc. Tout cela fut fait sous la surveillance directe de S. A. R. Tschau-Fah-Maha-Mala.

Puis eurent lieu la bénédiction et le baptême de l'animal, en présence du roi et de toute la noblesse.

Un des prêtres présenta à l'éléphant un morceau d'une feuille de canne à sucre sur laquelle son nom entier était écrit. L'animal baptisé ne fit aucune difficulté pour manger la feuille, quoiqu'il en eût déjà fait une consommation énorme, au point de souffrir de douleurs d'estomac, comme le disaient les indigènes. On attacha alors un tableau rouge, avec le nom de l'animal en lettres d'or siamoises, à l'un des piliers de l'écurie, de manière que tout le monde pût le lire. Un ami eut l'obligeance de me le transcrire en caractères romains; je le donne ici tel quel au lecteur :

Phra-Sawet-Sakoula-Warophat, ake udom chat visute thi mongkon sri sama sakoa loma naka net adisaya sawet viset san komon la phan prom kra Khóon paramintara narane soon siamma tirat pha hana nat mahan ladet kotchera ratana phiset chaloem phop kiet kachon chop charoen sak phra chak phon parun vibun sawat akka nakin ratana phra soet loet fa.

Qu'est-ce que tout cela signifie?

S. A. le prince Prisdang, ministre de Siam à la cour d'Angleterre, eut la bonté de me traduire ce nom entier de la manière suivante :

« Un éléphant d'une belle couleur, le poil, les pieds et les yeux blancs. Perfection des formes avec tous les caractères d'une famille illustre. La couleur de la peau est celle du lotus. Un rejeton de l'ange des brahmines. Acquis comme propriété par la puissance et la gloire du roi, pour son service. Il est un descendant de la famille des éléphants, la plus noble de la création. Une source de puissance pour attirer la pluie. Il est aussi rare que le cristal le plus pur, et de la plus haute valeur. »

Je m'adressai à S. A. R. Tschau-Fah-Maha-Mala pour obtenir la permission de faire un dessin colorié de l'éléphant. Le prince m'y autorisa avec amabilité, en me priant de me trouver dans l'écurie le 27 juin, à huit heures du matin.

Ce jour-là le prince, exact comme toujours, s'y trouvait lui-même. Six serviteurs lavèrent l'éléphant en l'arrosant d'eau de tamarinde, puis ils le brossèrent. Ils témoignaient tous une grande vénération pour l'animal, et ne s'approchaient de lui que les mains jointes et en se traînant sur les genoux.

Un singe blanc, qui se tenait toujours à une distance respectable, était là pour tenir compagnie à l'éléphant. Pendant que je dessinais, Son Altesse me raconta avec bienveillance la capture de l'animal, qui était âgé, suivant lui, de quatre à cinq ans. Ce prince a une autorité compétente en tout ce qui concerne ces pachydermes. Il me montra un jour une collection très complète d'ouvrages sur les éléphants, avec des images coloriées qu'il avait collectionnées un peu partout. En bouddhiste convaincu, il a une ferme croyance dans la sainteté de l'éléphant blanc. Sa chambre est ornée de différentes reproductions d'éléphants en terre cuite, œuvres d'artistes indigènes, peintes ou dorées, et assez bien exécutées pour la plupart.

Le prince est un homme d'une soixantaine d'années, d'une structure puissante, moitié siamois, moitié laotien. Il ne se soucie pas beaucoup de la toilette européenne ou de nos règles de politesse.

A ma première visite il portait une camisole blanche à boutons d'or et le *pa-nung* usuel en soie; mais plus tard il me reçut le cigare à la bouche, dans son négligé favori, en *palai* de soie dessinant ses membres.

Il passe pour un bon astronome, et il a un faible pour les montres et les pendules européennes. Il en possède au moins une centaine, et, pendant une visite que je lui fis, il me montra un chronomètre en or, merveilleusement combiné, indiquant les quantièmes et changements de mois et de lune : une merveille enfin. Ce chef-d'œuvre était la joie du vieux prince; il ne savait cependant ni le régler ni le remonter.

On avait pris l'éléphant blanc de la manière suivante. Il y a trois ans, deux chasseurs étaient partis sur l'ordre du gouverneur de la province pour capturer un éléphant blanc. Ils avaient passé quelque temps déjà dans le Dschangel et allaient renoncer à l'espoir d'une chasse fructueuse, lorsqu'ils rencontrèrent par hasard un de ces animaux couvert de boue, et paraissant plus foncé que les autres éléphants.

« Nous allons le capturer et le laver, » dit l'un des chasseurs; et, lorsqu'ils l'eurent nettoyé, ils virent à leur grande surprise qu'il était blanc !

Les deux chasseurs avaient fait leur fortune; désormais ils furent exempts de contributions, et de plus anoblis par le roi, qui leur fit de riches cadeux.

L'un reçut 400 tikals (1250 francs) et 4 kilomètres carrés de terre; l'autre, 240 tikals (750 francs) et 2 kilomètres 500 mètres carrés de terre. Le gouverneur de la province fut élevé à la dignité de *pya*.

Quelques jours après je montrai mon aquarelle au prince; il l'examina minutieusement et dit au capitaine Kœbke, qui m'accompagnait comme interprète :

« Un Européen sait peindre un éléphant; mais la peinture en Siam n'est pas très avancée. Il n'existe que peu d'artistes véritables, et leur talent est utilisé pour les fresques des wats. Leurs tableaux n'ont pas de perspective, de même que ceux des Chinois. Ils représentent toutes sortes de sujets de la vie ou de la doctrine de Bouddha, quelquefois aussi des animaux monstrueux, comme il en existe dans les contes et les légendes du Siam, tels que le Haloman ou le Ratschasi, ou enfin des éléphants blancs ou noirs. »

Un artiste ordinaire, peintre royal de Sa Majesté, me montra ses œuvres les plus récentes, des portraits du roi et de l'ex-régent, et toute une série d'éléphants, en me disant que Sa Majesté lui avait acheté plusieurs de ses chefs-d'œuvre, et qu'il avait l'intention d'envoyer quelques-uns de ses tableaux à l'académie de Londres. Je l'en dissuadai, en lui disant que ces sujets ne plairaient pas aux Européens.

La sculpture est bien plus avancée que la peinture.

Le roi, ainsi que le prince Kramalat, a des artistes indigènes à son service, qui reproduisent assez fidèlement un éléphant ou un rhinocéros.

Son Altesse Royale ne trouva rien à reprendre dans mon dessin; mais la couleur, un peu trop sombre, lui déplut. Je lui fis observer que l'animal devait être représenté fidèlement d'après nature, quoique M. Newman m'eût conseillé de le rendre aussi blanc que possible pour faire plaisir au prince.

Tschau-Fah-Maha-Mala me pria d'aller, avec son valet de chambre, voir encore une fois l'éléphant. A ma grande surprise, je constatai que l'ablution journalière à l'eau de tamarinde lui avait réellement donné une nuance plus claire; seulement il restait encore, à la tête et aux pieds, quelques points noirs, mais qui devaient disparaître en peu de temps, d'après le valet de chambre du prince.

Je fis alors un second portrait de l'éléphant, dont le roi fut satisfait.

Les anciens « livres annuels » nous apprennent qu'on a trouvé déjà autrefois de vrais éléphants blancs.

Sous le règne de Pra-Narai, en 1658 (1020 de l'ère civile du Siam), le roi avait entrepris une promenade en canot à Nakhon-Sawan; là il fut avisé que Kun-Sri-K'aun-Tscharin, de la province Sri-Sawat, avait annoncé que, pendant qu'il prenait des informations dans les forêts de Hui-Sai, Nai-Ahnsui avait capturé un éléphant blanc du sexe féminin et haut de plus de six pieds. Cette capture fut faite le mardi du deuxième mois de la lune, le deuxième jour de décroissance. Le roi ordonna que Son Excellence le gouverneur de Tanahwasih (actuellement Tenasserim, ville britannique de la province du même nom) lui amenât l'animal. Sa Majesté revint à Ajuthia, la capitale, où l'éléphant blanc arriva le samedi du deuxième mois de la lune, le cinquième jour de croissance.

L'animal fut reçu par un cortège et conduit dans une écurie, près du palais royal. Le roi lui donna le nom de Pra-Intra-Ayarah-Warna-Wisutti-Rahtscha-Kirini.

Les astrologues, les sages, les princes, les ministres et les gentilshommes furent invités à manifester leur joie pendant trois jours, et l'on fit fabriquer de nombreux objets devant servir à orner et parer l'éléphant sacré.

Pra-Sri-Sittikarn fut chargé de prendre soin de l'animal.

Nai-Ahnsui, le fils de Kun-Sri-K'aun, qui captura l'éléphant, reçut du roi le titre de Kuṅ-Katschen-Taun-Aijarah-Wisutt-Rahtsch-Kirini, une boîte en argent bordée d'or, un panung en soie et en laine, un habit de soie et 520 francs; tandis qu'on offrit à sa femme une cuvette en argent aux bords garnis de feuilles de lotus, et un *pé-kung* en calicot, plus 97 fr. 50.

Le roi donna à Kun-Sri-K'aun-Tscharin, le père de Nai-Ahnsui, le titre de Hluang-Sawats-Ra-Tschentara, et lui fit cadeau d'un fusil orné d'une oreille d'éléphant en mosaïque et d'une garniture en or, d'un panung en coton et soie, d'une camisole en soie et de 480 francs.

Le plus curieux, c'est que Nai-Ahnsui avait cru en capturant l'éléphant à une illusion d'optique, et avait été sur le point d'abandonner ce riche butin, qui lui valut tant de cadeaux de la part du roi. De plus, Sa Majesté donna au cornac et au gardien de l'animal les présents habituels. Le porteur de la lettre qui annonçait la prise de l'éléphant et l'homme qui la remit reçurent chacun un cadeau dont la valeur équivalait à 4587 fr. 50 en argent; ceux qui avaient contribué à la capture, ainsi que les serviteurs de l'État qui avaient été chargés de prendre soin de l'animal, furent aussi largement gratifiés.

Deux ans plus tard, en 1660, une nouvelle capture fut opérée, celle d'un mâle. La description qu'en donne le « livre annuel » est la même que la précédente, sauf qu'on ajoute que Kun-Mun, le gardien, apprit à l'animal la langue humaine et une foule de tours plaisants.

Tous les détenus pour crimes, en faveur desquels personne n'aurait fait aucune démarche, envoyèrent leurs vœux à l'éléphant blanc, lui promirent des sacrifices après leur délivrance et adressèrent leurs pétitions à l'animal, qui les saisit avec sa trompe et les remit au roi.

C'est ainsi que l'éléphant sacré demanda la grâce des pauvres prisonniers, et le roi, par respect pour l'animal divin, leur accorda la liberté.

Bientôt après la réception du nouvel éléphant blanc, eut lieu à Bangkok un autre spectacle.

Le cirque anglais de Wilson y passa et y donna une série de représentations auxquelles le roi, les princes et quelques nobles assistèrent. Un jour le propriétaire du cirque annonça, par de grandes affiches en langue indigène et en anglais, qu'on exhiberait un véritable éléphant blanc. La curiosité du peuple fut très excitée, et ce soir-là le cirque était bondé.

Après les exercices habituels sur des chevaux dressés, deux clowns entrèrent et commencèrent à plaisanter sur l'éléphant blanc.

« As-tu vu l'éléphant blanc? demanda l'un.

— Naturellement! Le roi en a toute une écurie pleine.

— Mais non! Le roi n'en a pas de blanc, tous les siens sont couleur chocolat; je vais te montrer le seul véritable éléphant blanc du monde entier. »

Et alors un petit éléphant blanc de l'Inde, qui n'avait pas la moindre tache noire, fit son entrée. Il exécuta tous ses tours, tourna la manivelle d'un orgue, monta sur un tonneau, etc.

Mais peu à peu le mystère éclata : l'éléphant peint en blanc laissait des traces blanches sur tout ce qu'il touchait.

Et quand un clown dit à l'autre : « Frotte donc ton nez contre sa peau, et tu seras marqué, » il se produisit un silence vraiment lugubre qui ne fut interrompu çà et là que par quelque rieur irrespectueux.

Les indigènes furent offensés de voir railler leurs idées religieuses, mais ne se vengèrent pas séance tenante. Ils se contentèrent de dire que Bouddha punirait le propriétaire du cirque, et que l'éléphant mourrait.

Leur prédiction se réalisa. L'animal périt quelques jours après, pendant un voyage à Singapour, et M. Wilson mourut aussi quelque temps après son arrivée.

Quand les Siamois apprirent cette nouvelle, ils dirent que Bouddha avait manifesté de cette manière sa colère contre les impies.

CHAPITRE IV

Quel contraste entre le wangna, ou vice-roi, et le roi de
Siam! C'est un Siamois de la vieille roche, fort et dépassant
de beaucoup la taille moyenne de son peuple; il a la figure
gaie, le front large et les joues pleines. Il est dans la fleur de
l'âge, quarante-deux ans à peu près, ne se soucie pas beaucoup
des affaires de l'État, et consacre son temps à des travaux
scientifiques. Minéralogiste, il possède une belle collection de
modèles de machines dont il se montre très fier. Il me montra
une nouvelle machine à vapeur inventée par lui. Sa charge
officielle est celle de général en chef de l'armée, mais il a peu
de goût pour le métier des armes.

Le 2 juillet, j'eus l'honneur de dîner, avec le personnel
du consulat de la Grande-Bretagne, chez le wangna, qui
reçoit tous les ans à l'occasion du jour de la naissance de sa
mère.

Cette dame était alors âgée de soixante-quatre ans.

Arrivé au palais du wangna, je fus conduit dans une galerie
ouverte où le maître de céans était assis dans un énorme fauteuil, ayant à sa droite le chargé d'affaires britannique, M. Pal-
grave, et à sa gauche M. Newman; ce dernier servait d'interprète.

On offrit le thé et le café.

De la galerie nous aperçûmes un jardin cultivé à la mode chinoise, dont les arbres étaient taillés de manière à former toute espèce de paysages et de sujets divers. Ce jardin renfermait quelques étangs, dont l'un contenait une quantité de poissons tireurs, — de l'espèce des chactodons, — qui ont la singulière faculté de capturer leur proie en lui lançant une goutte d'eau. Les domestiques nourrissent ces poissons en mettant des fourmis sur un arbre planté au milieu de l'étang.

Le poisson arrive aussitôt à la surface, jette de l'eau à la fourmi avec une dextérité remarquable, et s'en empare au moment où elle tombe.

Je n'ai jamais vu un seul de ces poissons manquer son coup.

Une autre variété de poisson célèbre chez les Siamois est le poisson lutteur. Le wangna avait dans son jardin plusieurs de ces poissons, qui sont hardis à la lutte comme le coq.

Leurs combats intéressent au plus haut point les hôtes du palais, qui parient de fortes sommes à ce genre de sport. Dès que deux de ces poissons sont en présence, ils se précipitent l'un sur l'autre, les nageoires dressées, et dans la chaleur du combat leur couleur gris verdâtre se change en rouge brillant ou en bleu.

Il n'est même pas nécessaire de les placer dans le même bassin; il suffit, pour exciter leur ardeur première, de les mettre dans deux vases de verre, et de les rapprocher l'un de l'autre. Dès qu'ils se sont aperçus, les deux poissons commencent à s'agiter et à nager furieusement; ils se précipitent contre le verre et entrent dans une sorte de rage. Un poisson seul qui se voit dans une glace attaque aussitôt son image, et change subitement de couleur.

Après que le wangna nous eut fait admirer toutes ces curiosités, il nous invita à aller au harem souhaiter à sa mère le retour de nombreux anniversaires semblables.

On nous conduisit à travers deux halles ou antichambres, dans lesquelles étaient assises quelques femmes, pour la plupart vieilles et grisonnantes.

On nous fit ensuite entrer dans une chambre bien aérée, longue et large, dont le côté gauche était séparé par un paravent d'un travail achevé, tout chargé de dorures et de peintures. L'autre côté de la chambre communiquait avec une grande cour.

Nous franchissons une porte et nous entrons dans une salle bien meublée, où se trouvent plusieurs vieilles femmes accroupies par terre. Au milieu d'elles est assise une dame grisonnante, au sourire aimable, avec une enfant de quatorze ou quinze ans à ses côtés; c'est la mère du wangna et sa fille cadette, à laquelle une figure maigre et la chevelure coupée donnaient l'air d'un garçon.

Les hommes et les femmes s'habillent en Siam d'une manière presque identique; les deux sexes portent les cheveux courts.

Les femmes ressemblent aux hommes à s'y méprendre. Dans l'intérieur, les femmes et les hommes portent les cheveux à l'ancienne mode, c'est-à-dire que les hommes se rasent jusqu'au milieu de la tête, tandis que les femmes ne se rasent pas, mais se coupent seulement les cheveux.

Elles se peignent les cils et les sourcils pour les rendre plus visibles, et hommes et femmes se poudrent le visage, ce qui se voit facilement sur leur peau foncée.

L'habillement principal des hommes et des femmes est le panung ou palai, long morceau d'étoffe de coton ou de soie avec une bordure d'or, qui s'enroule autour de la taille; les deux extrémités se relèvent, l'une par devant, l'autre par derrière. Une seconde pièce indispensable, servant aussi aux deux sexes, est le pahous, écharpe longue de plus de deux mètres, blanche, rouge pâle ou jaune. On la noue de différentes façons, sur l'épaule, sous le bras ou en croix sur la poitrine. Beaucoup de femmes et d'hommes portent une camisole de toile formant justaucorps, d'une blancheur immaculée qui tranche sur leur peau couleur olive.

Dans ces derniers temps, les hommes et les femmes ont commencé à porter des bas blancs et des souliers laqués; ils mettent aussi quelquefois l'habit en société, mais toujours avec le panung.

Les princes et les soldats, en uniforme, portent seuls des pantalons dans les soirées.

Les princes et les hauts fonctionnaires ont habituellement des jaquettes de soie bleue, richement brodées, dont le tissu est mêlé d'or.

Les femmes ont ici, comme partout ailleurs, une grande passion pour les bijoux, qu'elles étalent à profusion. Mais les boucles d'oreilles sont rares; les dames riches portent de longues chaînes d'or massif sur les épaules et autour de la taille.

Les enfants ne sont vêtus jusqu'à l'âge de dix ans que d'habillements indispensables, qui consistent surtout en plaques d'argent ou d'or, reliées entre elles au moyen d'un cordon; ils ont en outre aux pieds de lourdes boucles en argent ou en or massif et des bracelets.

Les adultes, comme les enfants, portent toujours des amulettes de toute espèce.

La mère du wangna nous salua, prit nos mains et les pressa avec effusion.

Bientôt après entrèrent des esclaves avec des corbeilles de fleurs; ils en remirent une à chacun de nous. Le docteur Smith, médecin du consulat anglais, offrit un flacon de parfum à la mère du wangna, ce qui parut beaucoup la réjouir; puis on nous invita à nous asseoir, et le thé nous fut servi. La salle était éclairée par des centaines de petites lampes alimentées d'huile de coco, dont la flamme était reflétée par de nombreuses glaces.

A l'extrémité de la chambre se trouvait une sorte de reposoir en verrerie garni de lampes, d'où émergeait une statue dorée de Bouddha.

Notre hôtesse fut très expansive et tint en haleine notre interprète, M. Newman.

Mais on peut prendre une tasse de thé en bien peu de temps.

Nous allions bientôt rejoindre le wangna dans la salle où nous l'avions laissé.

Il s'excusa de ne pouvoir assister au dîner qui nous fut servi par les ministres eux-mêmes, et pendant lequel une musique excellente exécuta de nombreux morceaux siamois et européens.

CHAPITRE V

L'aspect de Bangkok, vu de la rivière, est réellement grandiose; mais dès qu'on dépasse la rue principale conduisant du Ménam au palais, quel contraste !

Cette grande rue, ou Krung-Tscharun, longue de plusieurs kilomètres, est quelquefois submergée en partie à l'époque du *mansun,* ou vent du sud-ouest.

Quant aux rues adjacentes et aux ruelles parallèles, elles sont ou obstruées d'ordures et pleines de poussière, ou envahies par les eaux.

Les moyens de communication sont tout à fait insuffisants. Les véhicules de louage, conduits par des Klings et des Malais, sont dans le délabrement le plus complet, et leurs chevaux d'une telle maigreur, que nulle part en Europe on ne souffrirait de pareilles haridelles.

La plupart des habitations indigènes sont construites en bambou ou autre bois; il existe peu de maisons en briques; elles sont à une certaine distance les unes des autres, et on voit qu'elles sont négligées.

Les coins et les endroits écartés des rues et les ruelles

tortueuses, où croissent le kroton et mille autres plantes, renforcent l'impression générale de négligence et de saleté. Partout on voit des boutiques chinoises où l'on vend des viandes fumées, des ébénisteries pour les travaux fins et communs, des fabriques de vitraux, etc. Les hommes de métier sont presque tous des Chinois; on aperçoit seulement çà et là une fabrique de poterie indigène, où l'on fait de grossiers poêles portatifs, des pots, des cruches, des bouteilles, etc.

On trouve des Chinois partout. Tous les trois ans on perçoit un droit personnel de neuf francs quarante centimes sur chacun d'eux, sauf sur ceux qui se sont placés sous la protection des autorités européennes. Cette taxe est difficile à justifier.

En parcourant la ville, nous rencontrâmes tout à coup un édifice en pierres de taille, dont l'architecture nous révéla une chapelle chrétienne; mais elle est fermée depuis quelques années, parce que les Européens qui demeurent ici font leur service religieux chez eux, excepté les catholiques romains.

L'église catholique romaine, avec les superbes bâtiments qui sont la résidence de l'archevêque, était autrefois un wat, c'est-à-dire un temple païen.

Un peu plus loin, au delà d'un des légers ponts de fer qui servent à relier les rues coupées par des canaux, on aperçoit un grand mur en briques, avec une large porte d'entrée. Derrière ce mur se trouve un immense édifice également en briques, à l'usage exclusif des ambassadeurs qui viennent à Bangkok.

Aux environs se trouve l'un des quartiers les plus excentriques, les plus curieux et les plus vivants qu'on puisse voir. Il y règne un désordre charmant: des monts-de-piété chinois en miniature, des restaurants, des gargotes chinoises et indigènes se valant toutes, des établissements chinois où l'on élève le canard à partir du moment où il est sorti de l'œuf; ces animaux trouvent ici assez de boue et de saletés de toutes sortes pour y barboter à l'aise et y prendre leur nourriture.

On voit aussi des fruiteries chinoises, des fabriques de poteries indigènes, des buvettes chinoises, où l'on vend de l'arac sous la dénomination de *samschu,* pour le distinguer de l'arac connu sous le nom de *lao;* des kiosques, où des Chinois industrieux offrent de la limonade de leur pays à bon marché, des légumes cuits, des oignons avec un peu de porc, ou, si l'on veut, du canard sur une assiette.

Dans d'autres kiosques on voit quelques cuisiniers siamois attirer leur clientèle au moyen d'un mélange de riz en forme de gâteau, de moules et de *garneles* (espèce de mollusques) ou de poisson sec, qui empeste.

Mais la plus grande variété de maisons qui existent sont les établissements de jeux chinois, avec un *waiang,* ou théâtre à proximité. Les concessions de ces maisons de jeux rapportent des sommes considérables à l'État. On en rencontre dans toutes les parties de la ville, et les Chinois comme les indigènes s'entêtent à y entrer quand même.

Ces maisons de jeux que j'ai vues à Bangkok sont cependant toutes de la plus misérable apparence. Ce sont de grandes baraques en bambou, surmontées d'un toit; elles ne contiennent presque aucun meuble; la plupart n'ont pour plancher que des nattes étendues à terre, et sur lesquelles les joueurs s'accroupissent.

A chaque natte, c'est-à-dire à chaque groupe de joueurs, est attaché un comptable qui veille à l'intérêt de son maître, le propriétaire de la baraque.

En ce qui concerne les spiritueux, il faut remarquer encore que l'État possède des distilleries d'arac, dont il a le monopole. Mais les consuls des puissances européennes à Bangkok sont autorisés à délivrer aux sujets de leurs États des concessions consulaires, en vertu desquelles ces personnes peuvent vendre au détail des spiritueux aux indigènes. Il en résulte que les personnes étrangères ayant des concessions vendent meilleur marché que les concessionnaires du gouvernement siamois. De cette manière, l'une des principales ressources de l'État est diminuée de beaucoup.

Sous la conduite de mon ami, M. Salomon ou Nai-Salomon,

comme on l'appelle partout, le complaisant inspecteur de police à qui je dois beaucoup de reconnaissance pour les services qu'il m'a rendus pendant mon séjour à Bangkok, je visitai les endroits les plus remarquables de la ville, et fus à même d'étudier la vie intime du peuple.

Je n'aurais pu rencontrer de meilleur guide. Il connaissait les indigènes à fond, et avait le droit, en raison de ses fonctions, de pénétrer dans beaucoup d'endroits qui seraient restés fermés à un étranger. Il était d'une amabilité parfaite, ce qui rendait sa société doublement agréable.

Comme les devoirs de sa charge ne demandaient pas beaucoup de temps, avantage dont jouissent tous les Européens employés dans l'administration du Siam, il était ordinairement à ma disposition quand je lui demandais de m'accompagner.

Il me fit visiter un jour les prisons, qui se trouvent dans la rue principale, d'où l'on entend le bruit des chaînes.

On voit passer de temps en temps un détachement de prisonniers, liés deux par deux au moyen d'une chaîne; chaque prisonnier porte au cou un anneau très lourd, auquel en est fixée une autre. Leurs mains sont aussi entourées d'anneaux solides, d'où partent également des chaînes; les jambes en sont aussi entourées. J'ai vu souvent la chair des prisonniers écorchée par les fers, bien qu'ils les eussent entourés de lambeaux d'étoffe.

L'inspecteur des prisons du Siam pourrait, à mon avis, faire quelque chose pour soulager de tels tourments.

Les prisonniers sont employés à la voirie, à la construction et à l'entretien des rues.

Dans la ville proprement dite, qui est entourée d'un mur et qui renferme des palais royaux, ces travaux de nettoyage sont faits tous les jours par ces malheureux, dont on rencontre des détachements à toute heure.

On en voit aussi assis le long des rues, occupés à tresser des paniers, des étuis à cigares, etc. Beaucoup de ces objets sont faits avec goût et finesse, et témoignent d'une adresse surprenante.

Les prisonniers reçoivent tous les jours une ration de riz
insignifiante, et, comme elle ne saurait suffire, ils peuvent
vendre leurs ouvrages, ou, le cas échéant, mendier en chemin en allant à leur travail; ils s'exposent alors, il est vrai,
à recevoir du surveillant un violent coup de jonc. C'est à un
des prisonniers qu'incombe cette fonction de bourreau; on le
nomme *pokum*. C'est un détenu privilégié; dans bien des cas,
un ivrogne ou un fumeur d'opium incorrigible, toujours prêt
à faire sentir sa puissance et à frapper avec sa longue canne,
qui est l'insigne de sa charge.

A l'intérieur de la prison, le sort de ces malheureux est
encore plus misérable, et c'est un bonheur pour eux de n'être
pas forcés d'y rester jour et nuit.

Cette prison est, je crois, l'endroit le plus sale et le plus
malsain que j'aie jamais vu de ma vie.

Elle est composée d'une série de cellules ouvertes; heureusement que l'air n'y manque pas; dans ces cages étroites, les
prisonniers mangent et dorment.

Mais la puanteur des ordures qui y pourrissent et qui jonchent le sol de tous côtés est insupportable. On ne remarque
pas la moindre tentative de nettoyage. Quelques prisonniers,
sur le visage desquels on pouvait lire crime sur crime, avaient
une mine à faire pitié.

M. Salomon demanda au geôlier en chef quel était leur
nombre, et il apprit qu'il y en avait à peu près six cent cinquante, la plupart des assassins et des brigands.

Mon ami me fit remarquer que pour quelques-uns le crime
n'avait jamais été prouvé, et que beaucoup d'autres n'étaient
en prison que pour dettes.

Parmi eux se trouvait aussi un prince (je ne pus savoir
quel était son crime), qui jouissait d'une certaine liberté.
Il avait une maison pour lui seul, et n'avait pas de chaîne
à traîner. A notre vue il chercha à se cacher, comme s'il eût
eu honte de son sort.

Je visitai plus tard, avec M. Salomon, le Sampeng, partie
de la ville où a lieu tous les jours un grand marché.

Là aussi les Chinois, toujours actifs, demeurent en masse.

En passant entre les bazars, dans une rue pavée irrégulièrement de granit, nous entrâmes dans une maison de jeu chinoise; il était huit heures du matin; c'était un dimanche, le 31 juillet 1881.

La maison était vide, car le jeu commence seulement après midi et dure jusque fort tard dans la nuit. Il y avait là cinq prêtres bouddhistes, assis sur une natte et chantant en pali. Que pouvaient-ils donc faire en cet endroit?

Je le demandai à M. Salomon, qui s'en informa, et nous apprîmes que ces prêtres priaient pour le bonheur du propriétaire de l'établissement.

A l'extrémité de la salle des jeux se dressait un autel, avec une grande quantité de lampes allumées, dont la lumière se reflétait dans une douzaine de gros dés reluisants par un usage ininterrompu.

Dans toute maison chinoise ou siamoise se trouve un autel, mais ici il n'était guère à sa place.

Sur l'autel se dressait une statuette, que je pris pour une image ordinaire de Bouddha; mais M. Salomon m'apprit que c'était l'image du dieu du bonheur. Un fil était fixé à cette statuette, et les prêtres en tenaient l'extrémité. C'était une manière assez naïve de communiquer avec un être d'essence divine.

Quand les Siamois sont fatigués de jouer, ils vont au théâtre voisin et passent une heure ou deux à regarder les *lakons*, ou représentations théâtrales, dans lesquelles ne jouent généralement que des femmes.

Ce plaisir a beaucoup de rapport avec le *gamallang* de Java, ou le *sandak* de Bornéo.

La plus grande partie du spectacle consiste pour les acteurs à entrelacer leurs jambes, leurs bras et leurs doigts, de telle façon que tout leur corps semble être disloqué.

En Siam, les contorsions sont les mêmes qu'à Java; seuls les costumes diffèrent.

Les filles du lakon portent des jaquettes formant justaucorps, brodées d'or et garnies d'une sorte d'épaulettes qui pourraient passer, avec un peu d'imagination, pour des ailes. Les ongles des doigts sont protégés par des étuis recourbés à l'extrémité, comme de petites cornes, de douze à quinze centi-mètres.

Le meilleur théâtre de Bangkok appartient au pya Mahin.

Les filles qui jouaient portaient un costume écossais, et leurs têtes étaient surmontées d'une couronne représentant un pratschedi. Leur visage était poudré ou teint.

Les Siamois assistaient à ces représentations pour la musique plutôt que pour le jeu et la danse, car ils sont très musiciens. A côté d'un grand nombre d'instruments indigènes, la plupart à cordes et qui semblent être d'origine chinoise, on remarque aussi des instruments européens en cuivre.

Tout homme de distinction a au moins un ou deux corps de musique, dont un avec des instruments indigènes, l'autre avec des instruments européens.

Le roi en possède plusieurs qui sont excellents, et tous les exécutants, jusqu'au chef d'orchestre, sont indigènes.

Dans d'autres cours, les chefs d'orchestre sont allemands ou italiens ; mais les exécutants sont tous indigènes.

L'un des frères du roi, le prince Kromalat, a un corps de musique de jeunes filles, qui jouent sur leurs instruments toutes sortes d'airs et de mélodies en grande partie connus des Européens. C'est un vrai plaisir de les entendre.

Un dimanche, après midi, M. Torrey, membre de l'ambassade des États-Unis, charmant comme toujours avec les étrangers, me conduisit avec M. Libby, de New-York, chez le prince Kromalat. Celui-ci nous reçut avec affabilité, et nous demanda, en nous offrant l'inévitable thé et les cigarettes, si nous voulions entendre son orchestre.

M. Torrey m'avait déjà dit qu'il valait la peine d'être entendu.

Nous acceptâmes avec beaucoup de plaisir la proposition, et quelques minutes après, douze jeunes filles de dix à quatorze ans, proprement vêtues, en camisole blanche et en panung siamois, aux cheveux rasés sauf au milieu de la tête, portant des boucles d'oreilles en or et des bracelets, firent leur entrée l'une après l'autre.

Chacune avait son instrument sous le bras. Elles saluèrent en élevant leurs mains jointes à la hauteur de leur front, puis elles allèrent s'asseoir dans le fond de la salle.

Leurs instruments, d'un beau travail en mosaïque d'ivoire et de nacre, se composaient de guitares appelées *kayab*, de violons chinois appelés *so*, de flûtes en bambou appelées *klue*, puis de tambours et de gongs.

Les jeunes filles jouèrent d'abord avec beaucoup de goût l'hymne national de Siam; puis, à la grande surprise de mon ami américain Libby, elles entonnèrent le *Hail Columbia*.

On nous dit qu'elles avaient toutes été instruites par des maîtres nationaux.

Les Siamois louent beaucoup la sonorité et l'harmonie de leurs instruments; mais dans tout Bangkok il n'existe pas une boutique où on pourrait s'en procurer une collection complète.

Je ne trouvai qu'un ou deux instruments étranges chez un prêteur sur gages chinois; mais je ne pus obtenir un spécimen de chaque espèce.

Les princes et les nobles font fabriquer tous les instruments par des ouvriers très adroits, dans leurs propres ateliers.

CHAPITRE VI

Après les maisons de jeux, les théâtres et les buvettes, ce
qui frappe le plus à Bangkok, ce sont les édifices publics, dont
les hautes tours attirent la curiosité des étrangers.

Une description complète des temples de Bangkok, l'histoire
des contes fantastiques et des légendes des idoles, demanderaient une série de volumes. Je me bornerai à faire la description de trois des temples les plus renommés de la capitale.

De même que l'intérieur de la ville est tout autre que ce
que l'on se figure en admirant le magnifique panorama du
fleuve, de même les temples, qui ont l'air si majestueux de
loin, se montrent sous un jour tout autre quand on les voit
de près.

La boue des rues, les ordures entassées partout, les odeurs
nauséabondes, et enfin les maisons misérables désillusionnent
singulièrement le visiteur.

Nous allons dire dans ce chapitre le contraste qu'il y a entre
les temples magnifiques que nous avons aperçus en débarquant

et les temples vus dans leur réalité. Quelle différence! Et cependant leurs superbes tours dorées miroitent aux rayons du soleil couchant!

Un des temples les plus vastes de Bangkok est le Watpoh, célèbre par sa statue colossale de Bouddha mourant, qu'on dit être la plus grande en Siam. Le dieu y est représenté couché; il s'appuie sur le bras droit. Cette statue, de quarante-neuf mètres de long, est faite en briques laquées et dorées.

Les figures en mosaïque qui la décorent ont chacune leur signification et représentent les nombreuses légendes attachées au nom du dieu Bouddha.

Cette grande personnification religieuse est entourée encore d'autres sujets groupés sous les colonnades.

Le sol du temple est couvert d'un dallage en marbre. Des jardins spacieux, bizarrement disposés, s'élèvent au dehors; au milieu se trouvent des étangs renfermant les crocodiles sacrés. Ces animaux sont nourris par la jeunesse de Siam.

Tout autour il y a encore une masse de petits pratschedis, beaucoup d'arbres de tout genre, une série de galeries couvertes, dans lesquelles les prêtres vont faire leurs invocations; enfin des cloîtres sales, passés à la chaux, qui sont la résidence de ces derniers.

Un autre temple, le Wat-Tschang, est une des preuves les plus éclatantes de la croyance des Siamois dans les bienfaits de la solitude.

Ce temple renommé, qui s'élève au-dessus des eaux et des maisons de Bangkok, ressemble, vu du Ménam, à un chef-d'œuvre d'ornementation extérieure, de maçonnerie peinte et de mosaïque. Ce gigantesque édifice est construit par gradins en forme de pyramides, dans de belles proportions, et son sommet arrondi s'élève à une hauteur de trente mètres au-dessus du sol. De loin il ressemble à un tissu finement découpé et brodé, aux couleurs d'or, et dont l'ensemble est relevé çà et là par de hautes tourelles.

Les ornements en relief se détachent très nettement des autres parties de l'édifice.

Des éléphants symboliques à trois têtes sont placés sur les quatre côtés du temple, en dehors des piliers qui l'entourent.

Ces éléphants portent chacun une tour très gracieuse que surmonte une autre petite tourelle.

Si nous examinons cette construction si curieuse, nous sommes étonnés qu'on ait pu obtenir un pareil effet avec les matériaux employés, et, d'un autre côté, on ne peut s'empêcher de sourire à un pareil emploi de ces matières.

La presque totalité de la construction est en briques; les ornements sont composés de débris d'assiettes, de verres, de tasses et de cuvettes, bref, de toutes sortes de morceaux de poterie, mêlés à des millions de coquilles d'escargots, disposées avec art, en forme de fleurs de lotus, de figures et de statuettes d'anges gardiens, aux formes et aux dimensions gigantesques, encadrées de figures et de caractères hiéroglyphiques.

J'ai visité plusieurs fois cette construction étrange, qui est peut-être unique au monde. J'étais monté un jour aussi haut que possible avec M. Libby sur les gradins de la tour, et du point élevé où je me trouvais j'ai joui d'un coup d'œil superbe sur Bangkok.

Mais le plus beau point de vue sur la ville et ses environs est de la pointe du Wat-Sikhet, ou plutôt du grand pratschedi, attenant au wat, et qui est une des constructions les plus intéressantes que j'aie jamais vues. La base de ce pratschedi ressemble de loin à un château fort bâti sur les rochers et flanqué de tours massives, construites sous toutes les formes imaginables.

Sa ressemblance avec une citadelle est d'autant plus frappante que des poutres épaisses, saillant çà et là en dehors des murs et qui servent d'échafaudages en cas de réparations, ressemblent à de vieux canons.

Lorsqu'on examine cette masse rocheuse de plus près, on voit que ce n'est autre chose qu'un rocher artificiel, dont les côtés extérieurs sont entourés de murs épais en briques, formant, pour ainsi dire, des piliers, soutenant toute cette masse accumulée graduellement, et dont les flancs offrent asile à quelques plantes chétives.

Un large chemin, contournant cette colline étrange, conduit à son sommet, entouré de murs et maintenu par d'épais remparts en briques. De ce point élevé on jouit d'une vue magnifique sur la ville de Bangkok, qui s'étend comme un lac ou plutôt comme un désert d'où émergent çà et là les tours brillantes des wats, des palais et les pointes blanches des pratschedis, qui forment un contraste charmant avec l'invariable monotonie des toits grisâtres.

Le Ménam se déroule au milieu comme un grand ruban d'argent, s'élargissant de plus en plus vers la mer. En arrière on le voit briller au loin et diminuer peu à peu en se perdant dans la partie montagneuse du pays, jusqu'à ce qu'enfin l'horizon se ferme à la vue et se termine par les cimes des hautes montagnes lointaines.

Mais cette merveilleuse colline artificielle sert encore de base à une tour aérienne dont la pointe n'est visible qu'en la regardant de tout près.

A l'extérieur, l'édifice a la forme usitée en Siam, c'est-à-dire celle d'une quille ronde ou ovale, avec, au milieu, un étage carré.

Sous cette tour se trouve, dit-on, un trésor immense. C'est, en effet, l'usage d'enfouir des pièces de monnaie ou des objets de valeur à la fondation de tout pratschedi.

A l'intérieur, l'édifice, qui a quatre entrées, dont une de chaque côté, et disposées en forme de croix, ne contient pas de choses bien curieuses. Sur un autel immense, placé au centre, se trouvent deux statues de Bouddha en habits de prêtres.

Ce temple est entouré de nombreux pavillons, de cloîtres et de fours crématoires, abrités par de grands arbres et qui donnent asile à des nuées de vautours et à des bandes de chiens [1] et d'animaux divers.

[1] Un des plus grands fléaux de Bangkok est le chien paria ; comme la religion bouddhiste ne permet pas au gouvernement de les détruire, on s'est occupé sérieusement de la question de savoir comment on pourrait s'en débarrasser. Une contribution sur les chiens pourrait sans doute être établie à Bangkok ; les gens trouveraient alors le moyen de s'en défaire pour ne pas payer l'impôt.

La crémation en Siam remplace l'enterrement. On place
le cadavre dans une bière, et quatre prêtres prient jour et

Le Wat-Tschang : entrée de la place du temple.

nuit à ses côtés, jusqu'à ce que le corps soit transporté au
temple. Le laps de temps qui se passe entre la mort et la

crémation dépend de la fortune du mort ou de ses proches.

Le corps d'un pauvre est déjà porté le lendemain du décès sur un brancard de bambou au lieu de crémation ; dans d'autres cas, il peut se passer cinq, quinze, trente jours, voire même six mois, avant que les derniers honneurs ne soient rendus au mort.

Pendant tout ce temps le corps reste dans la bière, à la maison du défunt ; un tuyau de bambou, placé au fond du cercueil, sert d'écoulement aux matières putréfiées.

Je me souviens d'une visite que j'ai faite au cocher du roi, un des cousins de Sa Majesté. Le père du cocher était mort depuis six mois déjà, et le jour des funérailles, qui devaient se faire en grande pompe, n'était pas encore fixé. Je priai le prince-cocher de me montrer le corps de son père sur son lit de parade.

En entrant dans une chambre sombre, éclairée de quelques bougies seulement, je trouvai deux prêtres murmurant des prières devant une estrade, que je prenais pour un autel, mais qui était, en réalité, le lit de parade, sur lequel on avait exposé de nombreuses statuettes de Bouddha.

Des fleurs naturelles et artificielles en grande quantité, des cierges formant une gigantesque pyramide, tout cela entouré de papiers dorés et de toutes couleurs, couvraient le cercueil, dont on n'apercevait qu'un petit coin.

Le corps était resté sous cet amas de fleurs depuis le jour de la mort, en attendant les apprêts d'une fastueuse cérémonie ; malgré cela, on ne sentait pas la moindre odeur désagréable.

Les funérailles ordinaires se font dans une bière de quatre planches, tapissée au dehors de papier sombre, et recouverte quelquefois d'un couvercle ou simplement d'un morceau de calicot.

Le corps est porté deux ou trois fois autour de l'autel à crémation, chargé de bois en quantité suffisante, puis placé sur une grille en fer sous laquelle on met le combustible.

Pendant ce temps les prêtres murmurent des prières jusqu'à ce que le signal soit donné d'allumer le feu.

La combustion est surveillée soigneusement par les parents en deuil, qui reçoivent des cruches et des pots remplis d'eau, qu'ils versent sur le bois enflammé pour faire durer plus longtemps la cérémonie ; car aux funérailles ordinaires on présente du thé et des confiseries pendant la crémation, et les prêtres de service reçoivent aussi différents cadeaux, généralement des étoffes.

Chez les pauvres, on verse de l'eau afin d'empêcher la combustion complète de la bière ; car, bien que le pays soit riche en bois, la bière, quoique carbonisée et tordue, sert plusieurs fois tant qu'il en subsiste un morceau.

Mais les indigents ne font généralement pas tant de cérémonies.

Lorsque j'allai voir pour la première fois le Wat-Sikhet, je rencontrai, près du temple, deux coolies indigènes qui portaient sur un brancard en bambou le corps d'un pauvre ou d'un criminel. Quelques douzaines d'indigènes, parmi lesquels quelques prêtres, suivaient. Deux d'entre eux étaient habillés de calicot blanc (l'habit national de deuil), et s'étaient rasé leur chevelure en signe d'affliction ; cependant ils avaient l'air de n'être que des spectateurs, et ne paraissaient pas faire partie du convoi funèbre[1].

Les porteurs du corps et les prêtres de service étaient les seules personnes intéressées à ce mort ignoré.

Mais dans les airs une troupe noire s'agitait ; elle devait prendre une part très active à ce qui allait se passer.

Au-dessus des têtes des croque-morts, voltigeait et tournoyait une quantité de vautours, surveillant avec intérêt le spectacle, pendant qu'un long croassement enroué et un battement d'ailes provenant des arbres voisins annonçait que d'autres oiseaux attendaient avec avidité la fin de la lugubre besogne. Çà et là un chien maigre et affamé s'approchait de plus en plus du groupe en flairant le sol.

---

[1] La coutume de se raser la chevelure et de porter l'habit blanc en signe de deuil, observée par les deux sexes de tout âge, paraît se perdre dans la bonne société. J'ai remarqué que les princes et les hauts dignitaires avaient pris l'habitude européenne de porter le crêpe au bras.

Lorsque les coolies eurent atteint la place désignée, ils jetèrent le corps par terre, et un moment après l'air fut obscurci par des vautours avides ressemblant à des fantômes, qui s'abattirent sur le cadavre en formant un demi-cercle, pendant que les prêtres et les spectateurs contemplaient cette scène en silence.

Derrière les vautours il y avait un vol de corbeaux, et derrière ceux-ci les chiens accouraient en grognant et en se mordant au passage.

Il y eut une pause.

Un homme s'approcha du cadavre avec un long couteau effilé; les vautours s'impatientaient, s'enhardissaient davantage, et, se donnant des coups de bec pour obtenir la première place, ils m'approchèrent de si près, que je fus obligé de me servir de ma canne pour les écarter.

L'homme au couteau se pencha sur le cadavre et lui ouvrit le ventre d'un seul coup.

Les vautours commencèrent alors à pousser des cris lugubres et à s'agiter fiévreusement; il fut nécessaire que deux personnes les écartassent avant que le dépècement du cadavre fût fini.

Cette opération terminée, un prêtre s'approcha en chantant quelques paroles. Il tenait dans sa main gauche un éventail et une pipe, et dans la main droite un bâton de bambou, avec lequel il toucha le cadavre.

A peine eut-il proféré les dernières paroles, que les vautours, sachant probablement que le moment du festin était arrivé, se précipitèrent en avant avec des cris perçants.

C'était un tableau repoussant de les voir sauter sur les morceaux épars du cadavre; pas un ne voulait être en retard pour l'horrible repas. Je vis deux vautours arracher immédiatement les yeux du mort, restés ouverts pendant toute cette scène. Est-ce par gourmandise ou par crainte, je ne sais, mais il est certain que les yeux sont toujours mangés les premiers. Le cadavre était horrible, mis en pièces. Parfois un chien s'approchait furtivement pour saisir un morceau oublié; mais aussitôt les vautours se jetaient sur lui pour le lui reprendre à coups de bec et de griffes.

Au bout de dix minutes, les vautours se retirèrent peu à peu.

Le dépeceur s'approcha de nouveau et coupa le dos du mort; le prêtre renouvela son office, et le deuxième plat fut servi aux vautours.

Cette fois-ci quelques-uns semblaient en avoir assez : ce fut aux corbeaux et aux chiens d'avoir leur part. Encore cinq minutes, et il ne restait plus rien, excepté la tête et les os.

Les parents et les amis qui assistaient à cette scène ramassèrent les restes du corps et les brûlèrent.

J'arrivai ensuite dans une autre partie du temple, sorte de cour dans laquelle se trouvait un autel en briques peint en blanc.

Au milieu s'élevait une barre de fer avec un crochet au bout. Sa hauteur était de 1 mètre 20 environ. Sur cet autel se trouvaient des ossements humains de toute sorte et deux corps de petits enfants déjà en putréfaction, entourés de myriades de mouches.

En face de l'autel, dans le mur, on voyait un squelette humain.

C'était celui d'un prêtre qui avait violé son vœu de chasteté pendant la durée de son ministère, et qui avait subi la peine de mort, prévue pour ce crime. Son squelette servait maintenant d'exemple.

Par ce qui précède, on comprendra que l'air n'est pas précisément pur dans cette partie du Wat-Sikhet, et que les spectacles qui s'offrent ici ne sont pas des plus attrayants.

Les cadavres qu'on y transporte sont, à peu d'exceptions près, en pleine décomposition, même lorsqu'il s'est passé un temps relativement court entre la mort et la crémation.

La coutume d'attendre si longtemps avant de leur rendre les derniers devoirs est naturellement cause que l'air, en général, est des plus malsains.

Il est donc inutile de dire que Bangkok n'est pas un endroit salubre; il est même surprenant que la fièvre et le choléra n'y éclatent pas plus souvent.

Pendant mon séjour, le choléra y fit son apparition, et les émanations pernicieuses ne tardèrent pas à se produire, d'autant plus que l'on ne parvenait pas à brûler tous les morts assez rapidement au Wat-Sikhet.

Les cadavres furent jetés en tas et recouverts de chaux, mais la puanteur n'en persista pas moins.

Cependant, pour rendre hommage à la vérité, il faut dire que les conditions d'hygiène sont actuellement moins primitives, grâce à l'influence du roi et aux nombreuses précautions que l'on prend pour empêcher le retour d'épidémies qui dévastèrent autrefois le pays d'une manière effrayante.

Lorsque l'épidémie éclata, le roi prit aussitôt des mesures pour enrayer le mal. Il ordonna à son médecin, Tschau-Sai, de disposer trois bateaux à vapeur, ayant chacun un médecin à bord pour le service de la distribution des médicaments et des secours.

On fonda aussi, sur le conseil du roi et de ses frères, des hôpitaux aux frais de Sa Majesté.

Tous les jours un rapport parvenait au roi sur la situation et les dispositions prises.

Par bonheur, après six semaines, l'intensité de la maladie diminua.

On fit faire des médailles pour rappeler le souvenir de cet événement; elles furent distribuées à ceux qui avaient montré le plus de courage et le plus de dévouement. Le peuple naturellement n'est pas encore assez instruit pour apprécier le mérite du roi en cette occasion.

Il a plus de confiance dans les sortilèges que dans les moyens acquis par la science, et, sans aucun doute, il était persuadé que ces moyens étaient plus efficaces que ceux du gouvernement.

Comme moyen préservatif contre la maladie et surtout contre les mauvais esprits ou *pi*, dans lesquels s'incarnent, d'après l'opinion générale, toutes sortes de maux, on porte en

Siam différents talismans. Le meilleur marché, et par consé-
quent le plus répandu, est un bout de corde ordinaire, qui
a été béni préalablement par les prêtres, et qu'on se passe au
poignet comme un bracelet.

Pendant le choléra tout le monde en portait, même dans
la bonne société, comme un préservatif contre l'épidémie.

Un autre talisman est le *takrutt,* feuille d'or ou de cuivre
roulée très mince, et suspendue au cou, sur laquelle sont
écrits quelques mots en pali.

Il n'y a que les prêtres qui peuvent distribuer ces amulettes.

J'ai aussi vu porter une boule d'étain ayant un trou au
milieu, boule qu'on attache, au moyen d'une ficelle, à la taille
ou autour du cou. On nomme ces boules *luk-sakhot.* On porte
aussi des chapelets appelés *luk-pat.* Ils ont cent huit perles
ou petites boules, répondant exactement au nombre des sym-
boles de la semelle de Bouddha.

Tant que le choléra régnait à Bangkok, une lanterne était
accrochée devant chaque maison à une perche de bambou,
de sorte que la ville ressemblait plutôt à une ville illuminée et
en liesse qu'à une ville où régnaient la maladie et la mort.

L'opinion des Siamois est que toute chose se compose de
quatre éléments : le feu, l'air, l'eau et la terre, et que la maladie n'est autre chose que la perturbation de ces éléments.

Le corps humain est lui aussi constamment sous l'influence
des éléments extérieurs.

Il n'existe pas de force à laquelle on rattache une plus
terrible influence pour amener la maladie que ce que l'on
définit par le mot *lom,* c'est-à-dire « le vent ».

Dans dix-neuf cas sur vingt, le malade vous répondra,
lorsque vous lui demanderez ce qu'il a: *Pen lom,* c'est-à-dire:
« Il fait du vent. »

Les classes élevées de la société, à Bangkok, consultent les
médecins européens. Mais pour le peuple la superstition remplace la science.

Cependant on commence à apprécier la valeur de la quinine

et de l'huile de ricin, car les médicaments indigènes que les Chinois débitent sont généralement chers et sans effet.

Les Chinois font un grand commerce de sang et de cornes de rhinocéros, de bois de cerf, et d'autres substances du même genre.

Quand une personne tombe malade, on sacrifie d'abord à l'esprit avant d'avoir recours au médecin.

Pendant la plus terrible période du choléra, je remarquai que le ciel avait un aspect étrange, il était d'une couleur grisâtre mélangée de taches bleues et blanches; le soleil n'était presque jamais visible, et souvent il s'élevait un vent assez froid. Quoique la maladie disparût à l'approche de la saison pluvieuse, il ne tomba pas une goutte d'eau.

J'eus moi-même une légère attaque de choléra: je la guéris en huit jours en gardant la chambre et en me mettant au régime lacté.

A ce moment, l'abattement universel qui régnait dans les cercles commerciaux fut un peu relevé par l'arrivée de la corvette indigène *la Constellation*. Ce navire apportait, des provinces situées sur la côte ouest, les contributions renfermées dans cinq cent soixante - dix caisses contenant du métal en barres. Chaque caisse avait une valeur de 10 750 francs. Les marchands et les créanciers de l'État avaient donc l'espoir de recevoir un peu de ce qu'on leur devait.

Les Siamois ne sont jamais bien pressés de payer leurs dettes, sauf dans trois cas seulement: s'il s'agit du roi, du wangna ou de S. A. R. Tschau-Fah-Maha-Mala.

Ces trois personnes sont connues pour la ponctualité avec laquelle elles exigent que leurs comptes soient réglés.

CHAPITRE VII

On m'avait conseillé de remettre mon voyage dans le haut Siam au commencement de la saison sèche; mais mon impatience et le choléra me décidèrent à partir.

Je me proposais de faire une excursion sur la côte ouest. Dès que la situation serait plus favorable pour vivre au Dschangel, je reviendrais.

Je me mis donc en quête de serviteurs, ce qui est une difficulté pour toute personne voyageant en pays éloigné.

Les domestiques convenables ne se trouvent que difficilement.

De Singapour j'avais amené un Malais, du nom d'Osman. Mais je ne pus le garder longtemps; car un soir, étant à la table d'hôte de l'Oriental-Hôtel, nous fûmes soudainement mis en émoi par les cris d'un jeune garçon chinois : « Au voleur ! au voleur ! »

Tout le monde se précipita dans le bâtiment voisin, où étaient situées les chambres à coucher et d'où partaient les appels.

On apprit alors qu'un valet de l'hôtel avait surpris Osman pillant les tiroirs de la chambre d'un étranger. Je dus naturellement le congédier.

Mon choix suivant ne fut pas plus heureux. Toke, son successeur, était, je crois, moitié siamois, moitié chinois; mais il parlait un peu l'anglais.

Le capitaine Kœbke, chez qui il avait servi, m'avait bien dit que c'était un gredin; mais, comme il n'existait aucune charge précise contre lui, je l'engageai tout de même.

Quelques jours après être entré à mon service, je m'aperçus qu'un de mes fusils manquait: Toke avait disparu sans rien dire.

Le lendemain je ne le revis pas.

Le capitaine Kœbke mit la police sur ses traces, et bientôt après je reçus la nouvelle que Toke était en prison. Je m'y rendis de suite avec le capitaine. Nous traversâmes une ruelle sale, et arrivâmes au palais de police.

C'était une simple boutique en bambou, à l'une des extrémités de laquelle se trouvait un tertre couvert de nattes pour le juge et ses aides. La prison était à côté. Il y avait là une foule de prisonniers, et parmi eux Toke; tous étaient enchaînés ou placés dans une cangue en bois qui rend tout mouvement impossible.

Un homme d'un certain âge entra aussitôt, accompagné de quelques serviteurs portant le pot à thé et la boîte à bétel en argent.

Il se fit connaître comme étant le juge, et se plaça sur la grande natte.

Il avait dû laisser à la maison les habits indiquant sa charge. Il ne portait pas autre chose que le panung roulé autour de la taille.

Le capitaine prit la parole comme témoin contre Toke, et demanda qu'il fût passé au bâton.

Le juge nous pria alors de revenir le lendemain pour assister à l'exécution de la punition.

Toke fut amené enchaîné; il criait et demandait grâce au

capitaine; mais un des assistants lui administra vivement ses vingt-quatre coups de rotin. Quand il eut reçu sa punition, il n'oublia pas, malgré sa douleur, de faire le signe de respect usité devant le juge; il porta les mains à son front à plusieurs reprises. Le capitaine exigea encore que Toke restât dans les fers jusqu'à ce que le fusil fût rendu ou sa valeur payée.

Je croyais qu'il était assez puni, et, dans l'espoir de le ramener au bien par la douceur, je voulus le reprendre à mon service. Le capitaine m'en dissuada si bien, que je me décidai à chercher un remplaçant à Toke.

Je trouvai un certain Tschin, qui, Siamois chrétien, avait appris un peu d'anglais dans la mission américaine où il avait été employé. Je l'engageai donc. Mais il m'était difficile de trouver un second serviteur qui se décidât à faire un voyage dans l'intérieur, et qui parlât soit le malais, soit l'anglais.

Je revins à Toke, et celui-ci m'ayant juré fidélité et obéissance, je demandai et obtins sa liberté.

Toke m'apporta un autre fusil, comme gage de ses bonnes résolutions. Cependant, quelques jours après, ce fusil disparut encore avec une montre.

Je mis à prix la capture de Toke, et précisément le jour suivant il était repris. J'ordonnai encore la répétition des coups de bâton et les fers jusqu'à ce que la valeur du fusil (131 fr. 75) fût payée.

Alors la mère de Toke intervint, et le jour suivant parut un Chinois, qui prétendit être le beau-père de Toke. Il paya la somme et demanda une quittance, sans se gêner. Je lui répondis que Toke ne lui rembourserait jamais un centime. Il se plaignit alors qu'il avait dû payer déjà à différentes reprises pour couvrir les vols commis par Toke, et il ajouta que ce serait bien la dernière fois.

Pendant ce temps, Tschin commençait aussi à faire des siennes.

Un jour, je lui demandai la monnaie qu'il avait reçue en payant une note. Il me répondit négligemment :

« J'ai tout dépensé; je te prie, maître, de m'en tenir compte. »

Deux jours plus tard il s'enfuit en m'emportant un chrono-mètre de valeur dont je fus sérieusement privé pendant mon voyage.

Malgré ma plainte à la police, Tschin ne fut jamais re-trouvé. Peut-être la double punition de Toke avait-elle été d'un effet salutaire pour lui.

Le Hanonman ou Hoalaman, divinité siamoise.

Alors M. Gould, qui, justement partait pour Londres, m'of-frit son valet Kao, fidèle et consciencieux. Très érudit pour un Chinois, il connaissait le siamois, le birman, le malais et un peu d'anglais. Il était bien un peu timide, et ne pouvait élever son courage qu'avec peine à la hauteur des circon-stances, mais il était honnête; bref, j'en avais besoin. Son caractère faible et hésitant lui fit toutefois commettre de nombreux impairs, dont je parlerai plus tard. J'engageai aussi un cuisinier et deux chasseurs.

Cela fait, M. Libby vint m'inviter à faire une excursion en amont du fleuve, à Ajuthia, ancienne capitale du Siam.

Nous quittâmes Bangkok le 4 août au matin, sur un petit vapeur qui portait le nom de l'hôtel auquel il appartenait :

Pavillon de la résidence royale d'été à Bang-Pa-Hin.

l'*Oriental*. Notre société se composait du général Holderman, ambassadeur des États-Unis, chez qui on trouvait les qualités du soldat, du savant et du parfait gentleman; M. Hamel, consul général de Hollande; M. Riechman, consul d'Autriche, qui possédait un trésor inépuisable d'anecdotes; M. Xavier, très au courant de la langue siamoise, d'une instruction étendue, et connaissant à fond le pays; et enfin notre aimable hôte, M. Libby, dont la conversation choisie et l'amabilité resteront

Le roi de Siam.

toujours gravées dans la mémoire des Européens qui ont résidé en Siam.

Parmi tous mes souvenirs agréables, il faut que je cite le pique-nique que nous offrit sur son petit vapeur le capitaine Salje, commandant et co-propriétaire de l'*Oriental*.

Ajuthia, fondée en 1350, fut détruite en 1767 par les Birmans victorieux. Il n'existe plus que les vestiges de sa magnificence d'autrefois, dispersés au loin dans les champs de riz.

La ville devait être d'une grande étendue.

On raconte qu'un certain Pya, son fondateur, lança une flèche au hasard, et qu'il jeta les fondements de la ville à l'endroit où la flèche alla tomber, guidée par un génie du lieu, le Hoalaman.

La ville actuelle d'Ajuthia, que l'on n'atteint qu'après avoir lutté pendant sept heures contre un courant rapide, a été fondée il y a soixante ans. Elle est coupée par de nombreux canaux.

La feue reine de Siam.

Une de ses particularités consiste en ce qu'elle possède plus de maisons flottantes que de maisons bâties sur la terre ferme. Ces maisons flottantes rendent la navigation difficile, car le commerce avec Bangkok est considérable, surtout pendant la récolte du riz. Des centaines de gros bateaux viennent à Ajuthia pour y prendre des chargements.

Des temples et des ruines de temples se trouvent ici à profusion, comme partout en Siam; mais la chose la plus curieuse est un tir à l'éléphant enfermé, dans lequel on fait entrer les éléphants sauvages du Dschangel, quand les princes veulent se divertir. Ce tir fermé se compose de grands arbres en-

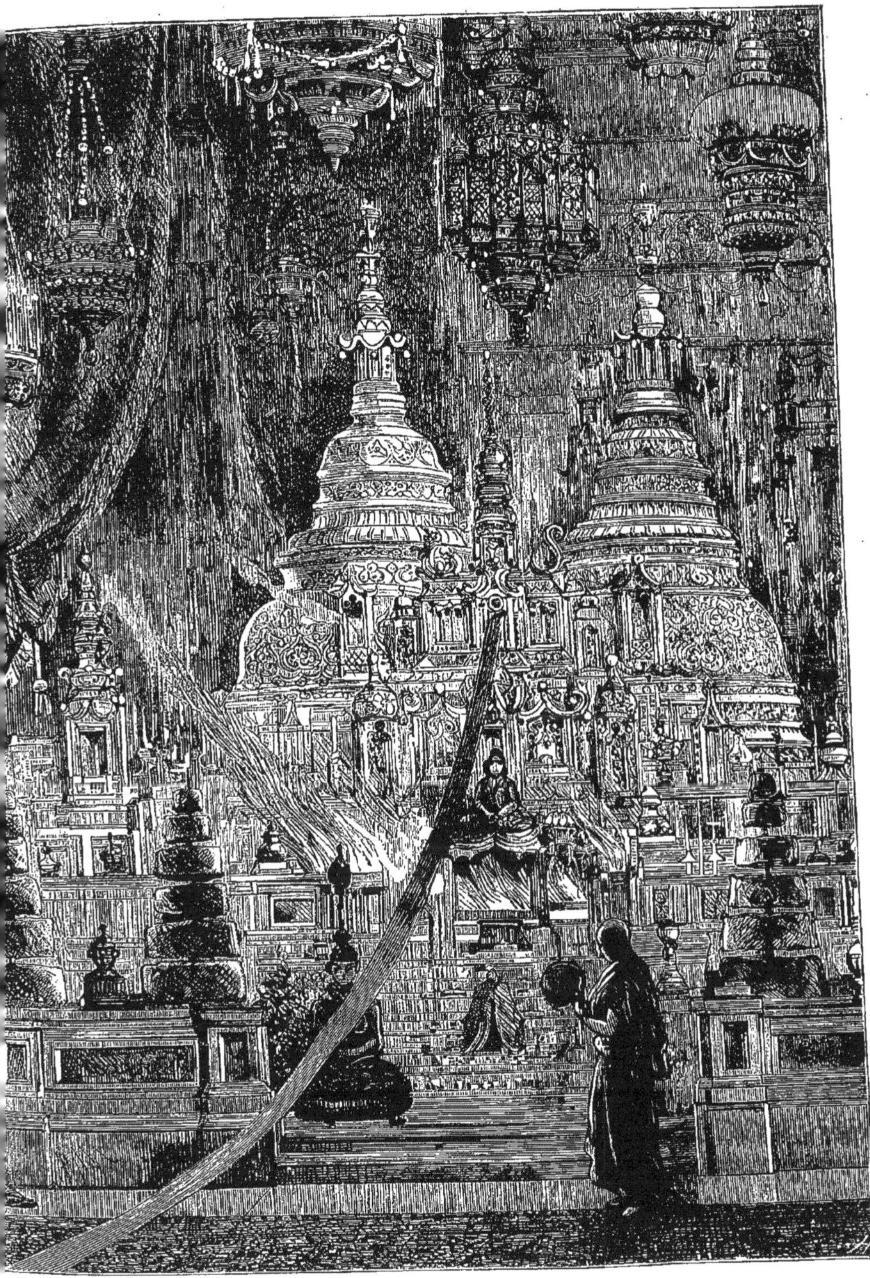

Crémation de la reine de Siam et de sa fille.

foncés profondément dans le sol et éloignés les uns des autres de 60 centimètres.

Dès qu'un éléphant a franchi l'entrée, toute la troupe le suit, de même que les moutons, quoique leurs cris ne ressemblent en rien au bêlement des agneaux.

En dehors se trouve l'aménagement du tir sur une place bien choisie, où les princes et d'autres personnes privilégiées, qui ne désirent pas prendre part aux exercices, peuvent observer ce spectacle émouvant d'une chasse aux éléphants dans un enclos.

M. Riechman nous raconta qu'un jour il avait été témoin d'une chasse où toute une armée de chasseurs, sous les ordres de Tschau-Fah-Maha-Mala, avait fait entrer plus de deux cents éléphants dans le tir.

Non loin de là se trouve le palais très spacieux du feu roi, autrefois habité, aujourd'hui tombant en ruines, car le roi actuel s'est fait construire une résidence d'été à Bang-Pa-In, près du fleuve, à 1600 mètres d'Ajuthia, résidence que nous avons visitée en revenant à Bangkok.

C'est un grand bâtiment d'un style à moitié européen, peint en blanc, et orné de colonnades peintes en bleu. La plus belle chose de la résidence est le parc, qui fait partie du château; il est orné de jets d'eau et de statues, et traversé de tous côtés par des canaux sur lesquels on a jeté des ponts fort coquets. Dans ce parc, il y a aussi un étang au milieu duquel s'élève un joli pavillon en véritable style siamois : le toit est partagé en trois parties, au milieu desquelles s'élève une tourelle haute et élancée. L'effet de ce bâtiment est singulier, et son reflet dans l'eau claire et tranquille est charmant.

Une singulière ressemblance existe entre l'architecture en Siam et le style des xi⁰ et xii⁰ siècles en Norvège, soit le style *Stavekirker*. On en voit des spécimens à Hitterdal et à Borgund.

Ici, de même qu'en Norvège, nous trouvons les mêmes toits hauts et pointus, avec leurs bardeaux en forme d'écailles de poisson et leurs pignons aux têtes de monstres sculptées.

Ne pourrait-on pas croire que ce style a passé, il y a des siècles, d'Orient en Russie, pour aller se fixer dans le nord-ouest de l'Europe?

Le fait suivant semble s'accorder avec l'opinion que je viens d'émettre. Dans les jardins du palais de Bang-Pa-In se trouve une sorte de « montagne russe »; je n'en ai jamais vu d'autres qu'à Copenhague. C'est un plan inégal, s'abaissant et s'élevant comme les vagues de la mer; sur ce plan court une petite voiture qui monte et descend, donnant aux personnes qui y sont assises la sensation de la mer; on croit être en bateau. La voiture est d'abord élevée par une manivelle à une certaine hauteur; son poids, en descendant rapidement, lui imprime un mouvement et la fait glisser sur le plan.

Le wat royal, en face du palais, forme un contraste frappant avec le style de ce dernier; il est l'image fidèle d'une église gothique; en le regardant, on croit se trouver dans un pays chrétien. A l'intérieur, il est même garni de chaises, ce qui est tout à fait contraire aux usages bouddhistes. La ressemblance s'accroît encore par les vitraux peints au-dessus de la porte d'entrée et qui représentent S. M. le roi de Siam en costume de couronnement; mais l'autel, avec ses statuettes, surtout la grande du milieu, trahit tout de suite le temple bouddhiste. Dans les chambres du wat royal, il n'y a rien de remarquable.

Dans la salle à manger, j'ai remarqué un certain nombre de dessins encadrés : le portrait du kromatah était le plus curieux.

Le roi se retire dans ce palais d'été quand il veut abandonner pour quelques jours les soucis de l'État.

Il y a trois ans, il reçut dans ce palais une cruelle nouvelle : il apprit la mort de sa première femme, qui s'était noyée avec sa petite fille; elle s'appelait Sunanda-Kunaritina. Sa Majesté remontait le fleuve dans un bateau de plaisance remorqué par un vapeur. Au passage d'un coude, le bateau chavira. Plus de six mois se passèrent avant que la dépouille de la reine fût brûlée. Pendant ce temps, on construisit pour la seule céré-

Urne ornée de pierreries renfermant les cendres de la reine.

monie de la crémation un édifice magnifique, le Pramene; sa superficie était de 40 ares, et, avec·ses tours, ses tourelles et ses mille ornements, il ressemblait à un véritable palais.

Lorsqu'en 1881 j'arrivai à Bangkok, une partie de cette construction subsistait encore.

On pourra se faire une idée de l'étendue du bâtiment en lisant cette description des usages encore observés à la mort d'un roi ou d'une reine.

On ordonne un deuil général, qui consiste à se raser la tête. Autrefois on était forcé de se raser sous peine d'une punition rigoureuse; c'est encore l'usage aujourd'hui, mais la contrainte n'existe plus. Le peuple est invité aussi à faire un sacrifice aux mânes du roi, et cette obligation est bien lourde pour les pauvres. En même temps, les gouverneurs des quatre provinces du nord, qui sont très boisées, reçoivent l'ordre de fournir les quatre piliers du milieu du Pramene. Il faut qu'ils soient sans défaut et d'une longueur de 60 mètres. Les piliers pour le Pramene de la reine avaient une épaisseur de 3 mètres 60. On demande à d'autres gouverneurs douze petits piliers, de même que tous les matériaux nécessaires.

Comme la coutume sacrée défend de se servir de bois déjà employés pour la crémation, il faut toujours en employer de nouveaux.

Il est difficile de trouver des arbres ayant de telles dimensions, et encore ne peut-on les amener jusqu'à Bangkok que dans la saison des pluies, lors des crues du Ménam. Voilà pourquoi les cérémonies sont quelquefois si longtemps retardées.

Les quatre piliers sont enfoncés à la profondeur de 9 mètres, et ne doivent pas être éloignés de plus de 12 mètres les uns des autres, de façon à former un carré parfait. Ils servent de base à une tour de 51 mètres de hauteur, sur la pointe de laquelle on construit une pagode octogone qui augmente encore la hauteur de la construction de 15 à 18 mètres. Cette partie supérieure est recouverte de plaques de zinc peintes en jaune et d'ornements qui la font ressembler à une quille dorée.

Lorsque le Pramene est achevé, on dresse à l'intérieur le lit de repos pour le corps qui doit être brûlé. Ce lit est en forme de pyramide et couvert d'une épaisse couche d'or ciselé. Des milliers de petites glaces sont incrustées dans les bordures et les garnitures d'or. Cette ornementation simple est d'un effet féerique, surtout le soir, lorsque l'intérieur est magnifiquement éclairé.

La garniture d'or, à la crémation du dernier roi, pour le Pra-Bentscha, pesait 190 katties et était d'une valeur de 775 000 francs. Elle fut convertie plus tard en une statuette de Bouddha, qui est placée dans le wat Pra-Kao comme un souvenir du dernier roi.

Le corps du roi est exposé sept jours sur le Pra-Bentscha, puis le prince héritier commence la cérémonie lui-même en mettant le feu aux combustibles placés sous le corps, tandis que les princes et les prêtres jettent des cierges dans le brasier. Aucune mauvaise odeur ne se fait sentir; au contraire, les bois employés sont très-odoriférants pendant leur combustion.

Durant sept jours, le peuple prend part aux fêtes mortuaires, qui consistent en loteries, en feux d'artifice, en représentations théâtrales, etc., tandis que le nouveau roi fait des présents aux prêtres et au peuple.

Lors de la crémation de la reine, en 1881, on distribua à la foule de l'or, de l'argent et des numéros de loterie. Les lots consistaient en éléphants, en chevaux et en bêtes à cornes. Les gagnants durent défiler devant le roi avec leurs lots et faire, les mains jointes, trois révérences. Ils appartenaient au bas peuple et se tenaient maladroitement sur leurs montures; mais les efforts qu'ils étaient obligés de faire augmentaient encore l'hilarité générale.

La crémation terminée, les cendres de la reine furent recueillies dans une urne ornée de diamants, dans l'exécution de laquelle les bijoutiers du roi avaient employé tout leur art et toute leur adresse. Cette urne fait actuellement l'ornement du péristyle du palais Pra-Maha-Prasat.

Lorsque le dernier roi mourut, le 1er octobre 1868, le corps de Sa Majesté fut baigné le lendemain, puis revêtu des ornements royaux.

Après la crémation, les cendres furent placées dans une urne d'or et portées solennellement le même jour sur un trône, à Pra-Maha-Prasat.

La reine actuelle, Swang-Wadhana, est une sœur de la reine qui s'est noyée. Le roi n'a pas moins de quarante-deux enfants.

Il n'est donc pas à craindre que sa famille s'éteigne.

CHAPITRE VIII

Le jeudi 11 août, je partis pour la côte ouest sur le petit
vapeur *le Crocodile,* que Son Excellence le kromatah avait mis
à ma disposition. Kao avait un jour de congé pour ses préparatifs de voyage et pour faire ses adieux à sa femme. Le
cuisinier avait voulu, de son côté, aller offrir ses prières à
Bouddha.

Tous deux furent exacts à l'heure du départ ; mais les deux
chasseurs firent défaut au dernier moment, ainsi que Tschin.

La machine était sous pression, nous partîmes à cinq heures
de relevée.

En quatre heures nous étions à Paknam, et nous jetâmes
l'ancre pour attendre le pilote. Il faisait un beau clair de lune,
et, profitant de ce retard, j'essayai de dormir, mais les moustiques m'en empêchèrent ; je me levai et je persistai à vouloir
repartir tout de suite.

Après des pourparlers un peu longs, le capitaine et l'équipage consentirent à repartir, et juste au point du jour nous étions près de Petschaburi, vieille résidence royale, peinte en blanc, entourée de temples et de pratschedis et bâtie sur une colline assez élevée.

Nous passâmes lentement le long de la côte, hérissée de filets, de nasses et de pièges, et à neuf heures nous arrivâmes au village de Ban-Lem.

Comme c'était le moment du reflux, nous pûmes passer la barre, et il fallut nous contenter de regarder les naturels pêchant dans leurs grandes barques, plongeant pour prendre les moules, qui abondent dans ces parages, ou recueillant les poissons que les eaux avaient laissés sur la plage.

Il était trois heures quand le pilote vint pour nous conduire dans la baie et nous faire toucher au village de Ban-Lem, habité exclusivement par des éleveurs de canards et des pêcheurs; les premiers tous chinois, les seconds tous indigènes.

Nous eûmes de la peine à nous procurer des bateaux, et il était presque minuit quand nous arrivâmes à Petschaburi, qui me parut n'être habité que par des chiens sans maître.

C'était du moins les seules créatures qui s'occupèrent un peu de notre arrivée; elles nous saluèrent d'un tel vacarme, que je m'étonne que tout le village ne soit pas accouru en toute hâte. Mais ces chiens aboient et hurlent avec une telle force, que ce serait probablement un événement que de ne pas les entendre.

Il était si tard, qu'il ne me restait rien autre chose à faire que d'envoyer Kao à la recherche d'un fonctionnaire du gouverneur.

Après une heure d'absence, il revint avec un employé du sous-gouverneur.

J'appris que le gouverneur était à Radburi, en visite chez l'ex-régent.

La résidence d'été de celui-ci était à ma disposition. C'était un bâtiment peint en blanc. Sur un des murs se trouvait l'inscription suivante, en anglais: *His Excellency the prime minister of Siam, A. D. 1881*[1].

La maison était petite, à deux étages; c'était une demeure très modeste, pour un homme d'une position aussi élevée. Son état de délabrement indiquait qu'elle ne devait pas avoir été habitée depuis des années; l'escalier était presque tout mangé par les fourmis blanches, et l'air corrompu et malsain à l'intérieur, les fenêtres n'ayant pas été ouvertes depuis longtemps.

Le lendemain, je fis une visite au sous-gouverneur. Je le trouvai triste, car il venait de perdre un de ses enfants.

Il était occupé, avec sa femme et ses serviteurs, aux préparatifs de la crémation.

Puis je me rendis à la mission américaine, où M. et Mme Mac-Clelland et deux autres dames s'occupaient de l'instruction de quelques jeunes Siamois.

Deux des fils du gouverneur furent assez aimables pour me montrer les curiosités de l'endroit, entre autres deux cavernes qui, comme d'habitude, servent de temples.

Quand on quitte le jour pour entrer subitement dans ces grottes profondes, il semble qu'on est plongé dans les ténèbres; mais, quand nous eûmes fait quelques pas, nous vîmes plusieurs ouvertures naturelles que protégeaient des toits pour ne pas laisser entrer la pluie, et afin que les indigènes puissent faire leurs prières et leurs sacrifices sans être mouillés. Dans la plus grande de ces cavernes se trouve, des deux côtés de l'image de Bouddha, une véritable allée de colonnades; aux murs sont pendus des tableaux à reliefs dorés qu'on appelle *sama*.

Au sommet de la colline sur laquelle nous nous trouvions, s'élèvent deux temples avec un grand pratschedi au milieu.

Le palais du roi, qui se trouve aussi sur cette colline, vaut la peine d'être visité. Nous l'avions vu déjà de la mer en allant à Ban-Lem. Ce fut pendant quelque temps la résidence favorite du dernier roi; mais à présent il est bien négligé.

---

[1] S. Exc. le premier ministre de Siam, 1881.

C'est un fait assez étrange, que les Siamois bâtissent toujours, mais ne fassent rien pour l'entretien des édifices, des sanctuaires et des maisons en général. Il arrive même souvent qu'un bâtiment ne soit pas achevé. Un édifice qui est achevé sans interruption est rare à trouver.

Les chambres du palais n'étaient pas meublées, mais contenaient une infinité d'armoires vitrées renfermant une collection très variée de porcelaines, de pots et de verres remplis de fruits confits de fabrication française.

Des fenêtres on jouit d'une belle perspective sur la campagne.

En descendant du palais, nous passâmes sur le versant de la colline à côté d'un wat fort curieux. J'y entrai. Il n'y avait point de prêtres, mais un certain nombre de vieilles femmes qui répétaient des prières dites par un vieillard assis devant elles ; d'autres apportaient, pour les sacrifices, des fleurs jaunes et blanches, odoriférantes comme le jasmin. Ces fleurs sont sacrées pour les bouddhistes; on les appelle *lan-tam,* et on les place sur un autel en forme de T, sur lequel brûlent des cierges.

Ces femmes pieuses évitaient soigneusement de fouler aux pieds la place réservée aux prêtres, place pourvue de tapis et garnie de crachoirs. Mais elles ne me parurent pas plongées bien avant dans leurs méditations, car quelques-unes d'entre elles vinrent offrir du tabac et du sirih à mes compagnons indigènes.

Les gens du pays étaient en ce moment très occupés à l'ensemencement du riz ; il fut donc difficile d'avoir des chasseurs. Mais le sous-gouverneur me vint en aide avec bonté, et je pus ainsi m'assurer les services d'un homme, nommé Pan, comme conducteur et interprète.

Le sous-gouverneur me donna aussi une lettre de recommandation pour le chef du village Ban-Kan-Jai. Ce chef était invité à m'aider à collectionner des objets d'histoire naturelle.

Je quittai Petschaburi le 18 août; mon bagage fut traîné sur deux voitures attelées de bœufs.

J'avais obtenu un poney de la complaisance du gouverneur.

Le chemin courait à travers une plaine couverte de broussailles de bambou. De temps en temps on passait au milieu d'une rizière ou dans un groupe de *tan-tan*, palmiers à sucre qui s'élevaient majestueusement dans les airs.

Les naturels grimpent sur ces palmiers pour chercher les fruits employés à la fabrication du sucre. Pour faire l'ascension de ces grands arbres, ils se servent d'échelles en bambou, minces comme du fil de fer.

Le long du chemin on apercevait de grands trous carrés, nommés *baw*, utilisés comme réservoirs.

Une chevauchée de trois quarts d'heure nous conduisit au village de Tapanjihan, habité surtout par des Laotes de l'est, descendants des prisonniers de guerre bannis et relégués en cet endroit il y a soixante ans. Dans cette partie du Siam, à l'ouest de Bangkok, existent plusieurs colonies de ce genre.

Après Tapanjihan, nous aurions dû traverser une petite rivière; mais, comme nous étions dans la saison pluvieuse et que l'eau était haute, nous choisîmes un gué pour les bœufs et nous passâmes sur un petit pont en bois ou plutôt sur une passerelle. Cette passerelle était faite de troncs d'arbres arrangés de manière à être plus élevés au milieu; ils étaient reliés entre eux au moyen de planches.

Dans l'après-midi, nous fûmes surpris par une pluie torrentielle, accompagnée d'éclairs et de tonnerre.

Avant de pouvoir atteindre le village prochain, nous étions trempés jusqu'aux os.

Nous passâmes la nuit suivante dans un autre village de Laotes appelé Nangtschick. Le roi possède ici des champs de riz très importants, que la population doit cultiver pour lui.

Le chef Rang-Ram, un très beau vieillard, me raconta son histoire.

D'après ce qu'il me dit, il était né à Saïgon il y avait une soixantaine d'années, et avait été fait prisonnier avec son père et le reste de son village par les Siamois.

Comme chef de Nangtschick, il reçoit du gouvernement

un traitement fixe de cent francs par an, et, à l'occasion, des cadeaux en argent, des habits, etc. ; en outre, il a certains droits sur ses subordonnés. Il peut, par exemple, demander chaque année deux mois de travail gratuit à mille hommes. Autrefois il pouvait même disposer de trois mois; mais, par un décret récent, le privilège a été amoindri.

La population du village se compose d'à peu près cinq mille âmes. Le vieux chef se plaignit beaucoup qu'on lui avait enlevé dans les dernières années environ huit cents jeunes gens pour en faire des soldats, et me dit même qu'il devait aller chercher dans quelques jours un fonctionnaire siamois qui désignerait les habitants du village de nouveau en âge de servir le roi.

Une ancienne loi ordonne que tout homme, en Siam, travaille un certain nombre de semaines dans l'année pour le compte du roi, mais il a la faculté de se racheter.

Tous les hommes que nous rencontrions étaient tatoués au bras gauche ; quelques lettres indiquaient l'arme pour laquelle on les avait choisis. Des serviteurs du roi sont envoyés dans ce but, chaque année, dans les différentes parties du royaume.

Le lendemain nous atteignîmes Ban-Kau, un village de Laotes situé dans une plaine cachée aux regards par des jardins et des plantations. Derrière le village s'élève une montagne isolée.

Nous établîmes notre quartier au *sala,* place publique de repos, qui se trouve dans tout village de Siam et du Laos. C'est généralement une espèce de pavillon ouvert, dans un état de malpropreté extrême.

Ici, comme partout, la population est très occupée à ses travaux ou à ses rizières ; les vieilles femmes seules restent à la maison pour soigner les nourrissons, les buffles et le bétail.

Il faisait une chaleur accablante de 26 degrés Réaumur ; il était trois heures de l'après-midi ; les moustiques ne nous laissaient pas de repos. Les naturels eux-mêmes ne pouvaient supporter avec patience leurs piqûres, et ils allumaient chaque nuit des feux à proximité des bâtiments où ils dormaient et où étaient parqués les bestiaux.

Le lendemain de mon arrivée, deux chefs vinrent me voir et me firent cadeau d'une poule, de riz et de *het,* ou champignons, mets très estimé chez les Siamois et les Laotes.

Quand, le soir, je vis revenir les femmes de la forêt, j'eus la curiosité de savoir ce qu'elles pouvaient bien porter. Kao

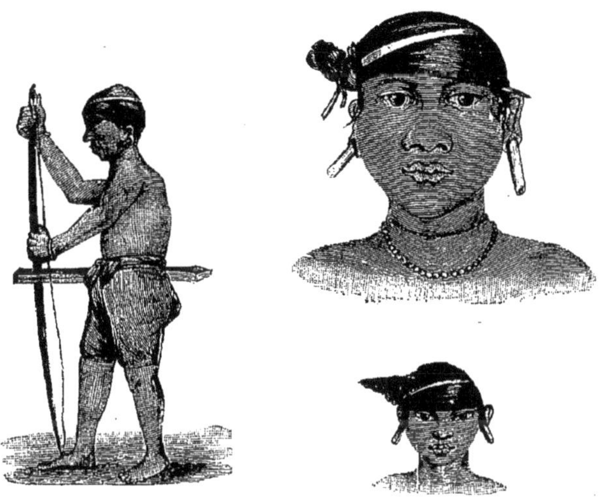

Kares du district de Pestchaburi.

me dit que c'était du *makkau,* c'est-à-dire de la nourriture, mais comme je n'étais pas satisfait de cette réponse, et que la nourriture varie dans chaque pays, je le priai de demander la permission de voir. Les femmes furent charmées, quoiqu'elles ne s'approchassent qu'avec retenue d'un *farang,* c'est-à-dire d'un étranger.

Ce qu'il y avait de meilleur dans leurs paniers étaient des champignons et des grenouilles, puis une masse de *mengdana,* sorte de coléoptères aquatiques appartenant à l'ordre des *hémiptères* et qui se trouve dans les étangs; quelques grandes moules d'eau douce (*ampullaria,* en siamois *hoi-khong*), qu'on trouve dans les champs de riz et que l'on mange avec du riz épicé; des queues de bâton d'Aaron, espèce d'*amorphophal-*

lum, aussi très épicées ; puis un certain nombre de nids de guêpes, avec les larves de ces insectes, et qui sont, au dire des naturels, très gras, huileux et excellents à manger avec du porc.

Les vivres sont ici à très bon marché : une poule coûte de quarante-cinq à cinquante centimes ; le riz et les fruits sont pour rien.

Les Kares, race indépendante habitant les montagnes qui coupent le Siam du nord au sud, pour se terminer à la péninsule de Malacca, ont l'habitude de venir faire ici leur provision de riz.

Un jour, un certain nombre d'entre eux arrivèrent au village, pour enlever les vivres achetés, avec leurs lourdes voitures attelées de bœufs. J'allai les voir, et, aidé de Pan, je réussis à échanger quelques mots avec eux. Ils cherchèrent immédiatement à profiter de leur rencontre avec moi en me demandant de la poudre et des perles de corail. Je leur en donnai dans l'intention de me ménager une bonne réception quand j'irais les voir dans leurs montagnes.

Une journée de marche seulement les séparait de leurs demeures, situées au pied des montagnes dont je viens de parler, et parfaitement visibles de Ban-Kan-Jai.

Je leurs fis part de mon intention de ne pas quitter ce pays sans avoir étudié les races des montagnes ; mais ils me répondirent que cela n'était pas possible en cette saison, que le Dschangel était dangereux, et que, si nous entreprenions le voyage à quatre, ils étaient certains que deux de nous mourraient de la fièvre.

Je leur répondis qu'il n'y aurait pas plus de danger pour nous que pour eux, et que j'irais certainement.

Mais les jours s'écoulaient, et les difficultés augmentaient toujours.

Enfin, le jeudi 25 août, je réunis le nécessaire : des couvertures et des vivres, le tout pesant environ dix-huit kilos.

Quand, le lendemain, deux coolies arrivèrent pour prendre mon bagage, ils dirent en murmurant que c'était encore trop lourd. Je cherchai à leur faire honte en leur disant qu'à Bornéo et à Sumatra tout coolie porte de vingt-deux à vingt-sept kilos.

Je finis enfin par les convaincre, et je quittai le sala avec Kao et un guide indigène qui connaissait le chemin à travers le Dschangel.

Je trouvai Pan agenouillé sur l'herbe, priant avec ferveur et regardant à tout moment l'unique montagne située près du village. Quand il eut fini son oraison, il se leva et alluma une bougie, qu'il alla placer sur le tronc d'un arbre mort ; il mit encore à côté un paquet tout entier de bougies et l'offrit en sacrifice à l'esprit de la montagne, dont il avait imploré le secours contre la maladie et les malheurs qui pouvaient le frapper en route.

Puis il vint à nous, et, quand je lui demandai où était le poney que j'avais amené de Petschaburi, il me répondit qu'il avait mal au pied. Je lui demandai à le voir, il me dit : « Le poney est parti dans la forêt. »

A la vérité il l'avait renvoyé, pensant que j'abandonnerais ainsi mon projet ; mais, sans perdre de temps en négociations, je lui dit tranquillement : « C'est bien, je marcherai ; viens ! »

Le pauvre Pan dut, bon gré mal gré, se soumettre à la volonté de l'esprit de la montagne.

Le chemin, réellement difficile, traversait un terrain montant, coupé par des ruisseaux et couvert de broussailles. Pas de grands arbres sur notre passage, mais de temps en temps des espaces couverts de bambous et d'herbes mesurant bien 1 mètre 80.

Ce qui rendait le voyage tout à fait désagréable, c'était un air lourd, rempli des odeurs nauséabondes de plantes en putréfaction et chargé de fièvre.

Chemin faisant je cherchai des insectes, mais j'en trouvai fort peu.

A moitié chemin, nous aperçûmes un grand arbre creux ; je frappai deux fois contre l'écorce pour m'assurer si quelque animal n'y était pas caché.

Pan était hors de lui et me supplia de ne pas recommencer, de peur de réveiller les esprits de la forêt.

Après une montée pénible, nous arrivâmes, à quatre heures de l'après-midi, dans une plaine couverte de hautes herbes et complètement boisée. Nous étions à 240 mètres au-dessus du niveau de la mer ; non loin de là était situé le village des Kares.

On voyait aussi, tout près de l'endroit où nous nous trouvions, une colonie de Laotes composée de quelques maisons, où nous nous proposâmes de passer la nuit.

Nous étions tous fatigués et nous n'avions pris aucun repas depuis huit heures du matin.

En approchant du village kare, la première chaumière que nous vîmes était isolée et à peu près en ruines. Mon guide me conseilla d'y entrer.

Je montai sur une échelle chancelante, et je me trouvai en face de trois femmes et de deux jeunes gens. Les premières me surprirent par l'expression de leurs figures et leur ressemblance avec les Tziganes ; chez toutes les femmes que j'ai vues ensuite, j'ai trouvé le même type.

Comme chez les Dayaks, les hommes et surtout les femmes kares ont les oreilles percées de grands trous ; les femmes y suspendent de grands morceaux de bois sculptés, les hommes des cylindres de bambou longs de dix centimètres et épais de cinq.

Les deux sexes portent des colliers de perles et de petites monnaies siamoises.

Les premiers mots que la personne qui prit la parole m'adressa furent : « Ce n'est pas ici la maison du chef. »

Je demandai : « Est-ce loin ? » On me répondit : « Quand nous battons notre tambour de bois, on peut nous entendre de la maison du chef. »

Curieuse manière de calculer la distance !

Après sept ou huit minutes de marche nous arrivâmes à la colonie, où l'on nous montra la cabane du chef.

Dès que fus entré dans l'étroite galerie, le chef se hâta

d'étendre une natte sur laquelle je dus m'asseoir, tandis que sa femme et ses filles vinrent avec une grande effronterie me dévisager et me rire au nez. Leurs traits étranges de Tziganes contrastaient singulièrement avec la laideur de l'homme, que la maladie avait défiguré.

Je ne pouvais comprendre comment les Kares l'avaient pu choisir pour chef.

Son œil droit était couvert par la cataracte grise ; sa figure était ravagée par la petite vérole et horriblement sale.

Son habillement consistait en un morceau de drap, ou plutôt en une loque qui couvrait ses cuisses, et en une jaquette qui jadis avait dû être blanche.

Je priai le chef de me donner la permission de dessiner sa femme ; il y consentit tout de suite. A peine eus-je donné les premiers coups de crayon, qu'elle se retourna pour voir le dessin. Pour la remettre dans la position première, je touchai son menton. Aussitôt l'expression de son visage changea ; elle se leva furieuse et courut se cacher dans une chambre voisine.

Je regardai le chef ; sa figure exprimait la colère ; il ne pouvait maîtriser son courroux qu'avec peine, en expliquant à Pan que je les avais vivement offensés, lui et sa femme, car il n'est permis à qui que ce soit de toucher une femme kare. Si c'était un indigène, il devrait payer une indemnité pour cette offense.

Mais je crus que tout cela n'était qu'une ruse pour obtenir quelque chose de moi. Je ne pris donc pas garde à ce qu'il disait, et je demandai à un des jeunes gens la permission de le dessiner, en lui promettant un cadeau.

Après quelques paroles, la colère de l'homme parut se calmer, et le cadeau fit son effet, comme l'huile sur l'eau agitée.

La femme dont j'avais offensé la dignité sans le vouloir regardait de l'autre chambre, pendant tout le temps que je dessinais, la figure de son fils, et le chef quitta la chaumière très rassuré ; mais à peine eus-je fini le dessin, que la mère accourut pour voir le portrait de son fils. Elle y jeta un regard et s'écria : « C'est un mauvais esprit, mon fils tombera malade. » Puis elle courut au dehors et appela son mari.

Depuis un moment, une grande foule s'était amassée autour de la cabane du chef, et, quand celui-ci accourut aux cris de sa femme, ses gestes étaient si menaçants, que je pressentis un malheur.

Kao, Pan et le guide me prièrent tous d'apaiser les naturels en sacrifiant le portrait ; mais je n'avais aucune envie de perdre le fruit de mon travail et encore moins de me rendre sans conditions.

Le chef écouta les exhortations de sa femme et me dit alors que j'avais offensé les esprits en touchant la femme d'un Kare et en évoquant l'esprit de son fils sur le papier ; que, si je ne donnais pas le papier à sa mère pour l'anéantir, pas un seul de nous ne quitterait la place.

Les cris et les imprécations du dehors parurent confirmer les mauvaises paroles du chef, et je vis que nous ne pouvions nous sauver qu'en cédant.

J'entamai alors les négociations.

« Si tu renvoies cette foule, hommes et femmes, dis-je au chef, je donnerai le dessin à la mère du garçon. »

Après un instant de réflexion il y consentit, et lorsque le chef sortit de la hutte pour renvoyer la foule, je la quittai aussi avec son fils et je recommençai vivement un second dessin, caché derrière un arbre. Je mis le premier dans ma poche et j'attendis que la foule fût dispersée ; puis, montrant le deuxième dessin au père, à la mère et au fils, je le déchirai et donnai les morceaux à la mère. Celle-ci acheva mon œuvre en déchirant encore à l'infini les petits morceaux de papier ; elle détruisit ainsi l'effet du mauvais esprit.

Tous les hommes kares portent les cheveux longs comme les Birmans ; mais, au lieu de les rassembler par un nœud au-dessus de la tête, ils les nouent sur le côté, au-dessus de l'oreille droite et les tirent sur le front, de sorte que la figure n'apparaît qu'à partir des sourcils ; quelquefois même une bande de calicot rouge les recouvre.

Comme on ne voit pas leur front, les Kares ont l'air idiot.
La nuit vint.

Nous retournâmes au village des Laotes après avoir chassé
tous les souvenirs des mauvais esprits et distribué à ces bonnes
gens du tabac, de l'argent et des perles.

Le jour suivant nous y revînmes sans encombre, à la grande
joie des habitants de Ban-Kan-Jai.

Quelques jours plus tard, des Kares me rendirent visite et
mendièrent encore de la poudre et des perles de Bohême. Je
leur donnai ce qu'ils me demandaient, et fis le portrait de
quelques-uns d'entre eux.

Des colonies de Kares existent partout en Siam et en Laos,
surtout dans les montagnes; beaucoup possèdent un certain
nombre d'éléphants; mais la véritable patrie de ces gens est
le nord-ouest du Laos, entouré de montagnes et formant la
frontière de la Birmanie anglaise. Ici ils font souvent naître
des complications en pillant les sujets anglais et siamois.

Avant d'attaquer quelqu'un ils font des sacrifices aux esprits
du Dschangel et leur demandent une bonne réussite dans leur
entreprise. Leurs seules armes sont l'arbalète et la flèche.

Je rencontrai d'autres tribus dans le district de Lakan ; là
j'ai encore dessiné un homme et une femme.

Le 8 septembre je quittai Ban-Kan-Jai pour me rendre à
Radhuri, sur le fleuve Méklong, ou Ménam-Radburi.

Le pays, sur mon chemin, était bien peuplé; puis, pendant
deux jours, je n'apercevais plus que d'immenses champs de
riz et de petits groupes de huttes dans toutes les directions.

Quand, vers onze heures du soir, j'arrivai en vue de Radburi, la lune venait de se lever, et une musique indigène éclata
soudain de toutes parts au delà du fleuve.

Je me rendis à la demeure de l'ex-régent, dans l'espoir de
trouver mon ami le capitaine Hicks, son secrétaire.

Il était heureusement chez lui, dans une charmante villa
où il me souhaita la bienvenue.

Il me mena tout de suite chez l'ex-régent. Nous y rencontrâmes son petit-fils, Rhum-An, qui jouait aux échecs. Son

Altesse venait de se mettre au lit. Du Lokan nous arrivaient les sons d'une musique lente, qu'on a l'habitude de jouer jusqu'à ce que l'ex-régent soit endormi.

Le lendemain, je me fis présenter à Son Altesse. Sa première question fut : « Avez-vous beaucoup de dessins ? »

Je lui soumis tous ceux que je possédais. Puis elle me demanda si j'avais besoin de quelque chose. Je lui répondis que je désirais me rendre à Kanburi. Elle donna aussitôt l'ordre de me préparer un vapeur, équipé et approvisionné.

Je fus invité à déjeuner chez l'ex-régent et ses petits-fils, et dans l'après-midi il me fit visiter le palais royal et son wat.

Ces deux édifices sont situés sur une colline, à une demi-heure de cheval.

Le 13 septembre je partis pour Kanburi, sur un petit vapeur commodément aménagé et monté par un équipage de sept hommes. Vers quatre heures nous arrivâmes à Pataram, une assez grande ville, peuplée presque exclusivement de Chinois, dont quelques-uns possèdent de grandes plantations de sucre et de café qui s'étendent à deux journées de marche le long du fleuve.

De distance en distance s'élèvent de grands villages.

Le 14 septembre, nous atteignîmes un wat où neuf prêtres donnaient des consolations spirituelles au peuple. Ce jour-là était une fête siamoise.

D'abord les femmes et les enfants offrirent leurs sacrifices au grand-prêtre : du riz, des fruits, des poissons et des noix de bétel. Ils se rendirent ensuite tous au sala pour y attendre l'arrivée des prêtres qui devaient célébrer le service divin à huit heures.

Quand les prêtres parurent, les fidèles saluèrent deux ou trois fois jusqu'à terre et s'assirent sur le sol, élevant leurs mains au-dessus de leur tête, dans une attitude de prière, en appuyant leurs coudes sur leurs genoux.

Le grand-prêtre, avant de commencer la cérémonie, se fit servir par plusieurs enfants des noix de bétel, du tabac et du buris. Alors il chanta quelques prières en tenant un éventail devant sa figure.

Les fidèles n'étaient pas trop attentifs. Je remarquai une vieille grand'mère qui profitait de l'occasion pour apprendre à une petite fille de deux ans comment on devait faire la révérence à un prêtre.

A quatre heures de l'après-midi, nous arrivâmes à Kanburi, qui est situé dans une vallée charmante, arrosée par une rivière qui coule entre deux hautes montagnes.

Kanburi était autrefois fortifié ; ses vieux remparts, d'une épaisseur de 1 mètre 50, existent encore en partie. De vieux canons montrent paisiblement leurs gueules, dans lesquelles nichent à présent des serpents et où les araignées tendent leurs toiles.

Ici encore nous trouvons des Chinois; décidément il y en a partout; on les voit tantôt qui cultivent leurs plantations de sucre et de café, tantôt qui achètent du bois de *sapan* (le *mai-fang* en siamois), qui croît en masse dans le Dschangel.

La seule industrie quelque peu importante des indigènes paraît être la fabrication des nattes. C'est un travail de femmes qui se fait à l'ombre des maisons; on tresse ensemble des bambous et des bandes d'écorce, de manière à former des dessins variés en forme de carrés; ces nattes, très solides et très bon marché, sont envoyées en grand nombre à Bangkok. Les Siamois les nomment *sua*.

Je me rendis immédiatement avec Kao chez le gouverneur, qui venait d'être investi de sa charge. Il demeurait dans une grande maison en bambou qui tombait en ruines. Il regretta de n'avoir pas un gîte à m'offrir. Je lui dis que je resterais bien dans un sala, s'il voulait en faire réparer et nettoyer un, et y mettre une garde pendant la nuit, tant que je l'habiterais. Il donna des ordres pour que quelques prisonniers fissent une cloison de bambou dans le sala, qui serait ainsi partagé en deux compartiments, un pour moi, l'autre pour mes serviteurs.

Une partie de ce sala était habitée par un Birman de Mulmen, qui s'y trouvait depuis sept mois déjà, en attendant la fin de l'instruction dirigée contre un Kare accusé de meurtre. L'année précédente, le frère de ce Birman était parti de Birma avec 2500 francs pour acheter un éléphant à Tschengmai. Pendant le voyage il avait été assassiné. C'était le pays des Kares qu'il avait traversé en dernier; l'un d'eux était son guide. et revint seul dans sa cabane. Depuis, on avait trouvé les armes du Birman disparu en possession de cet homme, et naturellement on l'avait soupçonné de meurtre, puis arrêté et amené à Kanburi. Il était parmi les prisonniers qui furent chargés de la construction de mon appartement.

Il niait énergiquement, mais les soupçons étaient fondés, et on avait peu de doutes sur sa culpabilité. Il ne pouvait du reste fournir d'explications plausibles sur la disparition du Birman, auquel, d'après son propre aveu, il avait servi de guide.

Le frère de la victime me dit qu'il avait dépensé, depuis son départ de Mulmen, une importante somme d'argent, et que, muni de toutes les preuves, il lui était néanmoins impossible de faire fixer le jour du jugement, qui pouvait encore être retardé de plusieurs mois. Il me dit que, bien que le Kare fût à peu près sûr d'être condamné à mort, ce criminel était en ce moment beaucoup plus heureux que lui.

Telle est la lenteur avec laquelle on rend la justice dans ce pays.

Le lendemain, je reçus la visite du gouverneur et du vice-gouverneur. Ils m'offrirent des volailles, des œufs et du porc.

Dans l'après-midi, conduit par un grand prêtre, je visitai le wat principal, Tschai-Sumpun.

Sur l'autel il y avait des statues de Bouddha, des vases, des candélabres, des fleurs de papier, d'autres conservées dans de l'eau salée, des lampes, des montres et des pipes de bambou. J'échangeai une de ces dernières contre une pipe anglaise.

CHAPITRE IX

Après m'être arrêté pendant quelques jours à Kanburi et à Radja, village situé à treize kilomètres au nord-ouest de Kanburi, je revins à Radburi.

En route, nous visitâmes le village de Tarna, où habite un gouverneur, et qui est la dernière station avant d'arriver au célèbre pèlerinage de Pratin.

Des milliers de pèlerins s'y rendent tous les ans pour y adorer une pierre sacrée. Kao était enchanté d'avoir l'occasion de visiter ce sanctuaire.

Comme le chemin de la forêt était en partie inondé, le gouverneur me prêta un cheval.

La fameuse pierre est enfermée dans un petit wat entouré de nombreux salas, dont la longueur est de 5 mètres 30 sur 2 mètres de large, établis pour l'usage des pèlerins qui arrivent dans la saison sèche. Mais la quantité de présents qui entourent la pierre était si considérable, que je ne pus l'examiner que difficilement.

La partie supérieure de ce wat est sans aucun doute en briques; sa partie inférieure est garnie d'ornements en mosaïques, et toutes les briques sont dorées.

Ce sanctuaire est couvert d'un double baldaquin, aux bords inférieurs desquels sont suspendues des boules de verre et des franges perlées.

Devant la pierre se trouve une image représentant la semelle de Bouddha avec ses cent huit signes, et au-dessous, un petit autel garni de quelques vases et de pierres dorées.

Alors le pieux Kao alluma ses cierges, les mit dans des vases et récita ses prières.

Au dehors du wat sont suspendues trois vieilles cloches, dont le tintement appelle tous les matins les croyants à la prière.

Le soir j'étais revenu à Tarna.

Le gouverneur donna en mon honneur une représentation de *lakon,* qui dura jusqu'au matin; mais, trouvant la musique trop monotone, je me retirai vers minuit.

A mon retour à Radburi, j'appris que Khun-An, le petit-fils de l'ex-régent, s'était fait prêtre. J'allai donc le voir au wat Suriwongse.

Quand un jeune homme a atteint sa vingt et unième année, il doit, d'après la religion bouddhiste, entrer en religion; et quoique cette coutume ne soit pas observée dans le peuple, la noblesse s'y soumet régulièrement.

Dès qu'un jeune homme a fait choix du wat où il veut entrer, il fait une visite aux princes, aux nobles et aux membres de sa famille en général pour leur communiquer sa décision; il invite ensuite un prêtre à venir prier avec lui dans sa demeure, et il acquitte toutes ses dettes.

La première nuit tout va bien; le lendemain le jeune homme sert un déjeuner aux prêtres et organise une procession. Un cavalier la précède, portant le vase de riz traditionnel et l'éventail du novice; puis vient un autre qui porte l'habit jaune des novices (le *krai-set*); enfin s'avance le novice lui-même, à cheval, complètement rasé jusqu'aux sourcils, car c'est un péché pour un prêtre d'avoir un seul poil sur la tête. Bouddha lui-même ne fut-il pas rasé par Indra dans sa retraite de l'Himalaya, puis revêtu ensuite de l'habit jaune foncé du prêtre?

Habillé de blanc, ayant sur la tête une couronne qui ressemble à la couronne royale de Siam, et de nombreuses bagues aux doigts, il tient une fleur de lotus, et, les mains jointes, il est assis sur un cheval dont un serviteur tient les rênes.

Derrière lui vient sa famille, portant encore du drap jaune; puis ses amis, chargés de parasols, de lampes, de souliers et de beaucoup d'autres choses nécessaires à un prêtre.

Cette procession s'appelle *buat-nack*. Le novice lui-même porte le nom de *nack*.

Arrivé au temple, le nack descend de cheval et ôte ses souliers, car la religion défend d'en porter dans l'intérieur du temple. Après en avoir fait le tour trois fois avec tout le cortège, il sort et va dans sa chambre à coucher, où il change d'habits.

Puis il revient au temple, et le grand prêtre revêt le nack des habits sacerdotaux, avec le secours de deux autres prêtres qu'on nomme *ku-suat* et *kupacka*. Pendant ce temps, des prêtres interrogent le novice: s'il entre de son propre mouvement dans l'ordre, s'il y est forcé par ses parents, ou si une question d'argent le guide; car il n'est pas rare que des Siamois persuadent un homme endetté qui veut faire une action agréable à Bouddha, de payer ses dettes en se faisant prêtre. Ils échappent ainsi à la prison perpétuelle.

D'autres questions touchent la parenté et les relations du nack : s'il a encore son père et sa mère, des frères et des sœurs; s'il a, ce qui est plus important, femme et enfants; s'il a des propriétés, etc. Chacune de ces questions est posée trois fois. Si le nack répond d'une manière satisfaisante, on fait la prière, et on adresse un sermon au nouveau *pra;* puis son nom et la date de son admission sont inscrits dans un livre qui existe à cet effet dans chaque wat.

Il doit vivre sous la suprématie du prêtre chef du cloître, et suivre l'exemple de ses collègues. Son principal devoir journalier est de demander l'aumône, c'est-à-dire sa propre nourriture.

Tous les matins on peut voir, le long des chemins et sur les barques du fleuve, des prêtres habillés en jaune, tenant un éventail à la main et un pot de fer sous le bras, et qui mendient de porte en porte.

Mon banquier siamois me raconta que le prêtre le plus humble dans la hiérarchie (le *nane*) devait remplir deux cents commandements par jour, et le plus élevé (le *pra long*), cinq cents.

Les commandements principaux sont : la foi au seul et vrai bouddhisme, l'obéissance à ses parents, ne tuer ni blesser aucun être animé, ne pas voler, ne boire aucun alcool et ne pas fumer, ne manger que le nécessaire, ne pas être paresseux, ne pas avoir des mœurs efféminées, etc.

Le temps de l'épreuve la plus courte pour un prêtre est de sept jours; mais, en réalité, elle dure trois mois.

J'ai connu beaucoup de prêtres qui, n'étant entrés que pour un mois ou deux au service d'un temple, y étaient restés deux ou trois ans, jusqu'à ce qu'ils aient trouvé à se marier, ou qu'ils se soient procuré une situation quelconque plus avantageuse.

Mon jeune ami Khun-An ne voulait rester prêtre que trois semaines, et il dut pourtant se raser entièrement. L'absence de sourcils le changeait tellement, que je ne le reconnus pas.

En dehors des objets détaillés plus haut, le novice reçoit généralement des présents selon son rang social. Khun-An, appartenant à une des familles les plus influentes du Siam, avait reçu quantité de jolies choses : des encriers, des presse-papiers, des porte-cigarettes et d'autres articles de luxe au moyen desquels il pouvait rendre moins dure sa vie de privations, qui du reste ne devait pas durer longtemps.

Le temple qu'il avait choisi, le wat Suriwongse, avait été bâti par l'ex-régent lui-même, et était fort bien agencé.

Le temple, les cloîtres et les tours, tout était construit en briques peintes en blanc.

Dans les jardins se trouvait aussi un étang étoilé de fleurs de lotus, de sorte que les prêtres avaient toujours sous la main une provision de fleurs suffisante pour leurs fêtes.

Le grand prêtre avait une habitation pour lui seul. Khun-An aussi avait une belle maison, avec deux chambres au premier et une sorte de cuisine au rez-de-chaussée.

Les prêtres ont une législation à part et se gouvernent eux-mêmes. C'est Somdeth-Tschau-Pra qui est le premier prêtre du royaume. Il est l'oncle du roi actuel. C'est un homme dont le visage exprime une grande douceur et une suprême résignation. Il vit au wat Buromanivet, où je fus un jour le voir. Il est la plus haute autorité religieuse du royaume, et doit rendre compte au roi de tout ce qui concerne le clergé.

Après lui vient le Somdeth-Pra-Tamoro-Wadom, que je vis souvent accompagné de l'infatigable M. Salomon, qui connaît très bien la langue du pays et qui a une grande autorité à Siam. Je fis aussi plusieurs visites à Sutat-Tape-Pataram. Il est prêtre depuis quarante ans déjà, et est arrivé petit à petit au second rang dans l'Église.

Ordinairement nous allions voir le Somdeth-Pra immédiatement après midi, et nous le trouvions presque toujours étendu sur un matelas de velours jaune, avec un grand nombre de coussins sous la tête, entouré d'une foule de parchemins en pali et la cigarette à la bouche, quoiqu'il soit défendu aux prêtres de fumer. Cette défense signifie sans doute de ne pas fumer trop, car tous les prêtres fument et mâchent du bétel.

Il ne se levait jamais à notre arrivée, et se contentait de nous tendre en souriant soit la main droite, soit la main gauche, en nous faisant signe de prendre place sur une natte à côté de lui.

Sa chambre était pleine de bibelots sacrés de toutes sortes. Elle renfermait aussi une belle collection de vases, de pots à thé en porcelaine, bien qu'il soit défendu aux prêtres d'avoir des objets d'or ou d'argent. J'y vis aussi de petites tasses, des soucoupes, des crachoirs en cuivre émaillé ou en porcelaine, des objets en verre de Bohême, des lampes européennes, une énorme quantité de cannes, depuis celle en corail noir ou en ébène jusqu'au plus petit jonc de promenade.

Sur un petit autel, dans le fond de la chambre, j'aperçus un Bouddha doré, un grand nombre de vases français, les uns vides et les autres garnis de fleurs; des montres américaines et allemandes à bon marché, et, ce qui excitait surtout mon admiration, une très vieille armoire magnifiquement incrustée de nacre.

C'est là que se trouvaient les palis sacrés, enveloppés chacun dans de la soie jaune et liés avec de la ficelle de la même couleur.

Ce prêtre vénérable couchait dans une chambre contiguë, où jamais un rayon de soleil ne pouvait pénétrer.

Chaque wat occupe quelques domestiques, qui doivent exécuter certains travaux. Ils portent également des habits jaune foncé.

Nous nous figurons, en Europe, que la vie du prêtre de Bouddha est une vie de paresse; nous nous trompons étrangement.

Chaque jour, au lever du soleil, ils sonnent les cloches ou battent le tambour; quelques-uns vont pendant ce temps au temple réciter les prières du pali. Puis ils commencent leur quête journalière par eau ou par terre, demandant du pain, du riz, du poisson, des fruits et des légumes. Ils ne méprisent pas non plus le tabac et les noix de bétel.

Quand leur vase à offrandes est rempli, ils reviennent au temple et donnent aux chiens et aux corbeaux ce qui reste de leur repas.

L'après-midi les prêtres ne doivent rien manger jusqu'au lever du soleil; le lendemain ils prennent seulement une tasse de thé.

Pendant la saison pluvieuse, les prêtres restent dans les cloîtres ou dans les temples; mais, pendant la saison sèche, ils se rendent dans différents lieux sacrés, surtout au Pra-Bat, où Bouddha a, dit-on, laissé l'empreinte de son pied. C'est au commencement de la pleine lune du troisième mois (février) que commence le pèlerinage.

Le 5 octobre, je partis de Radburi pour retourner à

Bangkok, car le moment de mon voyage dans le nord approchait.

L'ex-régent ordonna de m'équiper un bateau; mais, en arrivant le matin, je vis à mon grand étonnement que le gouverneur ne m'avait donné qu'une barque ordinaire, sans cabine.

Grand prêtre de Bangkok.

Comme je voulais utiliser pour mon retour les nombreux canaux[1] qui relient le delta du Ménam avec le Mékong, et qui sont infestés de myriades de moustiques, et que d'un autre côté les bateaux lourds échouent quelquefois dans la vase, je me plaignis à Pra-Mane.

[1] A Siam, il y a autant de canaux qu'en Hollande; ils ont été construits par des coolies chinois.

Il me dit que c'était une offense de m'offrir un tel bateau, surtout après les ordres de l'ex-régent.

Aussitôt il me procura un bateau léger et quatre rameurs.

Deux jours plus tard j'étais de retour avec Kao dans la ville des temples, où mon bagage, parti en même temps que moi sur un bateau de commerce, devait me rejoindre plus tard.

CHAPITRE X

Pendant les derniers préparatifs de mon voyage dans le
haut Siam et le Lao, je fus témoin de deux événements qui
étaient l'un et l'autre fort intéressants.

Le premier était la fête annuelle du *Katin*, c'est-à-dire la
visite du roi aux temples consacrés à lui et bâtis par lui.

La construction des temples étant regardée chez les bouddhistes comme un grand titre aux gloires éternelles, toutes
les castes de la société s'efforcent d'en construire le plus possible. Il existe quatre sortes de temples :

1° Ceux qui ont été construits par ordre royal, et qui sont
consacrés au souverain; ils se nomment wat Hluang;

2° Ceux construits sur l'ordre des princes; leur nom est
wat Tschau;

3° Ceux construits par la noblesse, et appelés wat Kun-
Nang;

4° Ceux que le peuple lui-même a construits; ils portent le
nom de wat Ratsadahn.

Presque tous les temples construits par la noblesse sont plus
tard consacrés au roi; on les classe alors dans la première

catégorie des wat Ratsadahn. Les matériaux proviennent des
quêtes faites dans le peuple par un crieur. Il annonce que
dans tel et tel district on doit bâtir un temple, et que tous les

Temple bouddhiste.

pieux bouddhistes sont invités à prendre part à cette bonne
œuvre: « Venez, ô riches! Venez, ô pauvres! Venez tous, et
contribuez-y dans la mesure de vos moyens. »

Quelquefois aussi circulent des invitations écrites, par les-

quelles hommes et femmes sont priés de se réunir pour une
bonne œuvre.

L'emplacement d'un temple doit être demandé au roi, qui

Entrée d'un temple bouddhiste.

seul a le pouvoir de consacrer un terrain pour la construction
d'un temple bouddhiste.

Si c'est dans une province, la demande doit être faite par
le gouverneur. Une fois la demande accordée, on indique

8

l'emplacement désigné avec huit pierres placées vers les quatre points cardinaux; et on édifie ensuite entre elles une petite bâtisse en briques, soit carrée, soit hexagone, de 1 mètre 80 de longueur sur 1 mètre 50 de hauteur, avec quatre portails. Cette petite construction terminée, on la couvre d'un marbre haut de 40·à 50 centimètres, et large de 25 à 30 centimètres; il est taillé en forme de feuille, et s'appelle *bysema*. *Sema* en siamois veut dire frontière, et indique la limite de l'*obosot*, qui, quoique bâti à part du wat, peut être regardé comme le sanctuaire des juifs ou comme la chaire des églises chrétiennes. Cet obosot est destiné à recevoir les idoles sacrées, et aucune femme ne peut y entrer. C'est ici que les présents royaux sont donnés au Katin. Les solennités du Katin commencent le quinzième jour de la lune du onzième mois siamois, c'est-à-dire à peu près le 8 octobre; elles durent trente jours.

Pendant les fêtes du Katin, le Ménam, toujours si vivant et si animé, offre peut-être le spectacle le plus imposant qu'on puisse y voir, quand le roi passe du côté ouest du fleuve, avec un magnifique déploiement de forces, pour visiter les temples.

La première visite fut au wat Buromanivet. Je m'y rendis donc de bonne heure pour voir les préparatifs avant l'arrivée du roi.

Les promenades autour du wat étaient garnies de marins et de soldats; une foule d'officiers siamois, en magnifiques uniformes, la poitrine couverte de décorations, s'y tenaient aussi. Autour d'eux se pressaient des hommes, des femmes et des enfants, espérant voir un instant, une seconde, leur souverain.

Le sol du temple était couvert de nattes, et un fauteuil doré, recouvert de soie jaune, orné des armes royales, avait été apporté du palais et placé près de l'autel. A côté se trouvaient une petite table en marbre et quelques chaises pour les princes et la suite.

Sur une estrade, en face de l'endroit où les prêtres du temple devaient s'asseoir, étaient exposés les présents royaux consistant, pour la plupart, en paquets d'étoffes jaunes.

Un peu avant onze heures, le roi fit son entrée, porté dans une belle chaise à porteurs.

Ensuite le grand prêtre fit un sermon, et appela sur le roi la bénédiction de Bouddha.

Ces fêtes durèrent sept jours, et on visita tous les principaux wats.

Mais toutes ces cérémonies n'étaient rien à côté de la procession en bateaux, à laquelle le roi prend part et qui a lieu sur la rive opposée. Une pompe magnifique fut déployée. Ce spectacle fut si féerique et si merveilleux, qu'il n'est presque pas possible d'en trouver un plus beau dans tout l'Orient.

Derrière plusieurs grands bateaux montés par des princes et de hauts dignitaires de l'État, venait la barque du roi, très longue, haute à l'avant, superbement sculptée et richement dorée.

Cent vingt rameurs, exercés depuis un mois déjà, ramaient avec la précision d'une machine. Le commandement de lever et d'abaisser les rames était donné dans chaque barque par deux hommes portant de longues perches, au bout desquelles pendaient des glands d'or. Au milieu de la barque royale se dressait un siège élevé, recouvert d'un baldaquin d'or, et sur lequel trônait majestueusement le roi, entouré de serviteurs assis à ses pieds et portant les insignes royaux.

Derrière cette barque venaient au moins cinquante autres bateaux, tous très beaux et très spacieux, mais moins pourtant que celui du roi; ils portaient sa suite.

A une distance respectueuse, le long du bord, se glissaient de tous côtés des barques pavoisées.

Ce spectacle et l'aspect des environs, le ciel serein, le fleuve majestueux qui reflétait chaque objet dans ses eaux brillantes, les drapeaux qui s'agitaient, et sur les deux rives les flèches des tours dorées s'élançant dans les airs, tout cela ne s'effacera jamais de ma mémoire.

Un ou deux jours après il y eut un événement tout différent des fêtes joyeuses que je viens de décrire.

Le 15 octobre, je rentrais d'un déjeuner chez mon ami

M. Torrey, ambassadeur américain, quand M. Salomon frappa à ma porte. Il s'agissait d'une exécution capitale.

Quinze jours auparavant, Bangkok avait été fort impressionné par un horrible assassinat commis par une femme noble sur une de ses domestiques. Les détails du crime sont si repoussants, que je ne puis les raconter ici. Qu'il suffise de dire que la jalousie avait été le mobile de ce crime, accompli avec une cruauté diabolique.

La condamnation à mort fut prononcée, et le roi, généralement miséricordieux, n'hésita pas cette fois à l'approuver.

Selon la coutume, la condamnée avait été traînée à travers les rues trois jours avant le jour fixé pour la décollation, en proclamant tout haut son crime et en annonçant à tout le monde sa juste punition. Mais le bruit s'était répandu que le jugement ne serait pas exécuté.

Cependant le jour était venu, et la justice allait suivre son cours.

Nous allâmes donc rapidement au wat Ko, dans les environs duquel le supplice devait avoir lieu.

Toute la rue qui y conduisait était remplie de monde, qui venait voir l'exécution, fixée pour trois heures. Dans cette ruelle étroite, qui menait de la rue principale dans les champs, on s'écrasait littéralement; des Siamois, des Chinois, des Malais et quelques Européens cherchaient vainement à se frayer un chemin pour voir la condamnée. « Où est-elle? se demandait-on partout. — Probablement dans ce sala, me dit M. Salomon, car j'y vois une compagnie de soldats. »

Nous nous fîmes alors un chemin à travers la foule, toujours plus compacte à mesure que nous approchions du sala, qui devait être la dernière demeure de cette femme criminelle.

M. Salomon, qui portait son uniforme d'inspecteur de police, put pourtant l'atteindre avec moi, qui l'avais suivi d'aussi près que possible.

Nous montâmes jusqu'à l'endroit où la condamnée était couchée à terre.

Sa tête était passée dans une planche percée d'un trou au milieu. Elle avait les mains liées et portait des fers aux pieds.

Je m'approchai d'elle. Elle fixait ses regards sur le sol; mais de temps en temps elle jetait furtivement un coup d'œil autour d'elle; par instants elle paraissait dormir à moitié et semblait tout à fait indifférente.

Trois de ses amies étaient à ses côtés, l'encourageant et lui disant combien elle serait heureuse après sa mort. Un prêtre, assis devant elle, murmurait des prières qu'elle ne paraissait pas écouter.

Son dos, sur lequel étaient tombés quatre-vingt-dix coups de fouet, appliqués à trois reprises différentes, était sillonné de raies rouges. Beaucoup de condamnés ne survivent pas à ce terrible châtiment.

Lorsque nous eûmes vu ce que nous désirions voir, nous nous rendîmes sur la place où devait avoir lieu l'exécution.

Les poussées vers le sala étaient maintenant si terribles, que nous avions plus de peine pour en sortir que nous n'en avions eu pour y entrer.

Quand nous eûmes atteint l'endroit désigné, nous entendîmes un grand craquement derrière nous; une partie du plafond du sala venait de s'écrouler, et une grande quantité de personnes étaient tombées.

Le moment de l'exécution arriva enfin; les gardes de la prison parurent, accompagnés de soldats escortant la condamnée.

Ils firent une place vide au milieu de laquelle fut placée la femme. On lui enleva le carcan qui lui entourait le cou, et elle dut s'asseoir par terre, le dos appuyé contre des pieux de buis auxquels un des exécuteurs lui attacha les bras et le buste.

Les exécuteurs étaient au nombre de six, tous habillés d'écarlate; ils portaient au front une étoile blanche en plâtre. Chacun d'eux était armé d'un long sabre japonais à large lame soigneusement affilée.

Je demandai pourquoi on employait tant d'exécuteurs.

M. Salomon me répondit que c'était une précaution au cas où le premier ou le deuxième manquerait son coup.

Après que l'un des exécuteurs eut attaché la femme, il lui coupa ses longs cheveux, de sorte qu'on put voir entièrement sa nuque; l'homme pétrit ensuite un peu de terre glaise et lui en boucha les oreilles, afin qu'elle ne pût plus entendre aucun bruit. Les narines lui furent bouchées de la même manière.

Pendant ces préparatifs, la femme s'écria tout haut: « Prenez ma vie! Prenez-la vite! » Puis commença une sorte de danse exécutée par les exécuteurs autour de la victime, en brandissant leurs sabres d'un air terrible. Soudain le premier d'entre eux bondit vers la condamnée, et d'un seul coup lui sépara la tête du tronc. Un jet de sang jaillit, tandis que la tête roulait jusqu'à nos pieds.

La foule se dispersa ensuite lentement. On entendait murmurer : « Elle a payé sa dette. » Aussi, même parmi ses parents, personne ne la pleurait, personne ne la regrettait.

Alors les exécuteurs achevèrent leur ouvrage. Au lieu de détacher simplement les chaînes de la victime, ils lui coupèrent les pieds au-dessus du talon, et les fers tombèrent d'eux-mêmes. On lui découpa ensuite le corps en séparant les chairs des os, ainsi qu'on avait fait avec le corps du pauvre au wat Sikhet. Le corps fut laissé en pâture aux vautours, et la tête piquée au bout d'une grande perche de bambou qu'on ficha en terre.

CHAPITRE XI

Le 9 novembre 1881, je quittai de nouveau Bangkok, dans un petit bateau à vapeur mis à ma disposition par le roi, et placé sous le commandement du capitaine Richelieu. Je voulais pénétrer avec mes gens dans l'intérieur des terres aussi loin que le fleuve me le permettrait.

En plus de Kao, mon interprète, j'avais un cuisinier chinois qui adorait les spiritueux, et, pour mon service personnel, deux domestiques chinois nommés, l'un Yang, et l'autre Kien, tous deux un peu peureux, mais très honnêtes.

Ces derniers se préparèrent au voyage en se faisant donner par les prêtres un objet qu'ils appelaient *luk sakhot,* c'est-à-dire un talisman qu'ils regardaient comme leur plus grand trésor.

Kien était un joli garçon, et, bien qu'il se dît chinois, j'étais persuadé qu'il avait du sang européen dans les veines.

Je me souviens encore exactement du jour où, après de nombreux retards et une maladie qui faillit être un empêchement décisif à mon voyage, je me trouvai enfin en route, grâce à la bonne volonté et à l'intervention active du roi lui-même. S. A. Tschau-Fah-Maha-Mala, le ministre du Nord, m'avait remis une lettre ouverte adressée aux fonctionnaires des districts que je traverserais, et aux chefs tributaires que je devais visiter en passant. Tous y étaient invités à me donner les moyens de continuer mon voyage ou tout au moins de le faciliter.

Le temps était magnifique, et j'en tirai un bon augure pour mon expédition.

Le soir venu, la pleine lune se leva, brillant d'une douce lumière au-dessus de la ville aux temples d'or, et illuminant les eaux du large Ménam d'une foule de paillettes d'argent.

Nous remontions lentement le fleuve. Sur les deux rives s'étendaient des maisons à perte de vue, et des centaines de lumières scintillaient à travers leurs vitres; de temps à autre, de faibles sons parvenaient jusqu'à nous, et la musique des danses et des représentations des lakons, apportée par le vent des théâtres de la ville, frappait nos oreilles.

Peu à peu les lumières vacillantes de la terre disparurent; il ne resta plus que les innombrables étoiles du firmament, qui se reflétaient dans les eaux calmes du fleuve. C'était un coup d'œil saisissant. Partout autour de nous régnaient le silence et la nuit. Cette scène était pleine de poésie.

Soudain une voix se fit entendre : « Le gouvernail ne manœuvre plus ! » Ce cri aurait rappelé sur la terre le rêveur le plus sentimental. Il partait d'un bateau que le vapeur remorquait, et que S. A. le prince Devan avait mis à ma disposition pour continuer mon voyage lorsque le vapeur ne pourrait plus marcher, faute d'eau.

On arrêta les machines, et un homme descendit dans le bateau pour réparer cette avarie.

Ce n'était heureusement que la cheville qui était brisée.

Mais une demi-heure plus tard le même cri se fit entendre de nouveau, et cette fois l'alerte fut pleinement justifiée.

Le capitaine dut envoyer un renfort de deux hommes dans le bateau pour le diriger avec des rames.

Le matin, de bonne heure, nous aperçûmes au loin, dans la direction du nord-est, les montagnes du *Pra-Bat* (*Pra* signifie monsieur ou sacré, et *Bat* pied), nommées ainsi à cause de la célèbre empreinte du pied de Bouddha, qui y attire, dans la saison sèche, tant de milliers d'indigènes.

A une journée à peu près du point où nous nous trouvions

Entrée de la résidence du gouverneur.

s'élève le wat Tja-Ja, qui possède une statue géante de Bouddha, peinte complètement en blanc, et dont la tête dépasse les arbres du rivage ; on la voit parfaitement du fleuve.

Sur les bords de celui-ci sont échelonnés des villages éloignés les uns des autres de quelques milles seulement. Le Ménam traverse ici encore, comme à Bangkok, une plaine d'alluvions qui est bien peuplée et parsemée de temples et de pratschedis, dont les tours en forme de quilles font diversion à la monotonie du panorama.

Le pays est très fertile ; mais du fleuve on ne voit aucun signe de culture, les champs de riz étant un peu éloignés et cachés derrière les villages et les forêts.

Peu à peu la rivière diminua de profondeur, et souvent des bancs de sable rendaient la navigation très difficile. L'action de la saison sèche se manifestait non seulement par la diminution des eaux du Ménam, mais aussi par les rides des feuilles, qui commençaient à perdre leur brillant éclat vert.

Après avoir navigué pendant quatre jours avec une vitesse de 9 600 mètres à l'heure, nous atteignîmes Paknam-Po.

Cette ville est située sur le Ménam, qui se réunit ici au Ménam-Jai ou grand Ménam, lequel, malgré cette dénomination, est moins navigable que le premier.

Je pris congé du capitaine Richelieu et je quittai son vapeur.

La deuxième partie de mon voyage commençait sur le bateau du prince Devan, monté par un équipage de neuf hommes. Un second bateau suivait, chargé de mes bagages.

Pour faire avancer ces embarcations on ne se servait pas de rames, mais de longues perches, et la navigation sur ce fleuve à courant rapide, au fond élevé, était fort pénible.

Il nous fallut deux jours et demi pour atteindre Ban-Put-Pisai, situé à 32 kilomètres au-dessus de Paknam-Po.

Sur mon parcours j'appris par des femmes indigènes que le gouverneur, pour qui j'avais une lettre, était mort, et que tous les hommes du pays étaient dans la forêt occupés à abattre des arbres pour construire les édifices qui devaient servir à célébrer la fondation de Bangkok.

Je me décidai cependant à me rendre à la demeure du gouverneur. Elle se distinguait des autres maisons, comme on me le fit observer, par son entrée formée de trois arbres gigantesques; deux étaient placés verticalement, et le troisième était posé horizontalement au-dessus des deux autres. Ces portes sont communes en Siam, car il faut pouvoir les franchir sans descendre de son éléphant.

Quelquefois on s'écarte un peu de cette simplicité sévère, et alors ces entrées affectent une forme plus artistique et plus gracieuse.

La maison elle-même se composait d'une série de constructions en bambou, reposant sur des pieux en bois dur, et reliés entre eux par des planches. Sur une place vide au milieu des bâtiments, se trouvaient des marches formant l'entrée principale.

C'est là qu'était assise la veuve du gouverneur.

A mon approche, elle se leva vivement et disparut dans le bâtiment, où elle s'enferma ; mais les autres femmes, au nombre d'une douzaine à peu près, continuèrent tranquillement à jouer aux cartes.

Autour d'elles se trouvaient des groupes d'enfants qui les regardaient jouer avec une grande attention, les critiquant ou les approuvant ; les cartes, en effet, sont connues de tous dans ce pays.

Toutes ces femmes étaient en grand deuil et portaient les habits de rigueur en calicot blanc ; elles étaient complètement rasées. Cela ne leur donnait pas précisément un air gracieux, mais un phrénologue aurait eu la meilleure occasion d'étudier les bosses de leurs crânes.

Elles ne s'occupèrent pas de nous jusqu'à ce que Kao leur adressât la parole.

Elles répondirent alors qu'elles ne pouvaient nous aider en rien ; que le sous-gouverneur était parti avec ses hommes dans la forêt, mais que j'étais libre d'attendre son retour ou de m'en aller. J'eus beau insister pour qu'elles me conduisissent à la forêt, elles persistèrent à refuser.

J'allais aviser sur ce que je devais faire, quand un vieux Chinois complaisant vint s'offrir à moi pour aller avec un de mes hommes dans la forêt, chercher le chef et me l'amener, J'acceptai aussitôt, comme on le pense.

Dans une chambre ouverte, à proximité du bâtiment principal, le corps du gouverneur, enfermé dans un cercueil, était posé sur une estrade, en attendant que les prêtres eussent reçu de Bangkok les ordres nécessaires pour les cérémonies de la crémation.

Le corps se trouvait là depuis sept mois déjà.

En attendant l'arrivée du sous-gouverneur, je me promenai dans le dschangel voisin, où je trouvai quelques moules, pour la plupart des *vitrina* et des *bulimus*.

Ce n'est que dans la matinée du lendemain que le sous-gouverneur arriva.

Il donna immédiatement des ordres pour me procurer des hommes, afin que je pusse continuer mon voyage sans perdre plus de temps.

Dans l'après-midi, j'atteignis le village de Ban-Den. Là un nouveau retard se produisit, parce qu'il fallait de nouveau changer d'équipage, les matelots ne voulant pas dépasser les frontières de leurs districts.

Il y a là un grand choix de *unio*, moules fluviales que les indigènes attrapent en plongeant dans la rivière ; mais ils en sont souvent empêchés par les crocodiles, qu'ils craignent beaucoup. Ils vendent ces moules aux Chinois, qui en font grand cas à cause de la nacre.

Le gouverneur de l'endroit me fit cadeau d'une branche d'arbre qui formait un 8 complet. Était-ce un hasard de la nature, ou avait-on forcé la branche à prendre cette forme? je ne pus m'en rendre compte ; mais on m'assura que de telles branches étaient un excellent remède et un préservatif magique contre les maux spirituels et corporels. Ce talisman protecteur ne me fut pas d'une grande utilité ; la foi me manquait sans doute.

D'un autre côté, j'aurais pu être tenté de lui attribuer toute la série de contrariétés qui m'assaillirent bientôt après.

La première nuit après notre départ de Ban-Den, nous fûmes presque noyés par une trombe formidable. Malgré la saison sèche, Jupiter *pluvius* nous fit sentir impitoyablement sa puissance. Les écluses du ciel s'étaient ouvertes, et mon bateau se remplit d'eau ; dormir devint impossible.

Après avoir pompé toute la nuit, le cuisinier essaya de préparer un peu de riz pour le déjeuner ; mais il n'y réussit qu'en abritant le feu au moyen d'un parapluie et en sacrifiant le peu de bois sec qui nous restait.

Nous n'étions pas encore au bout de nos peines. Le second bateau fut emporté par les eaux, tandis que les deux hommes dormaient et que les autres étaient sur le rivage manœuvrant leurs perches. Dans ce bateau se trouvaient toutes nos provisions de bouche.

Ce ne fut que le matin que j'appris ce malheur. Il résulta de l'enquête que je fis que le bateau avait été détaché du mien, entraîné par le courant, et, quand les deux hommes se réveillèrent et qu'ils virent le danger, il était trop tard pour y parer.

Je n'avais pas entendu leurs cris, et les autres indigènes, avec l'indifférence qui les caractérise, ne s'étaient pas occupés du sort de leurs compatriotes; du moins n'avaient-ils cherché ni à retrouver les hommes ni à rattraper le bateau.

Celui-ci s'était heureusement accroché à un pieu émergeant de la rivière; les hommes s'y étaient cramponnés et avaient tenu bon jusqu'au matin. Ils n'avaient aucun mal, quoiqu'ils fussent mouillés jusqu'aux os et qu'ils eussent passé une nuit d'angoisse; ce fut pour eux une leçon pour l'avenir, en leur apprenant à mieux attacher leur barque. Ce ne fut, dans tous les cas que par miracle qu'ils échappèrent à la mort.

Une grande caisse de riz couverte de zinc et une autre caisse de poisson sec, qui auraient pu nous suffire pour plusieurs mois, étaient tombées dans l'eau et ne furent pas retrouvées.

Le jour suivant, une autre mésaventure nous arriva : le bateau fit eau; les sacs de sel se mouillèrent, et, leur contenu fondant, il n'en resta pas un grain. Le poisson sec lui-même fut complètement trempé.

Toutes les tentatives pour boucher la voie d'eau ayant échoué, j'envoyai enfin Kao au village voisin pour y chercher un autre bateau et des vivres. Pendant ce temps, ses compagnons me demandèrent la permission d'aller sacrifier à l'autel Santschau-Tane-Hok.

Dans la forêt, au milieu d'une clairière, au pied d'arbres gigantesques, sur la rive gauche du fleuve, les Siamois avaient construit deux petites chapelles semblables à celles qu'on rencontre en Italie et en Tyrol.

Les rameurs s'y rendirent pour demander un voyage heureux; chacun y sacrifia une noix de coco et quelques cierges parfumés, qu'ils allumèrent et mirent dans des vases placés à cet effet sur l'autel.

L'autel lui-même semblait très petit, bien qu'il disparût presque totalement sous les étoffes, les images de Bouddha, les poupées et les autres présents des indigènes.

Vers midi nous arrivâmes à Ban-Kem, où je ne comptais m'arrêter que pour déjeuner; mais mes gens voulurent à tout prix me quitter; ils en avaient assez des mésaventures qui leur étaient arrivées.

Ils partirent donc tous, à l'exception de deux, et je dus m'adresser au *kam-nan-jai*[1] pour obtenir d'autres serviteurs. Le chef s'était rendu à Kamp-Heng, et son représentant fit preuve d'une telle lenteur, que la nuit tombait déjà lorsque mon bateau fut de nouveau équipé.

Le lendemain nous arrivâmes à Krong-Krung; ce n'est autre chose qu'une halte, où se trouvent pour un certain temps seulement un riche marchand de bois birman et quelques Siamois occupés pendant cette saison propice à la récolte de la résine.

Pendant la nuit tous mes gens s'enfuirent, et, comme il me fut impossible de leur trouver des remplaçants là où il n'y avait personne, je louai un léger bateau à des négociants siamois, et j'envoyai Kao à deux journées en avant pour s'adresser au gouverneur de Kamp-Heng-Pet et le prier de vouloir bien me pourvoir d'un nouvel équipage.

Pour donner plus d'importance à ma demande, je lui envoyai mon passeport émanant du gouvernement siamois.

Ce fut la première et peut-être la dernière fois que j'eus à louer la célérité d'un Siamois. Kao m'avait quitté le 27 novembre, et il revint le 2 décembre, avec douze hommes, sans avoir rencontré beaucoup de difficultés. Il avait su faire croire au chef de Kamp-Heng-Pet qu'il devait s'occuper de moi.

Deux jours plus tard j'arrivai dans son village, éloigné de Paknam-Po de 742 kilomètres par eau. Je mis, à cause de la lenteur de mes gens d'un côté, et de la rapidité du courant de l'autre, vingt et un jours pour accomplir ce trajet.

[1] Petit chef.

La rapidité du courant est d'autant plus extraordinaire, que le pays est plat des deux côtés du fleuve et couvert d'herbes luxuriantes ou de forêts épaisses dans les endroits qui ne sont pas habités.

A partir de Kamp-Heng-Pet, on aperçoit les montagnes de Raheng; mais, avant d'y arriver, le paysage est toujours uniforme et peu accidenté.

La contrée ne paraît pas très peuplée, malgré ce que dit le gouverneur de Kamp-Heng-Pet, qui m'assura qu'il s'y trouvait soixante-huit villages.

Après mon arrivée à Kamp-Heng-Pet, je me rendis immédiatement chez le gouverneur pour le remercier d'avoir accédé si vite à ma demande.

Cette visite avait encore pour but de lui demander d'autres faveurs, que je considérais comme accordées d'avance. Je le priai de me donner l'hospitalité pour la nuit, et de me procurer d'autres gens pour continuer mon voyage le lendemain. Le gouverneur eut la bonté de mettre un sala à ma disposition, et j'y passai la nuit.

Avant de prendre congé de lui, il m'invita à déjeuner pour le lendemain, et me demanda aussi si je ne pouvais pas me passer de mon cuisinier pour qu'il aidât à préparer le repas. Il s'enquit aussi auprès de Kao si j'avais du champagne, désirant, disait-il, m'en acheter quelques bouteilles.

Je n'en avais pas, mais je me gardai bien de le lui dire, et je lui envoyai, avec mes meilleurs compliments, quatre bouteilles de limonade.

Il n'y eut à table que le gouverneur, le sous-gouverneur et moi.

Les deux fonctionnaires portaient l'habit de cérémonie du Siam.

La table, à défaut de nappe, était couverte de morceaux de calicot blanc; les fourchettes étaient en argent, et de vieux gobelets servaient de verres. Les plats étaient bons, et le service aurait fait honneur à un hôtel du premier ordre. Kao, passé maître aussi dans l'art culinaire, avait secondé le cui-

sinier, et tous deux furent comblés de louange. On servit
d'abord une *soupe aux poulets,* puis des côtelettes du même
bipède, du pâté de volaille, du rôti de porc, du canard farci,
et, comme dessert, des biscuits et de la pâtisserie siamoise.

Le prétendu champagne fit beaucoup d'effet. Lorsque Kao
déboucha la première bouteille, le liquide moussait fortement,
ce qui fit dire aux deux fonctionnaires siamois qu'il devait
être de première qualité.

La soirée se passa gaiement, mais elle se termina par une
alerte.

Après minuit, comme je venais de quitter la table hospitalière du gouverneur, j'entendis des sons de tambours et de
gangs qu'accompagnait une vive fusillade. Je me levai à la
hâte et courus au temple, où je trouvai tous les prêtres réunis
au milieu d'une foule d'indigènes fort excités, cherchant à
attirer l'attention du grand dragon qui allait avaler la lune, et
s'efforçant d'éviter ce grand malheur en faisant un vacarme
d'enfer.

En d'autres termes, c'était une éclipse de lune.

Le 7 décembre je quittai Kamp-Heng-Pet, et j'en emportai
d'agréables souvenirs.

Pendant quelques heures nous dûmes ramer de toutes nos
forces contre le courant, très rapide en cet endroit, puis nous
arrivâmes au village de Nankling.

Dans le voisinage se trouvent les ruines d'un grand temple,
du wat Awat. On dit qu'il a été bâti il y a quatre cents ans,
lorsque Kamp-Heng était un royaume.

Il me tardait de visiter cet antique wat; mais les indigènes
opposèrent à mon projet tous les obstacles imaginables. C'était,
disaient-ils, trop loin dans la forêt et presque inabordable à
cause des marais.

Malgré tout, j'étais décidé à subir les prétendus dangers de
la forêt et de l'eau, et je persuadai un fonctionnaire de me
prêter un cheval pour épargner mes chaussures. J'eus le
cheval, mais sans selle et sans rênes; il paraît que là-bas on
comprend ainsi le mot de *cheval.* Un cheval, quoique sans

selle, était pourtant plus agréable qu'une longue marche à travers des forêts et des marais.

Après avoir surmonté toutes ces difficultés, je me trouvai enfin en face des ruines du temple.

Bouddha prêchant.

On peut juger, par l'espace compris entre les murs qui subsistent encore, des proportions qu'avait autrefois cet édifice. On reconnaît son ancienneté aux matériaux employés à sa construction : ce sont des blocs de pierre de taille assez grossièrement travaillés, longs de 45 centimètres sur 15 de largeur et d'épaisseur. Deux ratschasis sont taillés dans la

9

pierre de chaque côté de l'entrée principale ; ce sont deux véritables monstres, qui rappellent le lion sacré des bouddhistes. A l'intérieur des murs je vis les débris d'un grand nombre de piliers massifs, dont il ne restait plus que des fragments. Des têtes et des statuettes de Bouddha jonchaient partout le sol ; la plupart étaient mutilées.

Plus tard, j'appris par les prêtres de Nankling que la collection de statues de Bouddha qui s'y trouvait autrefois avait été dispersée peu à peu par les prêtres et par d'autres personnes pieuses, qui les avaient données à différents temples. Le grand prêtre me permit de prendre quelques figurines. Il y avait parmi elles un Bouddha, dans un attitude royale, les mains étendues comme un prédicateur.

Au milieu de ces ruines se trouvaient plusieurs tours ou pratschedis aux toitures étranges, qui, au lieu de se terminer en pointe, étaient rondes ou plates, comme des toits gothiques auxquels on aurait tranché le sommet.

Chaque crevasse abritait des plantes : des fougères, des herbes sauvages, des plantes grimpantes, et, en certains endroits, de grands arbres étendaient majestueusement leurs branches au-dessus des ruines. La nature prouvait ainsi sa supériorité sur la pierre et son rajeunissement éternel, tandis que les plus belles créations de l'homme tombent fatalement en poussière et sont vouées à la destruction.

Le gouverneur était très pieux, de sorte que, lorsque je lui demandai de me procurer quelque volaille, il s'y refusa, parce que Bouddha a dit : « Tu ne dois tuer quoi que ce soit. » Enfin il triompha de ses scrupules et me permit de tuer les animaux dont j'avais besoin, à condition de payer leur valeur à leurs propriétaires.

CHAPITRE XII

Le 10 décembre j'atteignis Raheng, qui est, comme Kamp-
Heng-Pet, le siège de deux gouverneurs et la ville la plus
importante du nord de Siam, avec une population de neuf
mille âmes.

Elle est partagée en trois parties distinctes : l'une est habitée
par des Siamois, l'autre par des Laotes, et la troisième par des
Birmans.

Raheng est située sur la rive gauche du fleuve, large en cet
endroit de 120 mètres, mais obstrué en aval de la ville par de
larges bancs de sable.

Elle est bâtie comme toutes les villes du Siam, sans ordre
et sans plan. Les huttes, les boutiques de bois et les maisons
de meilleure apparence sont entasseés pêle-mêle où le hasard
et où le caprice de son propriétaire a bien voulu les placer.
Il n'existe pas de rues à proprement parler, mais des ruelles,
ou plutôt des passages entre les maisons.

La ville ressemble à un labyrinthe tortueux rempli d'angles, de contours sans nombre et d'obstacles imprévus.

On voit des boutiques dans lesquelles des femmes restent assises toute la journée en attendant des clients, qui achètent ou échangent des marchandises à moitié pourries, comme des poissons secs, des fruits, des gâteaux, contre des rouleaux de calicot, des ustensiles en fer et d'autres bibelots.

On aperçoit surtout beaucoup de maisons de jeu, où les indigènes peuvent satisfaire leur passion dominante.

Des joueurs risquent leur fortune, sur un coup de dé, et d'autres, les spectateurs, parient sur la chance des joueurs.

Les Chinois spéculent sur cette passion et en tirent de beaux profits.

Voici un de leurs jeux favoris : une planchette en bois est divisée en huit parties, et sur chacune d'elles est dessiné un animal. Les joueurs tiennent des dés sur les faces desquels sont peints des animaux semblables à ceux de la planchette. Les figures correspondantes gagnent, les autres perdent.

Les cartes sont aussi très répandues parmi le peuple.

La circulation, déjà difficile, est quelquefois impossible à cause des groupes de joueurs assis à terre. Des gens qui quittaient leurs maisons pour aller acheter des provisions s'arrêtaient dans la rue, perdaient leur agent, et s'en retournaient les mains vides. Ils essayaient alors de prendre du poisson dans la rivière pour remplir leurs paniers et pour avoir quelque chose à se mettre sous la dent.

Le nouveau tribunal, commencé il y a quelques années, n'est pas encore achevé, et on ne paraît pas du tout pressé de le terminer.

Les magistrats rendent la justice dans une échoppe voisine. Les murs extérieurs sont construits en briques peintes en blanc; l'intérieur est en bois. Le plafond des salles, bien aérées, est supporté par des piliers dont plusieurs sont ornés de figures allégoriques, qu'on rencontre partout en Siam et en Lao.

En dehors de ce bâtiment, la ville ne possède aucun monument remarquable.

Les temples ne sont ni antiques ni beaux. C'est le wat Dai-Hoa-Diet qui est le plus remarquable de tous.

A quelques kilomètres en dehors de la ville se trouvent les ruines de certains temples que l'on dit n'avoir été bâtis que depuis quatre-vingts ans. Cet endroit est assez important; c'est là qu'ont lieu les funérailles des gouverneurs de Raheng. Leurs cendres y sont déposées après la crémation. On y voit aussi une caverne naturelle qui est un objet de vénération pour le peuple. Les Siamois et les Laotes honorent tout caprice de la nature, surtout les cavernes qui peuvent être utilisées pour le culte de Bouddha.

Il n'existe dans tout le royaume aucune caverne qui ne soit consacrée à ce dieu.

C'est la chute d'un rocher qui a produit cette excavation. Son plafond est formé d'un seul bloc de pierre, dont une partie est enfoncée profondément dans la terre, tandis que l'autre s'élève à peu près comme la mâchoire supérieure d'un crocodile.

Dans cette ouverture ont été disposés les objets nécessaires aux sacrifices et une foule de statuettes de Bouddha.

Le gouverneur de Raheng, qui m'avait acccompagné, me permit d'en enlever quelques-unes d'un bronze très curieux.

Raheng n'a rien d'attrayant. Sa situation lui donne une grande importance politique et lui procure beaucoup d'avantages commerciaux.

Aux frontières de la Birmanie et du Lao, c'est une importante station militaire, et son gouverneur a une grande responsabilité.

Pendant mon séjour, un fonctionnaire du gouvernement vint du nord de Siam désigner les jeunes gens pour le service du roi. Cela se fait au moyen d'un tatouage en dedans du bras gauche, comme je l'ai déjà dit. C'est une mesure à laquelle tous les jeunes gens doivent se soumettre, excepté les riches, qui peuvent se racheter.

Raheng est aussi une colonie pénitentiaire. Les prisonniers doivent abattre le bois dans les forêts, et le faire flotter jusqu'à Bangkok.

A cette exception près, le commerce du bois est entre les mains des Birmans, sujets anglais.

Ceux-ci achètent la permission d'exploiter les forêts, et les contributions payées par eux forment à peu près les seuls revenus du district. La contribution est de 9 fr. 35 pour toute pièce de bois, quelle que soit sa grandeur. Il est donc de leur intérêt de n'abattre que de très gros arbres.

Six cents éléphants, de la valeur de 1000 à 3500 francs, transportent le bois de la forêt au fleuve; c'est là que se paye la contribution. Chaque arbre est marqué au fer rouge dès que le droit est payé, et il part alors pour Bangkok. Généralement on fixe pour chaque arbre un prix spécial qui s'appelle le *picat-nua*, et lorsque les radeaux arrivent à Bangkok, le spéculateur les achète souvent tout entiers; pour un prix qu'il débat longuement, il achète aussi les arbres séparément et selon leur grosseur.

Quelquefois aussi on achète à la mesure, et quand le prix est fait, le marchand de bois de Bangkok apporte un *mai-wag* et vient mesurer lui-même son bois. L'acheteur a aussi un jonc qui lui sert à mesurer la circonférence des arbres.

Mais quelle est la mesure étalon?

En achetant, on doit s'en rapporter au vendeur. Chaque vendeur a sa mesure, et n'en veut pas d'autres. Si on la refuse, il ne vend pas son bois. Toutes les ruses provenant de la non-concordance des mesures sont innombrables en Siam.

Il devrait y avoir une mesure uniforme établie par le gouvernement. Jusqu'à ce que cela soit, on condamne le commerce à languir, et la fraude et la tromperie régneront toujours.

Lorsque, sous le gouvernement de S. M. Somdeth-Pra-Nang-Klau, des navires étrangers entraient dans le port de Bangkok, chacun d'eux devait payer une entrée selon sa grandeur et son jaugeage.

Quand des fonctionnaires siamois procèdent à l'arpentage des terrains vendus par le gouvernement, on emploie le *sen*, dont chaque vingtième est un *wah*.

M. Samuel Smith, à l'obligeance duquel je dois tous ces détails, me dit qu'il en est ainsi depuis son arrivée dans le pays, c'est-à-dire depuis cinquante ans.

La mesure actuelle du gouvernement de Siam est tellement identique à 2 mètres, qu'on peut très bien adopter cette mesure.

Les mesures de liquide sont très simples. Un *k'anahu* est une coquille de coco dont la contenance est de 830 *met-makahu*, c'est-à-dire 4 litres 54 centilitres. Cette mesure est ordonnée par la loi; elle peut contenir 830 grains de semence de tamarinde.

En mars et en avril, les forêts sont quelquefois détruites par des incendies qui dévorent des milliers d'arbres. Pour lutter contre ces désastres, les marchands de Raheng entassent généralement leur bois dans des endroits humides, au bord des fleuves, par exemple.

Outre le bois de teck, on trouve du sapan. Il est coupé en blocs massifs et chargé dans des bateaux.

On recueille aussi de la résine en grande quantité. Les cornes, les peaux et la cire sont aussi l'objet d'un commerce actif. Voilà pour l'exportation.

En ce qui concerne l'importation, j'ai remarqué dans les boutiques des calicots anglais et allemands, ainsi que des étoffes imprimées, des ustensiles en fer, en cuivre, etc.

Raheng semble être en voie de prospérité; débarrassée de son administration actuelle, il n'est pas douteux que dans un avenir prochain elle ne soit florissante.

Les ressources agricoles du district dont elle est le centre et le marché sont très riches; le bois seul suffirait à l'enrichir.

Mais il existe encore d'autres produits importants dans le pays.

Ici rien ne manque, excepté un chemin de fer qui mettrait en toute saison ce pays en communication avec le monde entier, et qui assurerait des ressources nécessaires à la population croissante.

Un chemin de fer de Bangkok à Raheng ne serait pas difficile à construire : le pays à traverser est une grande plaine, qui offrirait moins de difficultés pour l'établissement d'une voie ferrée que les plaines américaines.

La voie aurait ici l'avantage de passer par une foule de villages qui tous contribueraient à la réussite de l'entreprise. Le fleuve est actuellement le seul moyen de communication; mais à partir de Paknam-Po il n'est pas navigable pour les vapeurs, et de nombreux bancs de sable rendent la navigation dangereuse, et difficile même pour les petites barques. Le voyage de Bangkok à Raheng exige au minimum douze jours.

En chemin de fer, la distance (480 kilom.) pourrait être franchie en quinze heures avec une vitesse de 32 kilomètres à l'heure. On pourrait déjeuner le matin à six heures à Bangkok, et dîner le soir à huit heures à Raheng. Le pays se développerait, non seulement par suite de la construction d'un chemin de fer, mais le capital produirait, je crois, immédiatement de gros intérêts. Il suffirait d'indiquer le parcours et de poser les rails.

Aucun déblai, aucun remblai, aucun tunnel n'est nécessaire; à peine un pont.

Ce pays mérite à tous les points de vue d'être ouvert au commerce, et si une société solvable demandait à cet effet une concession, le roi donnerait volontiers son consentement; car il n'hésite pas, comme je l'ai déjà dit, à profiter des progrès de la civilisation en faveur du développement de son pays.

Dernièrement, je le répète, Sa Majesté a autorisé des ingénieurs français à établir une ligne télégraphique de Bangkok à Saïgon.

La protection que le roi a accordée aux entreprises européennes en Siam permet de croire qu'une offre sérieuse, pour la construction d'un chemin de fer de Bangkok à Raheng, serait bien accueillie.

Pour démontrer la probabilité du succès pécuniaire d'une telle entreprise, il suffit de faire remarquer que cette ligne traverserait des contrées bien plus peuplées que celles qui sont desservies par le chemin de fer britannique traversant la Birmanie.

Et pourtant cette ligne paye un fort dividende à ses actionnaires, et a déjà contribué beaucoup au développement du commerce depuis son existence, qui date de cinq à six ans au plus.

On pourrait donc, selon toute probabilité, prédire un avenir assuré à une entreprise qui rendrait à Bangkok les mêmes services que la ligne birmane rend à Rangoun.

Le seul obstacle paraissant s'opposer à la réalisation de ce projet est le manque d'ouvriers. Il existe bien un surcroît de population, mais le Siamois n'est pas né travailleur. Les travaux manuels ne lui plaisent guère; le seul travail contre lequel il ne murmure pas est la culture du riz.

L'entrepreneur qui voudrait exécuter une entreprise avec des ouvriers siamois devrait leur faire une multitude de concessions. Heureusement que le Chinois, répandu partout, pourrait combler cette lacune, sans parler des coolies indous.

Les Chinois exécuteraient le travail pour un salaire minime, et travailleraient même pendant des heures supplémentaires. Ils saisiraient de plus avec joie l'occasion de s'établir dans le pays, et de s'y fixer après l'achèvement de la ligne, comme agriculteurs ou commerçants. Ils ont une faculté merveilleuse de trouver des occasions qui échappent aux autres. Quand ils voient, dans quelque endroit que ce soit, un manque de travailleurs, ils arrivent en foule, comme on voit, en France, arriver les ouvriers italiens.

A tout considérer, je crois que le temps n'est pas éloigné où la locomotive parcourra le chemin de Bangkok à Raheng pour échanger les produits du monde entier avec ceux du Siam supérieur, d'autant mieux que le souverain sera favorable à ce progrès.

Je quittai Raheng le 18 décembre.

Le gouverneur et les autres fonctionnaires m'avaient traité fort bien. J'emportais des souvenirs très agréables de mon voyage.

Le sous-gouverneur surtout avait eu pour moi une grande obligeance, et avait justifié pleinement la grande estime dont il jouit auprès des représentants des trois nationalités qui résident à Raheng. Il paraissait être le favori de toutes les classes de la population.

Je donnai un jour un dîner en son honneur, et, pour répondre à ma politesse, je fus invité à sa table la veille de mon départ, en compagnie du gouverneur et de trois autres fonctionnaires.

Il est curieux que les monnaies siamoises ne circulent plus dans le Nord, à partir de Raheng, quoique le calcul officiel prenne toujours les tikals pour base. La roupie de la Birmanie anglaise est la seule monnaie qui y a cours. Je dus donc, avant mon départ, changer mon argent siamois en roupies.

La monnaie officielle en Siam est le tikal ou *baht,* qui vaut en monnaie française 3 fr. 10 cent. Le *tschang* ou *katti* contient 80 tikals et pèse 1 kilogr. 213 gr.

Dans le commerce, les Siamois comptent par kattis, ainsi que les Chinois ; mais, en réalité, cette pièce de monnaie est rare.

Les petites monnaies sont le *salung,* qui équivaut à un quart de tikal, et le *fuang,* soit un huitième de tikal. Il existe aussi de petites monnaies en cuivre nommées *at* et *pie ;* et dans quelques parties du pays j'ai vu des *kauris,* dont 1200 pièces valent un fuang. Des monnaies anciennes et nouvelles sont aussi partout en cours.

Le vieux tikal en argent est une pièce ronde, irrégulière, ayant une fente profonde sur une de ses faces. Le nouveau tikal est de forme européenne, de la grandeur d'une roupie à peu près. Sur un côté se trouve le profil du roi, sur l'autre les armes royales.

Les monnaies d'or sont rares. Celles qui existent ont une valeur seize fois plus grande que les pièces d'argent de même dimension.

Elles sont gardées précieusement pour les dons faits au roi

dans les grandes occasions, par exemple à la crémation d'un membre de la famille royale.

J'ai vu quelquefois des monnaies de ce genre en or.

J'ai trouvé dans toutes les provinces du royaume un certain nombre de monnaies en porcelaine de toutes formes et de toutes dimensions, avec des inscriptions et des lettres chinoises différentes. Elles sont mises en cours par les Chinois, et ne circulent que dans les districts où elles sont reconnues comme monnaies courantes.

CHAPITRE XIII

Quand je me disposai à quitter Raheng, j'ordonnai à mon
cuisinier et à Yang de s'embarquer avec mes bagages sur le
Méping, en amont de Raheng, et d'aller à Tschengmai. J'avais
moi-même l'intention de m'y rendre par voie de terre, avec
Kao et Kien, en traversant le Lao.

Le gouverneur de Raheng me confia, à cet effet, six éléphants et un conducteur pour chaque animal.

Un voyage à dos d'éléphant était nouveau pour moi, et,
malgré le siège commode où j'étais assis, je ne m'habituai
qu'à la longue à la marche peu rapide de ces animaux.

Le pas lent mais allongé de l'éléphant rend ce mode de
locomotion très ennuyeux, quoiqu'il y ait un grand avantage
en pays plat à se trouver à 3 mètres 30 du sol, et de jouir
d'une vue plus étendue.

Les éléphants portent des clochettes au cou pour avertir les
caravanes qui pourraient arriver en sens inverse.

Ces animaux, tout en suivant leur route, arrachent çà et là avec leur trompe un jeune arbre ou un bouquet d'herbe, et n'ont pas besoin de faire de grands efforts pour écarter les branches d'arbres qui pourraient gêner leur marche.

Lorsqu'ils passent un gué, ils remplissent leur trompe d'eau, qu'ils aient soif ou non.

Heureusement que le pays est coupé par d'innombrables ruisseaux; car il est nécessaire de faire halte dans le voisinage de l'eau. Chaque village se trouve, en général, à proximité d'un ruisseau.

Il est à remarquer qu'un voyage par terre se fait toujours pendant la saison sèche.

Le pays au nord de Raheng, vers la frontière des États Niau et Lao, qui est à 20 degrés de latitude nord, peut être regardé comme la patrie des éléphants du Siam.

Pendant que les hommes ne s'occupent qu'à bâtir des temples, la nature parait ne s'être attachée qu'à multiplier l'éléphant.

Nous traversâmes d'abord une forêt clairsemée, dont les jeunes arbres promettaient un riche et prompt développement.

Le second jour, des blocs de granit de toutes grandeurs jonchaient le terrain. Çà et là une éclaircie, où l'herbe atteignait une hauteur de 3 mètres à 4 mètres 50, de sorte qu'elle dépassait non seulement le dos des éléphants, mais encore le siège que j'occupais.

Nul animal, sauf l'éléphant, ne pouvait avancer dans une pareille contrée.

Dans ces endroits, où ne croit pas un arbre, la chaleur était étouffante dans la journée; par contre, la température de la nuit était naturellement très fraîche, et une rosée abondante couvrait les herbes; mais le soleil la dissipait en moins de deux heures.

La température moyenne, le matin, était de 8 degrés Réaumur; mais, dans l'après-midi, nous avions rarement moins de 23 degrés Réaumur.

Pendant cinq jours, nous ne rencontrâmes pas une maison, pas un être vivant.

C'est le 22 décembre seulement, dans l'après-midi, que nous atteignîmes Muang-Tunn, après avoir passé à gué le Menam-Vang, un confluent du Méping.

Cette ville est située sur la rive droite du fleuve et compte à peu près mille habitants en dehors des femmes et des enfants, qui ne sont pas dignes de l'honneur du recensement.

Muang-Tunn est encore en deçà des frontières du Siam, à une distance de 96 kilomètres de Raheng; mais c'est une ville purement laote, et pas un seul Siamois n'y habite.

Dans les plaines basses du voisinage, on cultive le tabac pendant les quatre mois de sécheresse.

Je ne restai à Muang-Tunn qu'une seule nuit. Je me procurai d'autres éléphants et de nouveaux conducteurs, et le lendemain je partis pour Lakon.

Nous longeâmes la rive droite du Menam-Vang à travers un pays ondulé, couvert de massifs de bambous.

Partout on remarquait le manque d'eau à la couleur pâle des feuilles pendantes. Le règne végétal manquait de cette verdure fraîche qui est propre aux feuilles pendant la saison des pluies.

La rosée remplace quelquefois la pluie et fait vivre les arbres; mais ici le pays paraissait avoir bien souffert de la sécheresse.

De temps en temps on rencontrait un ruisseau presque tari par le soleil : c'était un fossé caché par les broussailles, mais qui, pendant la saison des pluies, devait sans doute rouler beaucoup d'eau.

Lorsque nous arrivâmes dans le haut pays, les cours d'eau se multiplièrent, les plantes semblaient plus vigoureuses; mais les chemins devinrent plus difficiles.

Le jour de Noël, en traversant une passe arrosée par le Mé-Tam, un confluent important du Menam-Vang, nous nous trouvions sur le point culminant de la plaine, à 450 mètres au-dessus du niveau de la mer, et déjà sur le territoire indépendant du Lao.

Au moment de franchir la rivière, nous rencontrâmes un marchand de bestiaux birman avec un troupeau de plus de cent buffles, qu'il avait acheté dans le district de Tsheng-mai et qu'il allait revendre à Mulmen. Il me dit que le village de Tschau-Tam était tout près, dans le district de Lakon.

Après toute une journée passée sur mon éléphant, je campai près du fleuve, pour faire mon repas de Noël, composé de canard mariné en boîte, de lait de coco, de poires confites, et d'un verre d'eau-de-vie que je vidai à la santé de mes amis d'Europe.

A partir de là, le pays devint de plus en plus peuplé. Tous les jours nous traversions village sur village, tous propres et coquets, et formant un contraste absolu avec ceux que je laissai derrière moi et ceux que je devais voir plus tard.

Beaucoup d'éléphants et de bêtes à cornes étaient employés aux travaux des champs. Il y avait abondance d'eau, des puits profonds étant creusés de distance en distance.

Les populations paraissaient en progrès. Le coton, qui avec la résine et la gomme constitue un des plus importants articles de commerce, était cultivé sur une grande échelle.

Le 27 décembre nous atteignîmes Lakon, place de quelque importance et entourée de remparts comme toutes les villes laotes. Ces remparts ont une épaisseur de 2 mètres 40 et sont construits en briques.

Le sala était un vieux bâtiment négligé, et son toit tombait en ruines.

Dans l'espoir de trouver un gîte plus convenable, je me rendis chez le commissaire siamois; mais malheureusement il était absent. Je me fis conduire chez le Tschau-Hluang.

Je passai par le centre de la ville, et j'eus l'occasion de voir une vieille maison fort curieuse que je pris pour un autre sala.

M'informant auprès de quelques fonctionnaires de la maison du chef, je reçus pour toute réponse qu'il était sorti pour

Voyage à dos d'éléphant.

surveiller sa moisson de riz, et qu'il n'y avait personne à la maison. Là-dessus je leur fis connaître mon désir de trouver un gîte, le sala étant en ruines.

Après quelques pourparlers, je réussis à les décider à me donner un guide, qui me conduisit dans une maison soi-disant toute neuve et me convenant parfaitement. Mais cette maison neuve était précisément le sala en ruines que j'avais vu auparavant.

Je revins donc sur mes pas et demandai un autre refuge. Les fonctionnaires, et à leur tête un vieux pya, s'y refusèrent et m'adressèrent des propos offensants, d'après ce que Kao me confia. Ils avaient dit entre autres choses que, le commissaire étant absent, ils ne garderaient pas le *farang* (étranger) dans la ville; qu'ils étaient déjà assez heureux d'être débarrassés des Siamois, et qu'ils n'avaient aucune envie d'héberger un autre étranger, odieux à leurs yeux.

Le bâtiment dont j'ai parlé plus haut était vide, excepté une chambre de derrière; et comme je le prenais pour un sala, je demandai la permission de pouvoir m'y installer. Mais, ne recevant aucune réponse, je m'adressai au vieux pya, qui me semblait être le plus important des fonctionnaires présents; je lui fis dire par Kao de m'aider à trouver une maison plus convenable que ce sala en ruines, et que je m'installerais dans les chambres de la maison en question.

Pour appuyer ma demande, je lui montrai la lettre du gouvernement, qui invitait à m'assister tous les chefs des endroits où je passerais.

Mais le vieillard resta sourd à ma prière, et ne parut pas attacher la moindre importance à mes observations.

Tout à coup j'ordonnai à mes gens, au grand étonnement des spectateurs qui étaient accourus pour voir l'homme blanc, de transporter mon bagage dans le bâtiment. Alors le pya commença à m'injurier, et ses paroles, au dire de Kao, étaient très menaçantes à mon égard.

Je m'adressai donc à lui pour la première fois; mais dès que je parlai ou plutôt que Kao parla pour moi, il devint muet. Cette conduite me vexa tellement, que je perdis patience, et je lui donnai deux coups sur le dos avec ma canne.

L'effet fut féerique.

Je croyais que les gens qui se trouvaient là tireraient vengeance de mon action; mais, au contraire, la conduite du pya changea spontanément. Il devint conciliant, prit une tablette sur une étagère placée derrière lui, et me la tendit pour y déposer la lettre qu'auparavant il avait refusé de regarder.

Quand je l'invitai à la lire, il me dit qu'il n'osait pas, et qu'il devait attendre pour cela le retour du chef. D'ailleurs, ajouta-t-il, il ne pourrait pas même la comprendre, parce qu'il ne connaissait pas le siamois moderne. Mais ce n'était qu'un prétexte pour excuser sa conduite envers moi.

Alors il hissa l'étendard siamois avec l'éléphant blanc sur le haut du bâtiment, et en quelques minutes des centaines d'hommes, de femmes et d'enfants étaient là pour regarder le farang qui avait battu le pya, et qui s'était permis de se loger au tribunal.

J'étais ainsi entré dans le tribunal sans le savoir, et grâce à l'entêtement du vieux pya. Je me consolai en pensant avoir fait justice de ce récalcitrant.

Bientôt je reçus la visite du Radjaput, fils aîné du feu chef. Le Radjaput n'était pas bien sympathique, et son regard oblique ne contribuait pas précisément à augmenter ses charmes.

Il s'excusa de ce que les gens me regardaient ainsi, et du sans-gêne du vieux pya. Puis il ordonna à quelques serviteurs d'allumer un feu pour moi et d'obéir à tous mes désirs.

Je lui exposai le but de ma visite, et lui remis la lettre que le pya avait tour à tour méprisée et vénérée. Le Radjaput parut ne pas oser la toucher non plus jusqu'à ce que je lui eusse fait comprendre qu'il n'y avait là aucun danger; que la lettre était ouverte et destinée à toutes les personnes qui étaient attachées de près ou de loin à l'autorité.

Alors il la prit, et quelques minutes après j'entendis un de ses subordonnés la lire à haute voix.

Dans l'après-midi, je rendis visite à ce prince obligeant. Il était très communicatif, et me raconta entre autres qu'il était sur le point d'épouser une des filles du chef; il m'invita en même temps à la solennité.

J'acceptai son invitation pour plus d'une raison, et je fis les meilleurs vœux pour son bonheur.

Revenu dans mon quartier, je reçus la visite d'un jeune homme que je pris pour un tschau ou prince, parce qu'il me salua en me prenant la main.

Très peu de Laotes connaissent la manière européenne de se donner la main. Quelquefois sans doute, lorsque je tendais la mienne, on m'en offrait une aussi, généralement la gauche; mais ce geste était disgracieux.

Le salut le plus fréquent chez eux était une espèce de grognement, comme celui d'un cochon lorsqu'il se roule dans la boue. Comme preuve qu'il n'y avait rien d'inconvenant dans ce mode de saluer, c'est qu'une invitation de prendre place suivait immédiatement.

Je crus donc que ce jeune homme devait être un grand personnage, et effectivement, d'après les informations de Kao, j'appris ensuite que c'était le fils cadet du chef.

Il me dit, en commençant notre entretien, qu'il aimait les étrangers, et qu'il désirait vivement être mon ami. Puis il m'invita sans cérémonie à passer la soirée chez lui.

Sa maison était éloignée de quelques mètres seulement de mon habitation.

Vers cinq heures je montai l'échelle dressée contre la galerie qui, en Siam, forme l'entrée de toute maison de bois; plusieurs autres cabanes, réservées aux esclaves, l'entouraient.

La galerie conduisait à la chambre principale.

A mon entrée on étendit deux tapis, l'un pour le tschau, l'autre pour moi, et on nous donna deux gros coussins triangulaires. Alors le tschau vint me tendre très poliment la main, manière qu'il avait apprise à Bangkok, me dit-il; puis il m'invita à m'asseoir. Aussitôt entrèrent deux femmes (l'une était la sœur du tschau) portant deux services complets pour le bétel, dont l'un était en or et l'autre en argent. Puis on apporta deux terrines d'argent avec de l'eau et un grand gobelet joint à chacune d'elles, et enfin un énorme plateau d'argent sur lequel se trouvaient des verres remplis d'eau-de-vie indigène.

Nous fûmes alors entourés de métaux précieux de toutes sortes, assez pour rendre heureux un mâcheur de bétel et un buveur d'arrac.

Mais, comme je ne touchais ni à l'un ni à l'autre, on m'offrit une cigarette, et, tandis que le tschau chiquait et que je fumais, le dialogue suivant commença entre nous :

Le tschau : « Je suis très heureux de te voir, et je serai toujours ton ami.

Moi. — Ton amitié me rend très fier, et j'espère que tu m'aideras à visiter ton pays en tout sens.

Le t. — Nous tenons des registres bien en ordre sur les naissances et les décès, mais il serait malséant que je réponde à la question de mon ami ; le chef seul peut le faire. Mais je suis ton ami ; mes éléphants, chevaux et bêtes à cornes t'appartiennent.

Moi. — Tu as beaucoup d'éléphants et de beaux chevaux, c'est probable. Y a-t-il beaucoup de chevaux à Lakon ?

Le t. — Nous savons combien d'éléphants et de chevaux existent ici ; chaque propriétaire doit nous en remettre la liste exacte, mais je ne puis le dire à mon ami ; le chef seul le peut.

Moi. — Je voudrais bien voir le chef, mais je ne sais pas où il est. Puis-je aller le chercher dans ses champs de riz ?

Le t. — Je ne puis dire où est le chef, mais il sera bientôt de retour. »

Je reçus ainsi à toutes mes questions des réponses analogues.

Le jeune tschau ne pouvait ou ne voulait pas me donner d'explications sur la population et sur le pays ; par contre, il fut très curieux de connaître mon but et mes intentions.

Pendant ce temps on apporta le thé ; la théière était un chef-d'œuvre d'art indigène. Le thé fut servi dans de petites tasses sans soucoupes ; cependant le tschau préféra boire à même de la théière.

Les Laotes sont très adroits à fabriquer l'argenterie, et quelques-uns de leurs travaux sont faits avec beaucoup de goût. Les demandes de théières, de services à bétel et d'autres ustensiles qui indiquent le rang chez les Siamois et chez les Laotes, sont considérables ; chaque village a au moins un orfèvre ; les objets qui sont le plus recherchés sont des boîtes à bétel nommées *app,* des terrines, des bracelets, des anneaux, des épingles à cheveux, etc.

La fabrication de tous ces ouvrages est très simple : quand on veut faire une boîte, on en construit la carcasse avec de minces plaques d'argent, puis l'intérieur est enduit de résine ou de cire ; on grave ensuite avec un marteau et un ciseau à froid.

Les dessins représentent généralement des légendes ou des animaux.

Le travail n'est certainement pas d'un art consommé, et on ne doit pas le regarder de trop près ; mais l'effet obtenu est surprenant, vu de loin. Les modèles manquent aussi de variété, puisque chacun tient à employer les mêmes dessins que les ancêtres. Tous les orfèvres travaillent de mémoire ; personne ne se sert d'un modèle, et encore moins d'un dessin.

La valeur de cette orfévrerie est toujours estimée au poids de l'argent, avec 50 pour 100 en plus pour le travail.

Les ouvriers en laque font concurrence aux orfèvres. Les gens qui ne peuvent se payer des *apps* en argent doivent se contenter d'objets laqués, qui sont aussi très recherchés. Ils se fabriquent au moyen d'un tressage très fin de bambou, sur lequel on passe plusieurs couches de cette composition précieuse qu'on appelle *lak.* Lorsque la dernière couche est sèche, opération qui dure très longtemps, malgré la chaleur, la surface en est polie avec des écorces de riz et de l'eau. Cette manière de polir est aussi employée pour le bois et le métal et remplace le papier de verre ; puis on y dessine des fleurs et d'autres ornements ; enfin le tout est couvert d'une couche de couleur brune ou rouge.

Les boîtes à bétel en laque sont ordinairement rondes, de 10 à 20 centimètres de diamètre, et hautes de 12 à 15 centimètres. Elles consistent toujours en trois parties : la boîte à bétel, un étui et un couvercle très bien ajusté. Un bon *app* de belles proportions, comme les Laotes savent les faire, vaut 6 roupies (13 francs 80); mais les *apps* du commerce fabriqués en Birmanie ou à Niau sont d'une qualité moindre et valent 2 francs 25 seulement. Des tasses, des terrines à riz et d'autres objets pour l'usage domestique sont en laque; dans la plupart des familles un ou plusieurs de leurs membres sont occupés à fabriquer de ces objets.

CHAPITRE XIV

Pendant que je me faisais des amis parmi la jeune génération des tschaus, les pyas, profitant de l'absence du chef et sachant que personne ne viendrait à mon secours, préparaient une vengeance. Aussi pourquoi m'étais-je permis, dans un moment de colère, une pareille liberté envers l'un d'eux? Pourquoi avais-je frappé le vieux pya à cause de son entêtement? Les fonctionnaires porteurs du titre de pya sont très nombreux en Lao, sans être placés au même rang que les pyas de Bangkok; car ces derniers ont des revenus importants, jouissent d'une grande considération et sont décorés d'ordres nombreux.

Un pya, en Lao, ne reçoit qu'une mince plaque d'argent sur laquelle sont inscrits son nom et son titre.

Les tschaus sont peut-être encore plus nombreux, puisque chaque parent de chef de province reçoit ce titre. Et combien n'y en a-t-il pas! On peut s'en faire une idée par l'exemple suivant: le grand-père du chef actuel de Tschengmai a cent six enfants ; le dernier chef mort à Lampun en a quatre-vingt-quinze, qui sont tous tschaus de rangs différents.

Qu'il me soit permis de faire quelques observations sur la manière dont les Laotes sont gouvernés, ainsi que sur la position des différents fonctionnaires que j'ai fréquentés, et dont je parlerai plus tard.

Il existe six États laotes tributaires du Siam ; ce sont: Lakon, Lampun, Tschengmai, Muang-Nan, Hluang-Prabang et Muang-Prai. Tous sont absolument indépendants l'un de l'autre ; mais il existe plusieurs petits États, qui dépendent à leur tour des grands. Les souverains de tous ces États, grands ou petits, sont des autocrates ; dans les six grands États gouvernent un premier et un deuxième chef.

Le premier est le tschau Hluang, le deuxième est le tschau Operat ; cependant ce dernier a souvent plus d'autorité que le premier, comme c'est le cas, par exemple, à Tschengmai et à Kiang-Hai. Ces charges sont remises à perpétuité, mais ne peuvent être héréditaires ; c'est le roi de Siam qui investit les fonctionnaires de ces pouvoirs, et toujours par élection ou recommandation du peuple.

Ce dernier envoie la nouvelle de la mort d'un chef à Bangkok, et fait savoir le nom du successeur désiré. Le roi le nomme presque toujours.

Le tribut est payé tous les trois ans ; il consiste en boîtes à bétel d'or et d'argent, en vases et en colliers ; chacun est garni de quatre rubis de la grosseur d'une graine de lotus et de cent autres de la grosseur d'un grain de maïs. En plus, il faut encore offrir des arbres en or et en argent de 2 mètres 40 de hauteur ; chacun doit avoir quatre branches, lesquelles en portent quatre autres, et ainsi de suite. A chaque extrémité doit se trouver une feuille d'or. Ces arbres d'or sont estimés à 3 375 francs, et les arbres d'argent à 450 francs.

Toutes les terres appartiennent de droit aux chefs ; mais en réalité ceux-ci donnent des districts à *manger*, comme disent les Siamois, aux innombrables tschaus qui pullulent partout.

Ces princes ne payent pas d'impôts ; c'est le peuple qui les paye.

On a d'abord l'impôt sur le riz, qui n'est pas très important : 1 pour cent à peu près.

Chaque paysan doit donner un panier de riz par panier de riz ensemencé ; et comme le produit est de 60 à 100 pour 1, selon la terre, selon la culture et selon le rendement de l'année, cet impôt n'est pas écrasant. On a récolté jusqu'à quatre cents paniers pour un seul ; mais la moyenne est de cent pour un. On a aussi des impôts plus ou moins élevés sur les porcs, l'opium, l'arrac, les ustensiles, le bambou, les noix de bétel, la laque, le poisson et les œufs.

Dans chaque village il y a des fonctionnaires pour percevoir les impôts, et ils en sont responsables auprès des chefs. Ils ne doivent pas se tromper à leur désavantage, car ils s'enrichissent assez vite.

Les princes et les hauts fonctionnaires sont les usuriers du Lao. Ce n'est pas la peine non plus, pour les paysans, de faire des économies ; car, lorsqu'un paysan a amassé un petit magot et qu'il en parle imprudemment, il est sûr que son argent sera dérobé.

Se plaindre aux tribunaux serait inutile. Le malheureux doit donc cacher son argent ; souvent il l'enterre dans un endroit solitaire, où il reste peut-être caché pour toujours. Ainsi l'inclination naturelle du peuple est la dissimulation et l'égoïsme, et le pays reste pauvre et sans développement.

Le peuple témoigne le plus grand respect aux princes et aux fonctionnaires. Quand un des dix mille de leurs supérieurs fait un voyage ou une visite, quelque petite que soit la distance à parcourir, il est toujours accompagné d'une troupe de serviteurs qui lui portent parapluie, parasol, boîte à bétel, cruches à eau, lances, sabres et autres signes de sa dignité.

Les gens des basses classes manifestent leur respect en s'accroupissant ou en se mettant à genoux jusqu'à ce que le grand homme ait passé.

Dans la conversation, un fonctionnaire n'est jamais appelé

par son nom, mais toujours par son titre; et dès qu'un simple
mortel s'adresse à un supérieur, il accompagne son discours
par les mots de *tschau* ou *khorab* (respectueux, obéissant). Il
lève, chaque fois qu'il parle, ses deux mains au front et fait
une révérence, tout en restant à une distance respectueuse et,
selon le rang, plus ou moins considérable. Quand un Laote
s'éloigne d'un supérieur, il le fait en reculant et en se cour-
bant; parfois il rampe en arrière d'une façon curieuse sur les
genoux et les mains en signe de véritable abaissement.

Beaucoup de gens du peuple sont ou tout à fait esclaves ou
esclaves pour dettes seulement. Comme le taux de l'intérêt est

Salut des Laotes.

maintenant de 36 pour 100 par an, il n'est pas étonnant que
beaucoup de gens ne puissent payer leurs intérêts, et encore
moins rendre le capital; dans ce cas, ils deviennent esclaves
pour dettes, c'est-à-dire qu'ils sont forcés de rendre différents
services à leurs créanciers. Les esclaves pour dettes sont d'un
rang plus élevé que les véritables esclaves; ils sont généralement bien traités et peuvent s'approcher à tout moment de
leur maître et lui adresser la parole. Les véritables esclaves
sont des prisonniers de guerre ou leurs descendants. Le prix
fixé pour un prisonnier de guerre mâle est de 131 francs,
pour une femme 171 francs.

La monnaie qui a cours dans l'ouest du Lao est la roupie
anglaise de Birmanie; on n'y voit pas de monnaies siamoises,
qui ne sont pas acceptées. On trouve encore quelquefois des
pièces indigènes; elles sont ovales, très minces et bombées

d'un côté. Elles présentent sur leurs bords différents signes désignant l'État d'où elles viennent : un éléphant est, par exemple, le signe de Lakon; un cheval est le signe de Tscheng-mai, etc. Le poids de commerce est le *katty* chinois. Les vieux poids indigènes, encore en usage quand il s'agit de petites quantités, sont en cuivre et ont la forme d'un *hoong*, c'est-à-dire d'une oie sacrée ou d'un éléphant; mais je vais revenir à mes amis les tschaus de Lakon.

Poids du Lao en forme d'oie sacrée.

Les pyas et les chefs, réunis en session extraordinaire, me condamnèrent à payer une amende de trente-cinq francs, et quand je refusai de payer, ils retirèrent leur offre de me livrer des éléphants et des guides, et me constituèrent prisonnier. Je n'eus pas à me plaindre de leurs traitements, mais je fus surveillé, et aucun de mes serviteurs ne pouvait aller nulle part sans l'être aussi.

Mes gens étaient tourmentés; ils croyaient qu'on allait nous tuer.

J'avais voulu rester plus de deux jours à Lakon; mais à présent ma volonté n'y était plus pour rien.

J'insistai donc beaucoup pour voir le tschau Hluang; mais ils refusèrent de me dire où étaient ses champs de riz, obstinés dans ce silence, que je ne pus leur faire rompre. Il ne me restait autre chose à faire que de prendre la chose du bon côté, puisque ma liberté n'était pas en danger, quoique je fusse surveillé de toutes parts.

Je résolu donc, autant que possible, de faire des connaissances.

Il y avait toujours quelque chose à voir dans la ville ou dans les environs.

Ma demeure, au temple de la justice, était favorable sous ce rapport; je pouvais voir tout ce qui s'y passait.

Ma maison se trouvait sur une place donnant juste dans la rue principale; je pouvais examiner la prison, le temple royal, les demeures du premier et du second chef et l'écurie publique des éléphants.

En face du tribunal, la rue se partageait en deux parties. Dans l'une se trouvait le puits public; devant mes fenêtres, le mouvement était donc continuel.

Le tribunal se réunissait tous les jours dans le petit bâtiment attenant à ma demeure.

Pendant mon séjour à Lakon, il n'y eut cependant qu'un cas de jugé; le voici :

Deux prisonniers avaient été condamnés à mort pour meurtre à main armée dans la rue. L'un d'eux s'était échappé, mais il avait volé 119 francs et avait été repris. Le geôlier me dit que tous les deux auraient peut-être été graciés si leurs parents avaient donné une somme suffisante comme rançon; mais la fuite de la prison et un second crime demandaient une seconde punition. Ainsi le coupable fut condamné à recevoir quarante-cinq coups. Le jugement fut exécuté devant le tribunal, où se trouvait l'installation nécessaire.

C'était une croix en bambou, haute de 90 centimètres, fixée en terre. Devant cette croix étaient placés deux pieux enfoncés dans le sol, à 1 mètre 80 de la croix. Le criminel, attaché au point de ne presque plus pouvoir marcher, fut sorti de la prison. Beaucoup de gens étaient réunis; les tschaus et les pyas avaient des places réservées dans la cour du tribunal.

Le prisonnier dut s'agenouiller, le dos tourné vers la croix ;
ses pieds touchaient presque les deux pieux. Deux perches en
bambou furent posées sur chacune de ses épaules et reliées
par un des bouts aux deux pieux, et par l'autre aux deux
bras de la croix. Alors on attacha les bras de l'homme aux
perches, de façon qu'il ne pût se remuer ni en avant ni en
arrière ; ses pieds furent liés au bout des perches, et une
corde passée autour de sa taille fut attachée au pied de la
croix. L'exécuteur était armé d'un jonc fendu en quatre à l'un
des bouts, et le châtiment commença sur le signe d'un des
princes présents. Les six premiers coups firent couler à flots

Supplice du rotin.

le sang du malheureux. Son dos était déjà en lambeaux à la
première douzaine, et ses hurlements étaient épouvantables.

Dans le bâtiment de la justice, je vis un objet très curieux pour mesurer le temps. Dans un grand récipient en
cuivre rempli d'eau flottait une cuvette de même métal,
percée au fond d'un très petit trou par lequel l'eau péné-
trait lentement. Après un certain temps, la cuvette était remplie et coulait au fond. Dans ce même moment, une sentinelle
frappe sur un gong, relève la cuvette, jette l'eau et la
remet sur la surface de l'eau. J'ai trouvé qu'il s'écoulait juste
une heure à partir du moment où elle était posée sur l'eau
jusqu'à l'instant où elle coulait à fond.

A une demi-lieue de Lakon se trouve un *pra-bat*, c'est-
à-dire une trace du pied de Bouddha. Comme bien l'on pense,
cette trace ressemble à celles du Siam. Elle mesure en lon-

gueur 1 mètre 80, en largeur 68 centimètres, mais n'a pas la moindre ressemblance avec un pied humain. Les doigts, dit-on, se sont imprimés en trois rangées aussi profondes l'une que l'autre, et représentent ainsi les trois articulations des doigts du pied vraiment extraordinaire de Bouddha.

Tout près du pra-bat s'élève aussi un grand temple, le wat Hluang, qui peut servir de modèle pour tous les temples du Lao. Il a une certaine analogie avec nos églises. C'est l'endroit où les fidèles se réunissent pour prier ou écouter le sermon du prêtre. C'est un bâtiment ouvert, sans murs, excepté au fond, où s'élève l'autel. Le sol, exhaussé de 45 centimètres, est formé de briques et de terre glaise. Du sol s'élèvent des piliers en bois, laqués et peints en rouge. Ils portent le toit du wat, divisé en trois parties, dont chacune d'elles compte trois toitures plus petites. Ces toitures sont en briques, et les frontons sont sculptés en forme de serpents, puis dorés et couverts d'un grand nombre de verres de toutes couleurs, ce qui produit beaucoup d'effet au soleil. Chaque toit se termine en pointe, et les gouttières sont ornées de sculptures.

A droite en entrant se trouve une armoire ornée de fresques représentant des scènes de la vie de Bouddha.

Le temple n'a ni chaises ni sièges; le prêtre et ses ouailles s'assoient par terre. En face de l'entrée s'élève l'autel, au milieu duquel est placée une statue de Bouddha dans la position habituelle, c'est-à-dire assis; elle est en briques dorées et revêtue d'un habit de prêtre; ses yeux sont incrustés en nacre ; un grand parasol se dresse au-dessus de sa tête en signe de puissance.

Devant cette grande idole sont rangées de nombreuses statues de Bouddha, les unes en bronze, mais la plupart en bois, toutes dorées. Devant celles-ci, des fleurs, qui ne doivent jamais manquer, jonchent le sol; de petites assiettes en terre avec du riz rôti, des chandeliers pour les cierges, de l'encens, etc., les entourent.

A droite de l'autel sont deux cellules renfermant des esprits, et dans lesquelles on voit une collection précieuse de Bouddhas en bronze doré et en ivoire : c'est l'offrande du chef. A côté de tout cela, une chaise à porteurs en bois sculpté et en ivoire, dont le dernier chef avait coutume de se servir. C'est un cadeau du chef actuel au temple.

A gauche de l'autel est le *tamat,* chaire en bois, de la forme d'une pagode en miniature, ornée de belles sculptures dorées et incrustées de morceaux de verres de diverses cou-

Le ratschasi, roi de Tire.

leurs. Une courte échelle conduit à la chaire, qui n'est utilisée que fort rarement.

Un autre objet, d'un emploi fréquent dans le temple, est une brouette dorée avec baldaquin. Cette brouette est garnie, dans les grandes occasions, d'un coussin brodé d'or, de cierges et d'ornements en cire, avec une belle pyramide de fleurs au milieu. Ainsi chargée et ornée tout autour de baguettes dorées et qui rappellent les haches de guerre des anciens, cette brouette est promenée solennellement par quelques hommes, et remise ensuite aux prêtres.

Dans les temples de Tschenmai, il existe une foule de ces brouettes sacrées.

L'entrée principale, ou *wi-hau,* est ornée de deux figures géantes dont le corps ressemble au monstre favori, le *ratschasi,* créature légendaire, représentée comme le roi des animaux et appartenant à la famille des ours.

D'après la légende, ce monstre mit au monde une quantité de petit ratschasis, qui, tout de suite après leur naissance, devinrent grands et forts comme des lions. Les mots *ratschasi* et *lion* sont synonymes chez les Laotes.

Le ratschasi, après différentes luttes, établit sa souveraineté sur tous les animaux.

Le premier roi de la création fut le hibou; le second, le corbeau; le troisième, le faisan ; le quatrième, le paon.

Les quadrupèdes ne voulant pas se soumettre à ce dernier, les bêtes se réunirent pour élire un roi; ils choisirent l'éléphant, mais le tigre lui refusa l'obéissance. Cette discorde fut terminée par une épreuve de force à la suite de laquelle le ratschasi se vit conférer la pourpre royale.

Quoique descendant de l'ours, il était considéré comme une sorte de divinité, ce qui assura le triomphe de sa race et lui fit obtenir la souveraineté sur tous les animaux.

Le trône du ratschasi et de son épouse était situé sur la pointe d'un rocher; au bas coulait un fleuve de cristal. Son empire était la forêt vierge nommée *Pajai,* et son but était d'éloigner des hommes toutes les bêtes, ses sujets. Mais beaucoup d'entre elles lui désobéirent, telles que l'éléphant, le cheval, le bœuf, le mouton, etc. ; s'étant approchés de l'homme, ces animaux furent faits prisonniers et mis en éternel esclavage.

Cependant le ratschasi était de tous les animaux le plus grand, le plus puissant, le plus beau. Le chien entreprit de détrôner cet animal si fier. Il l'attira sur le bord du rocher, au-dessus du fleuve de cristal, prétendant lui montrer un roi aussi puissant que lui. Le ratschasi vint regarder et vit son image se refléter dans le fleuve. Décidé à lutter jusqu'à la mort avec cette ombre, il sauta du rocher et se tua sur un écueil.

La reine, remplie de douleur, se sauva avec ses enfants dans la forêt la plus éloignée, et se cacha si bien, qu'aucun homme ne l'a jamais revue. Mais, avant de mourir, le ratschasi avait légué une partie de sa puissance aux albinos, comme par exemple aux éléphants blancs, et il avait nommé chaque albinos roi de son espèce. Voilà pourquoi un éléphant blanc est le roi de tous les éléphants.

La peau du ratschasi fut mise en lieu sûr par les hommes; tous ceux qui en possédèrent une parcelle furent couverts d'honneurs et de dignités.

Wat et bibliothèque sacrée de Lakon.

Après un certain temps, le ratschasi ressuscita, et, après bien des transformations, il devint Dieu et fut vénéré comme tel. Sa divinité existait déjà au moment du passage de Bouddha à la divinité. Voilà pourquoi son image est mise devant les temples de Bouddha, pour indiquer que l'adoration du ratschasi est passée.

On croit que son image exerce un certain charme magique sur la vie des prêtres et de ceux qui habitent le lieu consacré, en les protégeant contre les maladies et les dangers. Mais celui qui, voyageant dans le Dschangel, entend sa voix, a la membrane du tympan déchirée et meurt. Nos lecteurs pourront voir ci-dessus l'image de cet animal terrible; c'est un artiste indigène qui me procura l'original colorié en rouge, bleu et or.

A droite, en dehors du wi-hau, est le *hawtau* (bibliothèque) où on conserve les écrits sacrés.

Ce bâtiment étrange, unique dans son genre, est édifié sur une fondation de briques de 60 centimètres de haut ; huit poutres en partent ; elles ont 3 mètres de haut, et supportent un plafond surmonté d'une véranda qui protège le sol en briques. Du sol, une échelle monte à la véranda, où l'on accède par une trappe toujours soigneusement fermée.

On se trouve alors dans une pièce contenant plusieurs caisses ornées de feuilles d'or et peintes en rouge et noir. Là sont renfermés les livres sacrés, écrits sur des feuilles de palmier. Chaque caisse est enveloppée dans une étoffe aux couleurs vives, et toutes sont tenues bien closes.

La forme extérieure de ce bâtiment, qui s'élève sur un échafaudage en bois avec une large véranda, est très curieuse. Les deux murs s'inclinent au dehors. La partie supérieure du double toit, en bardeaux, s'avance au-dessus de la partie basse, et sur les bords sont suspendues de petites clochettes en cuivre qui résonnent au moindre vent.

La bibliothèque est établie sur cet échafaudage, pour la garantir des rats et des souris. Le wi-hau et le hawtau, réunis au wat Hluang, à Lakon, sont indiqués sur le dessin ci-dessus ; cependant la proportion de la bibliothèque n'est pas en rapport avec le wi-hau.

Sur le sol du hawtau se trouve un grand tambour consistant en un tronc d'arbre creusé et recouvert d'une peau.

Derrière le wat se dresse une tour garnie de deux ou trois cloches d'un beau son ; car les Laotes croient qu'il est nécessaire de faire sonner les cloches et de battre le gong pour tout service divin, et de tirer aussi en même temps des feux d'artifice pour avertir Bouddha que sa présence est désirée.

Devant le wat se trouve une longue perche à drapeau, couronnée d'un oiseau qui représente l'oie sacrée.

Ces perches à drapeaux se rencontrent auprès de chaque temple. Souvent elles servent à les indiquer ; car beaucoup d'entre eux, situés sur le bord d'un fleuve, ne sont pas visibles, masqués qu'ils sont par la forêt ; et c'est à cause de cela qu'on choisit des perches bien hautes, pour que le voyageur reconnaisse l'emplacement de la maison de prière.

A gauche du wi-hau se trouve l'*obosot* (sanctuaire), toujours tenu fermé par les prêtres, et, à côté, un long couloir couvert d'un toit, où ceux-ci peuvent se promener en préparant leurs sermons ; ses murs et son plafond sont couverts de fresques représentant la vie de Bouddha.

Derrière, un sala pourvu d'une statue de Bouddha, devant laquelle le voyageur peut faire sa prière.

Il existe toujours un sala à côté d'un temple, et non loin une cour tout ouverte, nommée *sala bat,* par où entre le peuple pour écouter les prédications des prêtres. Le dernier bâtiment à mentionner est le dortoir des prêtres et des étudiants. A Lakon, comme partout ailleurs, cette construction est la plus négligée, en exceptant peut-être le sala.

CHAPITRE XV

Lorsque je visitai le wat Hluang, je vis un artiste indigène tatouer un jeune homme. Ce dernier supportait avec une quiétude stoïque les violentes douleurs que l'opération devait lui causer.

C'est la coutume de tatouer le corps du nombril jusqu'aux genoux. Les Laotes n'y attachent pas une grande importance, comme leurs voisins de Birmanie et de Niau ; ils le font plutôt par amour de l'art, ou parce que leurs pères l'ont fait, ou encore pour montrer leur virilité et leur courage.

Comme les filles de Dajak se tatouent pour plaire aux jeunes gens, les Laotes le font pour plaire aux jeunes filles.

Cette coutume est tellement répandue, qu'on ne trouvera peut-être pas un homme qui ne soit tatoué plus ou moins, selon la coutume de son village natal.

L'opération est très douloureuse, comme bien l'on pense,

surtout parce que la peau est plus sensible au ventre qu'ailleurs. Les endroits tatoués enflent et s'enflamment, de sorte qu'une fièvre violente se déclare quelquefois. Mais on m'a assuré à Tschengmai qu'il ne mourait des suites du tatouage pas plus de 2 personnes pour 100.

La plupart se font tatouer pendant qu'ils sont sous l'influence de l'opium, et seulement une petite place à la fois. Mais j'ai vu aussi plusieurs hommes qui subissaient en deux séances l'opération complète.

Les figures employées sont identiques dans tous les cas.

Les Laotes ne se servent que d'une couleur noire, et il n'existe aucun signe pour les différentes classes; les mendiants et le roi sont égaux entre les mains du tatoueur.

L'exécution des dessins et leur disposition regardent cependant le patient, et les dessins sont plus ou moins bien formés, selon l'adresse du tatoueur.

La couleur s'obtient par la fumée de graisse qu'on brûle. Elle est recueillie ensuite dans des pots de terre et mêlée avec du fiel de bœuf, d'ours et de porc sauvage ; puis on s'en sert en y mélangeant de l'eau. Elle ne se dissout jamais.

On emploie deux sortes d'outils pour le tatouage. L'un est une espèce de scie ou de peigne en acier, et il sert à faire les contours. L'autre est une tige d'acier terminée par une pointe aiguë à rayures, dans lesquelles se trouve la couleur.

Avec ce dernier instrument on pique la peau jusqu'à ce qu'on obtienne le dessin voulu. Les dessins sont en général les suivants : des singes, des chauves-souris, des rats, des vautours, des pigeons et des monstres, surtout le ratschasi légendaire, etc.

En le flattant un peu, je décidai le professeur de tatouage de Lakon à me dessiner les figures employées ordinairement. Il chercha une planche rectangulaire et mince, protégée aux bords par un encadrement, et couverte des deux côtés d'une laque bien unie et polie, qui lui servait d'ardoise ou de planche à dessin. Alors il traça de mémoire et avec une grande vitesse différents animaux et monstres. Je lui fis reproduire ensuite ces dessins sur un morceau de papier. Le croquis ci-dessous a été fait d'après le modèle du professeur.

Puis il me donna les explications suivantes.

Les oiseaux entre les serpents de la ceinture sont des *nok-jung* (ce mot signifie paon); les quatre grands ani-

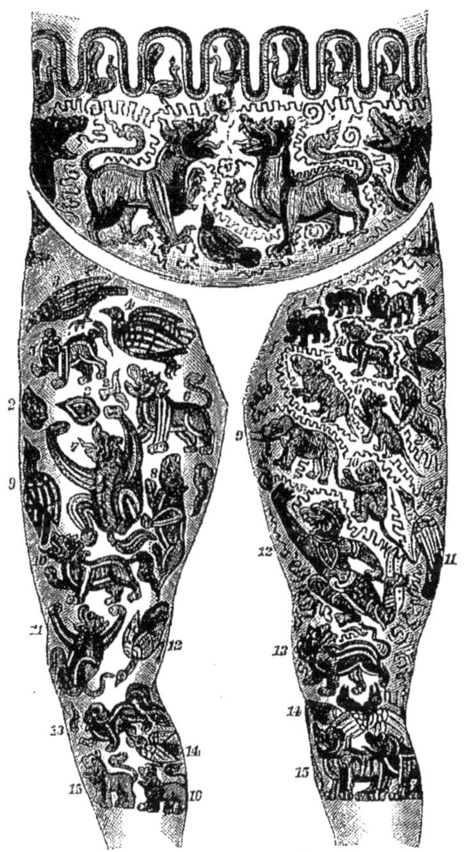

Tatouage d'un Laote.

maux du ventre sont des ratschasis. Au milieu un *nok-reng* (vautour); sur la jambe droite se trouvent les figures ci-après : 1, *noo* (rat); 2, *mek* ou *lam* (nuage); 3, *nok-gatap* (pigeon); 4, 9, 14, *nok-reng* (vautours); 5, 13, *mon,* un animal légendaire représenté dans les fresques des temples avant l'arrivée des Chinois. Maintenant on le remplace par le *singta* (lion), par une chauve-souris dont l'espèce n'existe plus, par le *then* (sorte de chat), le ratschasi et le *nok-capboa* (martin-pêcheur). Sur la jambe gauche on distingue le *moni*, le ratschasi, le *sua* (tigre), le nok-reng, le *singta*, le *tschang* (éléphant), le *ling* (singe) et le *hoalaman*.

Le professeur me dit que l'exécution de ces figures sur la peau humaine demanderait deux journées.

Sa méthode était de dessiner d'abord les contours pour éviter les erreurs, puis de faire les dessins et de bien les frotter avec la couleur, et enfin de remplir les espaces.

Il me faut ajouter que ce n'est que dans le Lao de l'ouest que l'on se tatoue.

Les Laotes que j'ai rencontrés dans les districts du Mékong n'avaient qu'une figure ou deux, soit sur une jambe, soit sur la poitrine.

Les alentours de Lakon ne sont pas seulement riches en bois, mais aussi en minéraux.

Dans les environs de la ville existent quelques mines de fer très abondantes. Le plomb se rencontre en masse, comme on me l'a affirmé, dans les montagnes voisines, où se trouve aussi du cuivre.

Les indigènes sont très adroits pour travailler les métaux, et ils font leurs armes eux-mêmes.

Ce qui excitait surtout mon étonnement, c'était la quantité d'éléphants qu'ils possèdent. N'importe où j'allais, j'en voyais, et les forêts paraissaient en être aussi peuplées que les villes. C'est ce qui me vexa surtout de ne pouvoir en obtenir un pour continuer mon voyage.

Je nourrissais cependant l'espoir que le tschau reviendrait bientôt; car le jour fixé pour le mariage de sa fille approchait, et j'avais entendu dire qu'il assisterait sûrement à la solennité. J'attendais ce jour au moins aussi fiévreusement que le Radja lui-même.

Une tribu de Kars vit sur les collines à l'est de Lakon, et quelques-uns d'entre eux vinrent une fois à Lakon. Je saisis cette occasion pour en dessiner plusieurs. Ils ont quelque dissemblance avec leurs frères du district de Petschaburi. Les hommes, par exemple, portent le nœud de leur chevelure sur le front au lieu de le porter sur le côté; ils ne laissent pas non plus tant pousser leur chevelure.

En réfléchissant un jour à ce que je devais tenter pour faire comprendre aux pyas la responsabilité qu'ils encouraient, j'entendis, à ma grande surprise, le bruit inaccoutumé de roues arrivant lentement de la route, s'approchant, puis enfin s'arrêtant à ma porte.

Comme à Lakon on ne se sert que d'éléphants et de bœufs, les chars sont naturellement rares. On en voit bien quelquefois, mais à deux roues. Les essieux, qui sont en bois et qui ne sont jamais graissés, crient horriblement, et on entend ces voitures de loin.

Les charrettes ou brouettes ne sont pas traînées par des bœufs ou des chevaux, mais par des hommes, et ne servent qu'à traîner le riz, de la rivière dans les greniers d'abondance du tschau ou autres.

Je fus donc bien surpris d'entendre ce grincement de roues, et je sortis pour voir ce que signifiait cet événement. Je vis alors une voiture à chiens traînée par des esclaves, et sur elle, en habillement européen, mon ami le Radjaput.

Aussitôt il m'invita à prendre place à côté de lui, et m'offrit à dîner. Kao me suivit.

Sa maison était bâtie comme toutes celles du pays. La chambre principale était garnie d'une table et de six chaises, et sur le plancher se trouvaient trois tapis de Bruxelles aux couleurs criardes.

Nous n'eûmes à manger que du riz, du poisson et de la volaille, tout cela servi d'une manière très ordinaire.

La première chose qui excita ma curiosité fut une bouteille avec l'étiquette suivante : « Best India Pale Ale, » ce qui me donna grande envie de boire un verre de bière, et qui devait être d'autant meilleur que c'était inattendu. Grand fut mon désappointement quand je vis un esclave en verser, et que je sentis l'odeur de l'arrac.

Enfin, vers le soir du dernier jour de l'année, le Tschau-Hluang revint de ses champs de riz.

Le jour de l'an j'allai le voir, accompagné de Kao et de trois fonctionnaires indigènes, tous pyas, et parmi eux mon implacable ennemi, qui était la cause de tous mes embarras. Son extérieur était aimable depuis que je l'avais si bien corrigé; mais intérieurement il restait bien décidé à me jouer tous les mauvais tours possibles.

Il portait ma lettre de recommandation sur un grand plateau d'argent; la lettre était posée sur un bouquet de fleurs.

Le chef était étendu sur des coussins sous lesquels se trouvait un tapis; au-dessus de sa tête s'étendait une sorte de baldaquin; tout autour de lui se trouvaient les insignes de son rang : boites à bétel, crachoirs, assiettes, etc., le tout fort bien travaillé et en or pur.

Sur un autre tapis, mais plus bas, était étendu le second chef.

Ils ne se levèrent pas à notre entrée et ne parurent pas faire attention à nous.

Un embarras visible régna jusqu'à ce que Kao dît quelque chose au chef en montrant ma lettre de recommandation, que le vieux pya tenait toujours sur son plateau.

Maintenant le moment était venu pour lui de se justifier envers moi, et pour moi de me plaindre de lui; mais il fut démasqué subitement.

Justement le vieux pya, qui avait prétendu ne pas savoir lire, fut chargé par le chef d'en faire tout haut la lecture. Il la lut effectivement, et sans la moindre honte de sa part.

Le texte de la lettre était incompréhensible pour moi; mais j'entendis le nom du Tschau-Fah-Maha-Mala, ministre du Siam du nord; et chaque fois que ce nom était prononcé, le tschau levait la main en signe de respect.

A peine la lecture de la lettre était-elle terminée, que par une ouverture entra une âcre fumée : les femmes grillaient du poivre en bas. Nous ressentîmes tous un malaise prononcé,

et nous commençâmes à tousser et à éternuer, de façon que
notre réunion fut soudainement interrompue.

Je ne sais pas si c'était là un coup de mon adversaire adroitement combiné, afin que je ne pusse pas demander au chef
l'exécution des ordres donnés dans ma lettre de recommandation, ni me plaindre de l'inhospitalité du pya; j'ai cependant
tout lieu de le croire.

La pensée m'est même venue plus tard que ce n'était pas
le pya seul qui était en jeu, mais peut-être aussi le tschau

Habitants de l'est de Lakon.

lui-même; car celui-ci ne me parut pas être dans des dispositions favorables, et me sembla n'avoir aucune envie d'aider
le *farang*. Mais, n'osant pas non plus désobéir à son supérieur, ils avaient machiné ensemble la petite comédie de la
fumée pour couper court à notre visite; ce qui eut lieu effectivement, et je ne pus arriver à aucun résultat.

Le jour suivant était fixé pour la noce du Radjaput. La ville
était agitée à cause de cet événement.

Toute la matinée je vis transporter des victuailles au palais
du tschau. Vers midi à peu près, un corps de musique traversa
le ville avec les instruments indigènes que l'on connaît. Les
musiciens étaient accompagnés de chanteurs dont les chants
ressemblaient plutôt à un chant mortuaire. Derrière eux
venaient deux danseurs, personnages importants sans doute,

mais ivres déjà, comme bien d'autres dans la foule ; puis des serviteurs et des esclaves, portant des fleurs arrangées très artistement.

Le dernier bouquet était une tour portée sur un brancard, derrière lequel marchait le porteur de parapluie du Radjaput, armé d'un long bâton d'argent ; encore des musiciens, puis les domestiques du prince deux par deux, portant haut leur sabre à poignée d'or et d'argent. Tout cela ressemblait, pour un Européen, à un enterrement plutôt qu'à une noce. Enfin venait le fiancé lui-même, dans sa voiture traînée par douze hommes qui marchaient en poussant des cris insensés.

Vêtu d'une jaquette bleue bordée d'or, d'un *palai* violet et d'une toque noire à bordure d'or, il fumait dans un porte-cigarette en écume.

Lorsqu'il passa près de ma maison, il me fit signe de prendre place à ses côtés dans sa voiture. Je fis ce qu'il me demandait, et la foule éclata de rire. Était-ce d'admiration à cause de cette invitation inaccoutumée, ou était-ce parce qu'il leur parut drôle de voir un étranger jouer un rôle si important dans cette affaire ? Moi-même, cette transformation en garçon d'honneur me rendit toute ma gaieté.

Derrière le Radjaput marchaient deux par deux toute une bande d'esclaves, portant chacun une boîte avec de la monnaie d'argent, puis une troupe de lanciers à pied et neuf éléphants, dont le premier portait une grande chaise dorée garnie de coussins et de matelas brodés d'or ; ces matelas s'ouvraient et se fermaient comme un éventail ; cela devait faire partie de l'ameublement de l'heureux couple.

Arrivé aux portes du palais du Tschau-Hluang, le cortège s'arrêta, et sur le signal d'un fonctionnaire tout le monde s'assit jusqu'à l'arrivée du Radjaput. Je pris congé de ce dernier lorsqu'il rentra dans le palais ; je craignais, en effet, que ma présence ne gênât les autres invités.

Je ne puis donc raconter la solennité du mariage : je sais seulement que la plupart des invités et la foule furent bientôt ivres, quelques-uns à tel point, qu'il fallut les emporter.

Les Laotes me donnèrent avec répugnance des détails sur la demande en mariage et le mariage lui-même. J'appris cependant que l'offre d'une fleur ou la permission demandée d'allumer une cigarette équivaut à une déclaration. L'acceptation de la fleur ou la permission accordée d'allumer la cigarette est une marque de consentement de la part de la jeune fille.

Un mariage est généralement une chose importante, dans laquelle il s'agit de montrer son rang.

Les détails du mariage et des fiançailles ressemblent probablement beaucoup à ceux des Siamois, comme du reste les autres mœurs et coutumes des Laotes.

En fait de mariage les deux peuples utilisent les services de tierces personnes, comme cela se fait souvent chez les peuples civilisés. Ces personnes règlent les questions de dot ; bien mieux, elles épargnent souvent aux jeunes gens la peine d'une cérémonieuse demande en mariage.

Pour ce qui concerne les Siamois, je puis affirmer que, dans les hautes classes de la société, les parents ont l'habitude de s'adresser à des agents matrimoniaux nommés *maasu,* qui sont connus des parents de la jeune fille sur laquelle le jeune homme a des vues.

Le maasu va trouver la famille de la jeune fille et aborde la question. Si aucun obstacle ne surgit des deux côtés, on charge quelques personnes de continuer les pourparlers.

Après avoir tout discuté, on finit par décider que c'est un bon parti. Alors on demande aux astrologues un jour propice pour que ces personnes aillent voir ensemble les parents de la jeune fille.

Au jour fixé on se réunit ; on est bien reçu par les parents et invité à s'asseoir selon le rang et l'âge. On offre du bétel, du tabac, du thé ; et pendant qu'on mâche, qu'on fume et qu'on boit, on entame la question avec ménagements.

Les parents répondent à ce discours à peu près ainsi :

« Nous aimons bien notre fille ; le fils de la famille pour

laquelle vous agissez est aussi très estimable. Mais un vieux proverbe siamois dit : « Va lentement, et tu arriveras au but; » et « un long effort finit souvent bien ». Nous désirons donc prendre conseil de toute notre famille, la consulter sur ce qu'elle pense, et nous donnerons notre réponse ensuite. »

Plus tard, quand un autre jour propice se présente, les parents du jeune homme envoient de nouveau leurs ambassadeurs pour savoir quelle est la décision des parents de la jeune fille. On fait la visite, puis on reçoit à peu près la réponse suivante :

« Nous avons pris conseil de la parenté, et nous pensons que si le jeune homme a réellement la confiance que notre fille le soignera dans la maladie et qu'elle témoignera après sa mort à son corps toute la sollicitude voulue, cette confiance doit être encouragée, afin qu'elle grandisse et fleurisse. Mais l'âge des deux jeunes gens est-il de convenance? Leurs années, leurs jours et leurs mois s'accordent-ils ? »

Ici la superstition entre en jeu. Certaines années peuvent ne point se convenir. Par exemple, une personne née dans l'année du rat ne ferait pas le bonheur d'une autre née dans l'année du chien, et ainsi de suite; la vache et le tigre ne s'accordent pas ; tigre et lapin, coq et chien, chien et singe ne vont pas non plus ensemble; car un homme né sous un de ces signes et une femme née sous un signe opposé seront toujours enclins aux disputes, aux coups, aux morsures et même au meurtre. C'est pourquoi on soumet le cas des dates de naissance aux astrologues, et l'on suit leurs conseils.

Si les astrologues ne trouvent rien à objecter, les envoyés retournent pour la dernière fois chez les parents de la fiancée, afin de rendre la réponse et d'arrêter les détails de la noce.

Le fiancé se met immédiatement à l'œuvre pour commander le bois de la maison future, et il en surveille ensuite la construction lui-même. Il fait toujours bâtir sa maison tout près de celle de son beau-père ; voilà pourquoi on voit rarement un jeune époux vivre auprès de son père.

Lorsque la maison est achevée, on invite un prêtre à la bénir, selon une ancienne coutume.

Les parents de la fiancée s'adressent alors aux astrologues, afin de fixer un jour favorable pour la noce.

Cela fait, ils font connaître le jour choisi à leurs parents et à leurs voisins, et les parents des deux côtés choisissent pour leurs enfants quelques personnes âgées qui doivent porter le *kong-tun* et le *sinsawt*. La première de ces expressions signifie la dot. Celle-ci est fixée par les parents de part et d'autre. Les plus petites dots réunies ne peuvent être inférieures à 10 000 francs.

La seconde de ces expressions veut dire gage de fiançailles; ce gage se compose généralement de deux habillements blancs donnés par les parents du fiancé, et de divers autres objets. On les porte en triomphe dans la nouvelle maison avec accompagnement d'une musique qui joue des airs de circonstance. Ces gages de fiançailles sont remis à la fiancée et lui appartiennent pour toujours; l'homme n'a plus le droit d'y toucher. Lorsqu'une séparation a lieu, le mari ne peut les réclamer.

Quand tous les parents et invités sont au complet, on s'assoit sur des nattes, pendant qu'on expose le *kong-tun* et le *sinsawt*.

Les envoyés ont soin que l'argent promis des deux côtés soit remis en leur présence. Puis ils mélangent les deux tas d'argent et les arrosent d'une huile embaumée; ils placent ensuite des fleurs, un peu de riz autour, qui expriment le désir que les jeunes époux aient tout cela en abondance pendant leur vie.

Alors ces personnes de confiance remettent le tout aux parents de la fiancée, et après avoir passé une heure à table, cinq ou six prêtres se présentent, lisent un ou deux paragraphes des écrits sacrés, et appellent la bénédiction du ciel sur le jeune couple. Pendant ce temps la fiancée, qui a été amenée par ses jeunes amies, reste cachée aux regards de tout le monde derrière un rideau disposé au milieu de la chambre. Après la cérémonie religieuse, le rideau est levé, et des personnes désignées à l'avance offrent de l'eau bénite.

Le fiancé et la fiancée sont amenés à un endroit disposé à cet effet. On les place à quarante centimètres l'un de l'autre. La personne qui a arrangé le mariage prend l'eau bénite et la verse sur la tête de la fiancée, puis sur celle du fiancé, en prononçant des paroles de bénédiction.

Avec l'aide de ses amies, la fiancée change alors ses vêtements mouillés contre d'autres secs et plus riches. En même temps un garçon coquettement mis apparaît à la porte, apportant au fiancé, sur un plateau d'argent, un habillement neuf et élégant qui est un cadeau de ses beaux-parents, et que l'on appelle *pa hanoi-haw*. Cet habillement est mis tout de suite.

Pendant cette cérémonie, les prêtres et les invités prient dans une autre pièce pour le bonheur des jeunes gens, et, après avoir été comblés de présents, ils retournent chez eux.

Alors c'est au tour de la famille de la jeune femme de donner une fête. Enfin, après la troisième journée, la jeune femme est conduite solennellement dans sa nouvelle demeure.

Deux ou trois jours après, le jeune homme fait une visite chez ses parents avec sa jeune femme. La jeune femme se jette à leurs genoux en offrant quelques cadeaux, des fleurs, des gâteaux, etc.

Quelques jours plus tard encore, la jeune femme doit conduire son mari chez ses parents, et là l'époux fait une profonde révérence devant ses beaux-parents.

A la naissance du premier enfant, le kong-tun, qui jusque-là était entre les mains des parents de la jeune épouse, lui est confié.

Jusqu'à ce moment les jeunes époux ont vécu aux frais des parents de la jeune femme; mais dès lors ils doivent s'entretenir eux-mêmes.

Chez les Laotes, comme chez les Siamois, la monogamie existe de nom : chez les deux peuples, la femme est au même rang que son mari; mais les princes et les autres dignitaires ont des esclaves qui peuvent être vendues.

Les femmes, aussi bien en Lao qu'en Siam, exercent un

certain pouvoir et ne sont pas du tout traitées comme les femmes malaises.

La femme de l'ex-régent était très puissante, et lorsque quelqu'un, voulant obtenir une faveur, l'avait comme protectrice, il était assuré du succès.

En Lao c'est la même chose; la femme légitime d'un chef ou la princesse exerce une grande influence, non pas à cause de sa situation, mais parce que l'intelligence de cette femme, souvent supérieure, est appréciée à sa juste valeur.

Il n'y a pas, à proprement parler, d'instruction pour les deux sexes; tous les garçons savent bien un peu lire et écrire; mais ce serait ridicule d'appeler cela du nom d'instruction.

Les prêtres remplissent le rôle de maîtres. L'enseignement se borne aux préceptes de Bouddha et aux légendes de sa vie.

Une femme sachant lire et écrire, fût-ce une princesse, se rencontre rarement.

CHAPITRE XVI

Le lendemain du jour de la noce, le Tschau-Hluang retourna à ses champs de riz, en m'abandonnant de nouveau
aux bonnes intentions des pyas, qui, délivrés de la présence
de leur supérieur, me tourmentèrent de nouveau à cœur joie.

Le tschau connaissait l'affaire, c'était hors de doute ;
cependant il avait dû ordonner qu'on me laissât continuer
mon chemin.

Le 7 janvier, les fonctionnaires m'informèrent que je pouvais partir.

Je me procurai deux éléphants et deux guides, je protestai
formellement contre le temps d'arrêt subi, et je partis vers
midi pour Tschengmai.

Je remarquai que mes deux conducteurs étaient très bien
mis, et Kao m'apprit que c'étaient des tschaus.

Je crus d'abord qu'ils s'étaient faits mes conducteurs pour
m'observer ; mais je découvris bientôt qu'ils avaient d'autres
desseins:

Les princes, paraît-il, existent à Lakon en telle quantité, que les autorités peuvent les donner comme guides. Ils sont du reste si pauvres, qu'ils acceptent volontiers de rendre des services, malgré la minime rétribution qui leur est accordée.

Le chemin traversait tour à tour des champs de riz et des broussailles. Vers six heures du soir nous franchîmes le Métan, un autre confluent du Menam-Vang.

Là se trouvait un sala où nous passâmes la nuit.

Le lendemain nous entrâmes dans une belle forêt, puis nous fûmes obligés de passer le Métan au moins vingt fois.

J'eus là l'occasion d'admirer la sûreté de la marche des éléphants. Ces animaux paraissaient se réjouir de monter et de descendre ; ils grimpaient à des endroits où une chèvre aurait à peine pu se tenir. En descendant, ils se laissaient glisser sur le ventre en étendant les pieds de devant et en allongeant ceux de derrière, tout cela avec une légèreté et une facilité extraordinaires.

Dans l'après-midi, nous longeâmes le lit de la rivière, en montant petit à petit, et nous passâmes la nuit sur une hauteur de 300 mètres.

L'air était frais et humide, et le matin le thermomètre ne marquait que huit degrés Réaumur.

Le jour suivant, nous rencontrâmes plusieurs marchands de Niau allant à Lakon avec du poivre et des noix de bétel. Leur caravane se composait de bœufs, qui portaient les marchandises. Ces marchands de Niau et de Schau font beaucoup d'affaires avec Siam et Lao, tout autant que ceux du Yunnam de l'est. Ceux-ci emploient des poneys et des mulets comme bêtes de somme ; ceux-là se servent toujours de bœufs. Aucune des deux peuplades ne possède d'éléphants, qui sont très rares au delà des frontières du Lao.

Une douzaine de bœufs, de la valeur de soixante francs chacun, fait pour un habitant de Niau le même service qu'un éléphant pour un Laote. Souvent on rencontre de longues caravanes de deux cents à trois cents bœufs s'en allant tout droit devant eux, en file indienne, suivant avec docilité les sentiers étroits. Chaque bœuf porte son paquet suspendu contre ses flancs, dans lequel se trouvent les produits de Niau pour Siam, ou de Siam et Lao pour Niau.

Lorsqu'on rencontre une telle caravane avec un éléphant, il faut l'éviter. Pour se faire entendre, les bœufs ont chacun une ou deux petites clochettes dont le son, perçu à travers les clairières des forêts et répercuté par l'écho des montagnes voisines, est très agréable. Quelquefois ces clochettes sont accompagnées par des morceaux de bois creusés en forme de sonnette, et qui résonnent comme un tambour.

Ces clochettes sont aussi utiles pour les conducteurs des troupeaux, car il faut qu'ils puissent retrouver leur bétail quand il s'est arrêté pour paître.

Ces animaux sont admirablement dressés. Pendant la marche, ils se laissent patiemment mettre la muselière; cette précaution est prise afin que la marche ne soit pas retardée par quelque animal capricieux ou gourmand; ils continuent ainsi paisiblement leur chemin jusqu'à la halte. Les éléphants ont cependant sur les bœufs l'avantage, je l'ai fait remarquer déjà, de pouvoir manger tout en avançant.

De même que les bœufs de Niau, les mulets du Yunnam ont des muselières; mais ce qui est plus étrange dans ces caravanes de mulets est, sans contredit, le mulet-guide. Sa tête est couverte d'un masque fabriqué de coquillages de Kauri, de perles et de graines; ce masque laisse deux ouvertures pour les yeux, et il est surmonté d'un beau bouquet de plumes de paon ou de faisan.

Toute une collection de clochettes entoure le cou, les épaules et le train de derrière de l'animal. Une queue de renard pend derrière sa propre queue, et une seconde sous son cou. Les gravures (pages 185 et 187) montrent l'aspect de cet animal.

Le but de cette garniture est de le préserver de l'attaque des mauvais esprits.

Notre chemin montait continuellement. Les alentours étaient

splendides. Tantôt nous passions au bord de précipices de 60 mètres de profondeur, où un seul faux pas de nos éléphants aurait pu nous précipiter, tantôt à travers des taillis de jeunes arbres et de buissons entremêlés d'herbes qu'aucun autre quadrupède n'aurait pu traverser.

A midi, nous nous étions élevés de 150 mètres depuis le matin.

Nous descendîmes alors peu à peu pendant trois heures vers la rivière de Lampun.

Après l'avoir traversée, nous entrâmes de nouveau dans une forêt plantée de jeunes arbres; le terrain était inégal et raboteux; puis nous vîmes devant nous une plaine infinie et sèche. Par-ci par-là un champ de riz, une briqueterie dans laquelle les indigènes fabriquent des tuiles minces et des poteries, qu'ils font cuire au soleil. Ces objets, assez grossièrement travaillés, sont répandus dans tout le pays. Les ustensiles de cuisine ne sont pas bien confectionnés. On a plus de soin cependant pour les récipients d'eau, auxquels on attache une grande valeur. On en a de différentes formes, depuis la carafe à vin ordinaire jusqu'aux grands vases.

Les plus belles pièces sont couvertes d'un enduit laqué, et possèdent une espèce de tasse qui forme couvercle; les meilleurs récipients pour l'eau viennent de Niau; ils sont ou noirs ou couleur ardoise, et très bien polis.

Les poêles en terre sont curieux à voir. Ils ressemblent un peu à une botte; dans l'ouverture, par laquelle on passerait le pied, se place le pot avec les mets à préparer. Qu'on se figure ensuite le bout du pied enlevé, et qu'il n'en reste plus que la semelle avec ses bords: c'est là que se met le feu. On aura ainsi une idée assez exacte du poêle des Laotes.

On n'emploie que du bois pour faire du feu. Ces poêles sont une invention très ingénieuse; ils sont portatifs et se remplacent à très peu de frais.

Le 10 janvier, à midi, nous atteignîmes Lampun, capitale de l'État laote. Elle s'étend des deux côtés du Mi-Kuang, confluent du Méping. Lampun fut jadis une ville florissante, ainsi que le prouve un extrait des plus anciennes archives de l'État, déposées dans la bibliothèque du chef de Tschengmai.

Il est dit que Muang-Rai, roi de Kiang-Tsen, au xiiie siècle , entendit parler de la grandeur de Lampun, et qu'il manifesta le désir de s'en emparer. Il envoya donc un chargé d'affaires, du nom d'Ai-Fah, avec la mission de conquérir par la ruse la faveur du pya Mya-Bah, souverain de Lampun. Bientôt cet Ai-Fah fut nommé précepteur par le chef, et chargé de l'administration de toute la province de Lampun.

Monture d'un Yunnam de caravane.

D'abord il agit avec sagesse; mais au bout de quelques années il opprima la population de toutes façons, avec l'intention de provoquer dans le peuple une révolution contre son souverain. Il fit creuser un canal pour relier la ville avec le Méping; celui-ci s'ouvrait à 32 kilomètres au sud de Tschengmai; on en voit des traces encore aujourd'hui.

L'œuvre n'avait aucune utilité pour les gens de Lampun; mais le gouverneur n'avait d'autre but que de les tracasser.

Après cinq années les plans d'Ai-Fah étaient mûrs, et il fit dire à Muang-Rai d'attaquer le pays avec une armée. Ce qui eut lieu, et Ai-Fah fut nommé par le pya Nya-Bah général en chef de l'armée qui devait combattre Muang-Rai. Ai-Fah alla à la rencontre de l'ennemi et fit venir des renforts. Lorsque les troupes de Lampun furent rassemblées, le traître livra toute l'armée à Muang-Rai, qui se rendit maître du pays en l'an 1281 après Jésus-Christ.

L'extrait ajoute que Muang-Rai était alors âgé de quarante-trois ans, et qu'avant cette époque vingt-cinq souverains avaient régné sur Lampun.

La population avait sans doute entendu parler de mon aventure à Lakon, car immédiatement après mon arrivée je fus invité à m'installer au sala; c'était un bâtiment très commode, situé juste en dehors des murs de la ville. Quand je voulus rendre visite aux chefs, ils étaient absents, occupés à leurs champs de riz, d'après ce que les pyas me dirent, en ajoutant que leur présence y était nécessaire; que sans cela de grandes quantités de riz seraient volées. Après avoir reçu la promesse d'être pourvu le lendemain de nouveaux éléphants et d'autres conducteurs, j'allai voir immédiatement la curiosité de la ville : le wat Pratat.

A l'entrée se trouvent deux ratschasis dans la position ordinaire, la gueule ouverte, la langue roulée et pendante. Ils sont faits de briques et d'argile, peints en rouge, dorés en partie et ornés de parcelles de verre de toutes couleurs. Pour les préserver d'accidents, ils sont recouverts de fil fer et d'un pavillon en bois. A gauche, à l'entrée, gît un Bouddha, géant restauré et redoré dernièrement, cela sans aucun frais sans doute.

En face de l'entrée se trouve le temple principal : un bâtiment neuf, où beaucoup de prêtres sont occupés à travailler. A l'intérieur et à l'extérieur on peignait encore; à l'extérieur, on faisait de la mosaïque ordinaire avec des morceaux de verre en couleur.

Le temple est entièrement en bois, sauf le parquet, qui est en pierres; d'énormes colonnes de teck supportent le toit.

L'autel est garni de figures de Bouddha de toutes grandeurs en bronze.

A gauche du temple principal se voit un petit bâtiment en briques: c'est la bibliothèque sacrée.

Dans le temple se trouve un très beau pratschedi, certainement le plus beau que j'aie vu, si ce n'est celui de Bangkok. Il est visité chaque année par des milliers de pèlerins.

Sa forme est, comme d'habitude, celle d'une quille, diminuant par degrés et recouverte de cuivre.

Tout l'édifice a à peu près 24 mètres de hauteur; il est doré du haut en bas. Au sommet, cinq toitures en forme de parapluie ont été disposées l'une sur l'autre, et diminuent graduellement de grandeur.

Yunnam et son mulet.

Ces espèces de parapluies indiquent que l'édifice contient quelque chose de *pra* (sacré).

Sur la partie supérieure du pratschedi sont suspendues, au moyen de fils de fer, de toutes petites clochettes; le tout est entouré de grillages en cuivre. Autour de l'édifice s'élèvent de petits temples avec des figurines assises à l'intérieur; ces figurines représentent des anges protecteurs; devant chacune d'elles se trouve un énorme parapluie doré, orné de franges tout autour.

Aux extrémités du grillage sont disposés huit petits modèles de temples en cuivre doré, qui servent de lampes. Un de ces modèles a la forme d'une *dschmke* chinoise, et, d'après l'inscription chinoise qu'il porte, il a mille deux cents ans d'existence.

Les prêtres disent que sur l'emplacement du pratschedi actuel se trouvait autrefois un temple en or massif de la forme de cette dschmke, et que le modèle mentionné en est une imitation, dont l'original est actuellement caché sous le pratschedi.

Sans doute la construction du pratschedi indique qu'autrefois se trouvait là un trésor sacré; d'autre part, il est très possible qu'il y soit encore, parce que le pratschedi est très bien conservé.

Mais la plupart de ces armoires à reliques ont été dépouillées de leurs trésors. Ce sont les Laotes eux-mêmes qui l'ont fait, peut-être aussi les Niaus, avec lesquels ils furent souvent en guerre.

Cependant ils crièrent bien haut que j'avais dépouillé leurs sanctuaires lorsqu'ils me virent fouiller dans de vieilles ruines abandonnées. Ils voulaient à tout prix trouver un prétexte pour m'accuser.

Il n'y a pas de doute que de très nombreux trésors sont enfouis sous tous les pratschedis.

Bâtir un pratschedi est une des coutumes religieuses les plus usitées chez les Laotes et les Siamois, quand ils veulent faire une œuvre agréable à Bouddha. Ils emploient leur temps, leurs peines et leur argent à multiplier ces constructions sacrées.

Il est d'usage d'enfouir dans la terre, à l'un des coins d'un pratschedi, un bijou quelconque d'une grande .valeur, avec une feuille en argent contenant le nom du donateur et la date du présent.

Le docteur Check, supérieur de la mission américaine à Tschengmai, trouva dans un vieux pratschedi, sur la cime d'une montagne, une petite figurine de Bouddha avec trois autres objets en cristal, dont deux étaient ronds et dont le troisième avait la forme d'une poire. Les premiers figuraient les reins, et le troisième le cœur de Bouddha.

Quelques-uns des pratschedis en Lao ne sont peut-être pas
si beaux qu'en Siam, bien que certains d'entre eux atteignent
une hauteur de près de 60 mètres.

Ils sont presque toujours construits de briques blanchies et
séchées au soleil; mais j'en ai vu quelquefois bâtis simplement
en terre glaise ou même en terre ordinaire, les moindres
matériaux étant dignes des personnages célestes.

Ces pratschedis ont deux buts : le premier consiste à écar-

Laotes faisant cuire du riz.

ter les mauvais esprits, et le second à obtenir la faveur de
Bouddha et de tous les bons esprits.

Le désir de s'attirer les grâces de la divinité et de chasser
les démons est une préoccupation constante dans la vie d'un
Laote. Il croit être entouré de *Pis* et désire, en conséquence,
s'attirer la protection du grand Bouddha; il espère ainsi conserver intacts son corps et son âme.

Il fait des aumônes en nourrissant les prêtres; il bâtit des
temples ou des pratschedis, et sacrifie constamment au fondateur de sa religion.

Il espère atteindre par là la grande félicité réservée au
bouddhiste pieux dans le septième ou plutôt dans le huitième
ciel, qui porte le nom de *Nirvana*.

Mais bâtir des pratschedis et faire des aumônes ne sont que des actes préparatoires.

Après la mort, il faut encore accomplir plusieurs étapes a travers les régions célestes avant d'atteindre le Nirvana chez les Laotes, ou le *Nippau* chez les Siamois.

D'après la croyance des Laotes, la montagne *Zinnala*, en siamois *Meru*, est le centre du monde. Elle est à moitié sous l'eau et à moitié au-dessus. La partie inondée est composée de rochers d'où partent des ramifications se trouvant plus bas que l'eau. Tout autour de ce rocher se meut un grand poisson (*pleanum*) ayant des proportions si gigantesques, qu'il peut entourer et remuer l'énorme bloc. Quand il dort, la terre est tranquille; mais quand il s'agite, il se produit des tremblements de terre. La montagne Zinnala a beaucoup de grottes habitées au-dessous par des dragons (*naks*), et en haut par des anges (*thewedas*).

Au-dessus de la terre et tout autour de cette montagne s'étend le firmament avec le soleil, la lune et les étoiles. Celles-ci sont regardées comme l'ornement des temples célestes.

On dit qu'un des élèves de Bouddha lui demanda ce qu'il y avait derrière le firmament; le grand sage lui dit tout simplement de se taire.

Au-dessus de l'eau est la terre habitable, et sur chaque côté de la montagne Zinnala s'élèvent sept collines l'une au-dessus de l'autre. Ce sont les premiers degrés que l'âme d'une personne morte doit franchir; si ses bonnes œuvres laissent à désirer, elle ne peut atteindre le faîte de la montagne; dans le cas contraire, elle entre, après être arrivée sur le sommet, dans les différentes parties du ciel.

Le premier ciel, immédiatement au-dessus de la montagne Zinnala, s'appelle *Tya-to-maha-la-tschi-ka-tawa;* il est la demeure des bons esprits, où règne un roi ou chef qui s'appelle *Pya-Witt-Sowan.* Un degré plus haut se trouve le *Tawah-tingsah-nang-tewa-nang;* là vivent ceux qui ont bâti des salas ou des maisons pour les prêtres; *Pya-in* est le chef de la société et reçoit ses ordres d'en haut. Un degré encore au-dessus s'élève le *Tut-sida-tewa;* sa population est composée de ceux qui ont porté des habits blancs sur la terre et qui ont

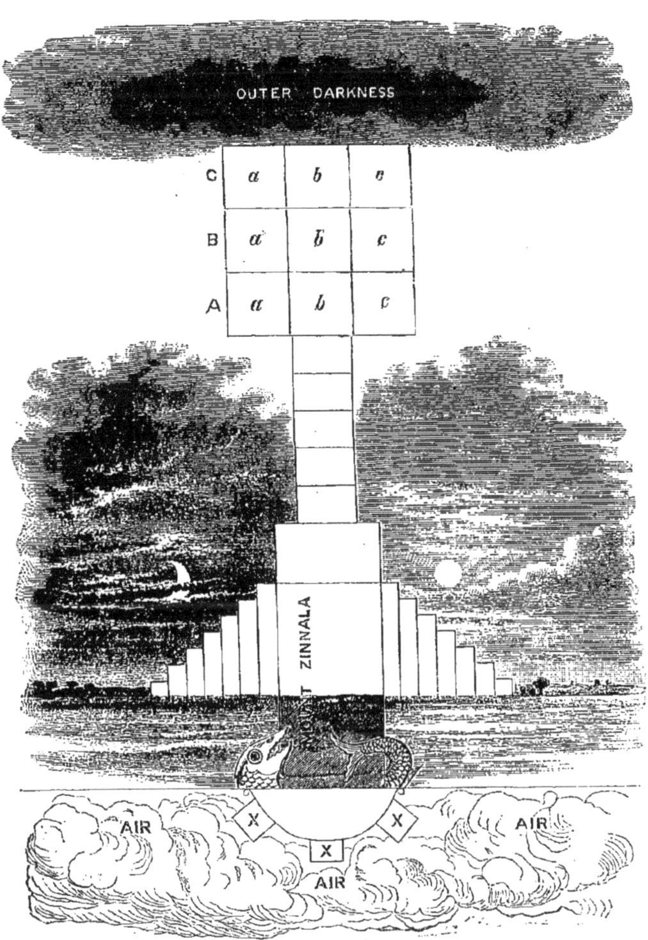

Représentation de l'univers pour les Laotes.

passé leur temps en prières. Puis vient le *Yamatewa,* habité par des hommes et des femmes qui ont fait des actions et des œuvres d'éclat. Le cinquième ciel, le *Numma-nalati,* est aussi une maison remplie de bonnes gens. Le ciel numéro 6 se nomme *Paramin-mitta;* c'est la demeure de paix parfaite; on y passe son temps à chanter et à danser. Puis vient un ciel partagé en trois compartiments, dont chacun d'eux est subdivisé. Voici les noms et l'emploi de ces compartiments :

A, a. *Pama-tewa* reçoit les hommes et les femmes qui ont plus de mérites qu'Indra.

A, b. *Maha-pow-ma* est aussi pour les hommes et les femmes du plus grand mérite; résidence des quatre souverains du ciel.

A, c. *Pama-pala-pitta* est réservé pour les personnes des deux sexes qui doivent avoir soin du ciel.

Les trois compartiments B sont pour ceux qui ont beaucoup de mérite et qui, avant d'aller au Nirvana, passent encore un moment de bonheur et de gloire : (a) est pour messieurs; (b) pour prêtres, (c) pour dames.

Dans C demeurent trois sortes d'anges, à savoir : dans (a) seulement des femmes; cet endroit s'appelle *Theweda-newa-sunja;* dans (b) le *Tewa-butt-utang,* destiné seulement aux hommes qui restent là avant d'être dieux; (C) là se trouvent les mères des dieux. Au-dessus de tout cela règne l'obscurité ou Nirvana, que Bouddha a comparé à la fumée de la poudre.

Quelques-uns prétendent que le mot Nirvana signifie *néant;* mais je doute que cette explication soit juste.

D'après ce qu'en pensait le savant M. Alabaster, c'est une place de bien-être où on n'a plus de soucis, un empire plein de gloire et de charmes. Je crois que M. Alabaster a raison, et que c'est un endroit de bonheur parfait.

Sur d'anciennes figurines et statues de Bouddha on trouve souvent des inscriptions par lesquelles l'artiste prie Bouddha de l'assister pour atteindre le ciel suprême. Si les cieux les plus bas sont les endroits des joies que nous venons d'énumérer, on n'aurait pas besoin d'invoquer Bouddha pour lui demander de vous faire entrer là où plus rien ne vit et où plus rien n'existe.

CHAPITRE XVII

Les rites laotes diffèrent en plusieurs points de ceux des Siamois; les prêtres des Laotes ont d'autres lois que ceux de Siam. De même que tout citoyen est soldat en Europe, tout Siamois est prêtre; en Lao, l'entrée dans cet ordre est facultative; un membre seulement de la famille se fait prêtre.

Chez les Laotes, les prêtres peuvent avoir des biens; il y a même des prêtres qui sont très riches, non seulement en terres, mais aussi en capitaux qui rapportent.

Il existe chez les Laotes trois grades pour les prêtres : *luk-sit,* élève; *pra,* maitre; *tu,* savant. Lorsque le *tu* est devenu grand prêtre, il peut encore atteindre cinq grades : *tu-noi,* petit grand prêtre; *tu-jai,* grand grand prêtre; *kru-bah,* prêtre qui peut enseigner; *upasai,* vice-président; *rad-jaku,* président.

Dans tout wat se trouvent des garçons de cinq à douze ans, novices qui vont dans le temple sans changer d'habits, mais qui sont rasés. Généralement ce sont les parents qui amènent un de leurs garçons chez le prêtre, en le priant de le préparer à l'éducation religieuse; ils apportent en même temps les sacrifices usités : des fleurs, des cierges et du riz rôti.

Ces jeunes garçons sont entièrement sous la surveillance des prêtres, qui les nourrissent gratuitement, leur apprennent à écrire, à lire et à réciter des prières. Ils doivent dormir dans le cloître. S'ils sont récalcitrants ou s'ils s'enfuient, le prêtre peut les poursuivre, les frapper, les attacher et les ramener au wat. S'ils sont obéissants, ils peuvent entrer au noviciat dès qu'ils savent lire, écrire et réciter des prières.

Quand ce moment est venu, les parents procurent à leurs enfants les habits nécessaires et font des sacrifices : leur garçon est alors *luk-sit*. Ce premier succès n'est pas accompagné de solennités bien grandes; le novice revêt seulement ses habits neufs, et on lui place une couronne sur la tête, couronne qui doit lui rappeler le *kromatah,* ou son état royal.

Dès qu'il est revêtu du costume sacré, il prend le nom de *luk-kaau,* qui veut dire « enfant de la bouteille de cristal ».

Voici la légende de cette expression :

Un prince et son épouse avaient organisé une partie de plaisir, un de leurs fils devant être consacré prêtre. On donna, à cette occasion, des représentations théâtrales, pendant une desquelles les habitants de l'autre monde vinrent pour voir ce qui se passait. La pièce leur plut tellement, qu'ils firent de suite leur rapport à Indra, qui vint lui-même jeter un coup d'œil sur la scène. Il fut si enchanté, qu'en repartant pour le ciel il vola trois des enfants du prince et les emporta, afin qu'ils lui aidassent à organiser des représentations semblables.

Son idée mise à exécution, il rapporta les trois garçons, chacun dans une bouteille de cristal, et les remit à la place où il les avait trouvés.

Le luk-kaau, habillé ainsi royalement et monté sur un cheval orné pour la circonstance, ou assis sur les épaules de ses amis, est conduit en procession aux sons de tambourins et de musiques bizarres.

C'est à partir de ce jour que commence sa carrière céleste.

Les époques fixées pour la consécration des prêtres sont les deuxième, quatrième, sixième, huitième et dixième mois de l'année.

Lorsque les parents sont riches, on fait de grands préparatifs. Les habits de la cérémonie sont apportés, sur un grand plateau, aux princes et aux dignitaires, ce qui tient lieu d'invitation.

Les sacrifices pour le temple ne doivent naturellement pas manquer. C'est sur ce plat que tous les cadeaux du nouveau prêtre sont placés. La somme d'argent offerte s'élève quelquefois à 250 francs, et le jeune prêtre peut en faire ce qu'il veut.

Quelques-uns d'entre eux restent plusieurs années dans l'ordre, mais la plupart n'y passent qu'une année.

J'ai cependant fait la connaissance d'un prince qui fut prêtre pendant treize ans, puis se maria.

Autrefois ces fêtes duraient sept jours; mais à présent on trouve qu'un jour suffit, et, quand la procession est terminée, le jeune prêtre ôte ses habits royaux pour revêtir ses habits de prêtre; il remet son ancien costume à ses parents.

Lorsqu'il entre au temple, il se jette d'abord à genoux devant l'image de Bouddha, puis devant les livres saints dans la bibliothèque, et enfin devant les prêtres, assis à terre pour le recevoir.

Il demande alors à pouvoir commencer le service religieux. Après que cette permission lui a été accordée, les cadeaux sont distribués aux prêtres, qui habillent le nouveau venu.

Alors le grand prêtre lui demande s'il veut obéir aux prescriptions de Bouddha. Il répond, cela va sans dire, affirmativement.

On lui fait alors connaître son service, et le grand prêtre le bénit. Enfin un repas est servi aux prêtres présents.

Le jeune prêtre ne mange qu'une fois par jour, et, s'il veut être très pieux, une fois seulement tous les trois jours.

A vingt ans, le luk-sit peut entrer dans la seconde catégorie. Il est fait pra. Les cérémonies sont les mêmes, mais le prêtre doit maintenant mendier le matin. Les petites localités envoient, en général, aux prêtres leur nourriture journalière. J'ai souvent vu des prêtres allant chercher eux-mêmes leur nourriture; elle est toujours prête, et les gens mettent beaucoup de zèle à l'offrir.

De temps en temps ils présentent des fleurs et des cierges comme sacrifices supplémentaires.

Les premières heures de la journée sont consacrées par les prêtres à la lecture des *pali,* écrits ou plutôt gravés sur des feuilles de palmier et reliés entre eux par des fils d'acier. Puis ils sacrifient à Bouddha et font aux jeunes frères des instructions. Arrive le moment des quêtes, et un repos a lieu pendant le milieu de la journée. Au coucher du soleil, ils retournent au temple et y font de nouveau leurs prières.

Un fidèle qui veut faire sa prière au temple allume d'abord un cierge en entrant, puis dépose son sacrifice aux pieds de Bouddha et va s'asseoir devant l'autel, où il récite son oraison en tenant son cierge dans ses mains jointes.

En ce qui concerne l'adoration des figurines de Bouddha, il est intéressant de lire le livre du capitaine Forbes sur la Birmanie anglaise.

Dans les Indes on prend Bouddha pour le réformateur des lois, tandis que les Laotes le considèrent comme créateur de la religion.

Dans chaque temple se trouve un grand prêtre; au-dessus de lui il y a le *président,* qui est presque regardé comme le Bouddha vivant; enfin il existe le *solitaire,* qui demeure dans le dschangel ou dans une grotte.

Je m'informai de ces solitaires; mais on m'assura toujours que dans tout le pays laote il n'en existait pour le moment aucun.

D'après ce que j'ai entendu dire en Siam et en Lao, ce sont tout simplement des prêtres très pieux qui s'attachent uniquement à observer au moins les cinq premiers et principaux commandements du vertueux fondateur de la religion. Dans la plupart des cas, ils passent leur vie dans l'abnégation et l'abstinence la plus rigoureuse. Leur nourriture est la plus simple : du riz, du poivre, un peu de poisson et de thé, quand ils peuvent en avoir. Cependant ils fument des cigarettes et chiquent du bétel avec du sirih.

Pratschedi d'un temple laote.

Ils ne touchent jamais aux spiritueux, dont les Laotes sont ordinairement de grands amateurs.

Leurs demeures sont de longs bâtiments peu élevés, quelquefois construits en briques, mais pour la plupart en bambou seulement. Établis dans des endroits écartés, ils sont misérables et très sales. Le soleil n'y pénètre jamais.

La plus belle demeure d'un grand prêtre que j'aie vue était celle du wat Hluang, à Lakon; elle ne pourrait toutefois pas même être comparée à la plus misérable habitation d'une ville d'Europe. Elle n'avait pas de meubles, seulement des nattes pour s'asseoir et beaucoup de coussins. Devant la place où couchait habituellement le grand prêtre se trouvaient deux grandes cruches pleines d'eau; faute de gobelets, on se servait de cuillers de coco. A côté était placée une boîte avec du sirih et des noix de bétel; de plus, une assiette avec des fleurs pour le sacrifice. Aux murs étaient suspendus de petits paniers pour conserver le riz. Autour de la couche s'étalaient des paquets d'écritures sacrées, et, dans les coins, les parasols et divers autres objets; enfin un certain nombre de plats en bois mêlés à un tas de journaux illustrés d'Angleterre et d'Amérique.

Sur tout cela une couche de poussière noire, sans doute plus sacrée que tout le reste, car elle n'avait jamais été enlevée.

Comme les prêtres sont aussi médecins, ils ont toujours une provision de plantes pharmaceutiques.

Les fous trouvent généralement asile dans un wat.

Un arbre qu'on rencontre dans chaque jardin de temple est le *bo* (*ficus religiosa*), arbre sacré pour les bouddhistes, et sous l'ombre duquel Gaudama se reposa en gravissant la montagne des bonnes œuvres, où il allait à la conquête du chemin qui conduit à la citadelle *Nipau,* dans le monde des esprits; c'est là qu'il dort maintenant d'un profond sommeil, après avoir combattu avec succès.

En dehors de cet arbre, les prêtres cultivent toujours des fleurs, des lis, du jasmin, qui servent aux sacrifices.

Si le wat est situé près d'une rivière, les prêtres construisent leurs bateaux eux-mêmes.

Tous passent leurs heures de repos à orner les temples.

Dans la saison sèche, ils font des pèlerinages; par exemple, à la grotte de chaux de Tam-Tap-Tan, au wat Doi-Sna-Tape de Tschengmai ou au wat Pra-Bat de Lakon, où l'on voit l'empreinte du pied de Bouddha.

Il existe dans la législation des prêtres quelques singulières coutumes. Quand, par exemple, un prêtre est accusé de quelque mauvaise action, l'instruction est faite singulièrement : l'accusé et le plaignant doivent remplir leur bouche de riz cru écrasé, le mâcher et l'avaler ; celui des deux qui peut le faire est réputé innocent ; mais, s'il n'y parvient pas, il est reconnu coupable.

Il y a trente ans, on procédait en Lao d'une autre manière : les accusés étaient menés devant le grand prêtre ; le prêtre accusé prenait deux des pots employés pour les quêtes et les suspendait le long de son corps, à droite et à gauche, au moyen d'une corde. Ces deux pots, dont l'un d'eux était couvert, contenaient de l'eau jusqu'aux bords. Si l'accusé pouvait faire quelques pas sans en renverser le contenu, l'accusation était considérée comme fausse ; dans le cas contraire, il était déclaré coupable.

Quant à l'accusateur, il devait tenir l'un des pots avec ses deux mains contre sa poitrine et faire ainsi quelques pas ; s'il ne renversait rien, son accusation était déclarée fondée.

Les Siamois soutiennent que la doctrine du bouddhisme, chez les Laotes, a été dénaturée. Est-ce réellement le cas ? Que ceux-là qui l'ont étudiée en décident.

Par contre, il n'existe pas de différence chez les deux peuples en ce qui concerne les cérémonies extérieures du culte. Dans les deux pays, le voyageur admire cette quantité de temples et acquiert la conviction que la foi y a de profondes racines.

Je ne crois pas cependant que la piété soit aussi grande que les actes pourraient le faire croire ; toutefois je pense que la foi est fortement imprimée dans les esprits. Les Laotes, il est vrai, laissent à leurs prêtres le soin d'imiter strictement l'exemple donné par Gaudama ; quant à eux-mêmes, ils se bornent à bâtir de temps en temps un pratschedi, à faire de nombreux sacrifices devant l'image de Bouddha, et à recevoir l'absolution des prêtres.

L'enseignement moral de Bouddha serait excellent s'il était suivi par la foule, au lieu de n'être observé que par les prêtres.

Mgr Bigaudet loue, dans son œuvre sur la vie et les légendes de Gaudama, l'étrange religion dont les lois sur les mœurs ressemblent tant à la Bible; et un illustre savant dit : « J'affirme que, le Christ excepté, il n'existe pas parmi les fondateurs de religions une figure plus pure et plus saisissante que celle de Bouddha. Sa vie est sans tache; son héroïsme persévérant égale la fidélité de ses convictions. Si sa doctrine est fausse, l'exemple personnel qu'il donne est inattaquable. Il est la personnification de toutes les vertus qu'il enseigne; son désintéressement, sa charité et sa bonté inaltérables ne se démentent jamais. A l'âge de vingt-neuf ans, il quitte la cour royale de son père pour prier et pour mendier. Il prépare sa doctrine en silence, avec réflexion, dans une retraite de six ans. Il ne la propage par d'autres moyens que par la persuasion pendant plus d'un demi-siècle, et meurt dans les bras de ses élèves avec la sérénité d'un sage qui a exercé sa bonté durant toute sa vie. »

CHAPITRE XVIII

Le 11 janvier, je partis de Lampun pour Tschengmai; avec
des éléphants on y arrive en quatre heures.

Dès mon entrée dans la ville, je demandai le commissaire
siamois pya Radjasena; mais personne ne voulut me dire où
il demeurait, jusqu'à ce que j'eusse traversé la ville. En arrivant au faubourg, je rencontrai un Siamois qui ressemblait à
un fonctionnaire et qui nous indiqua la demeure de Radjasena,
en nous montrant une maison en briques, peinte en blanc, et
devant laquelle flottait un drapeau au bout d'une longue
perche de bambou.

Ce fonctionnaire était le fils de Pra-Udon, second commissaire, et, dès que je me présentai à lui, il m'emmena à la
maison de son père.

A peine fus-je entré, que Pra-Udon parut lui-même. C'était
un petit homme très gros; ses lèvres dessinaient un sourire

éternel, tandis que son œil brillait d'intelligence et de gaieté. Il portait un riche habillement de soie verte; son teint était plus foncé que celui des indigènes, qui l'appelaient le *noir*.

Les Siamois paraissaient le jalouser quelque peu. Il était arrivé ici il y a de longues années comme prêtre, lorsque le feu roi fit appeler auprès de lui plusieurs d'entre eux, connaissant bien le pali et le bouddhisme.

Je ne sais quel rôle Pra-Udon avait pu jouer : on l'aurait pris plutôt pour un farceur que pour un prêtre ; mais il sut attirer l'attention par ses manières, et, après avoir reçu beaucoup de faveurs du dernier roi, le souverain actuel le nomma vice-commissaire du Lao.

Il n'était pas très bien avec son supérieur; mais les Laotes n'aimaient pas le commissaire. J'ai appris, depuis mon retour en Europe, que ce dernier avait été renvoyé à cause de son insigne négligence.

Pendant mon séjour ici, Laotes et Birmans venaient se plaindre à moi du commissaire, et ils exprimaient leur espoir de voir arriver bientôt un consul anglais.

Pra-Udon parlait un peu l'anglais et mit sa maison à ma disposition. Il appelait sa résidence une maison flottante, parce qu'elle était si près du fleuve, que pendant la saison des pluies elle était inondée. Si elle n'avait pas été bâtie solidement, sa plaisanterie aurait bien pu se réaliser.

Les deux chambres dont elle se composait étaient bien meublées et contenaient, en plus des autres commodités, une table et six chaises relativement en bon état. Ces meubles avaient été fabriqués à Tschengmai, comme me le dit le maître de céans en mauvais anglais.

Je lui exprimai mon étonnement de ce qu'il faisait tant d'efforts pour civiliser les Laotes. Il s'écria, transporté, qu'il avait aussi fait introduire des voitures ainsi que des éléphants, mais que les innovations n'étaient pas commodes. Il me montra avec fierté deux écuries remplies de voitures et de chevaux. Il en achèterait encore, me dit-il.

Quand il fit venir de Bangkok des chevaux et des voitures;

le peuple se montra si enthousiasmé, que Pra-Udon songea sérieusement à établir une station de voitures à Tschengmai. Il pensait que l'entreprise aurait réellement du succès et lui ferait gagner une fortune; mais je suppose qu'il aurait fallu plutôt y construire des rues, et que les indigènes auraient reculé devant les frais d'un semblable projet et seraient revenus bientôt à leurs éléphants.

Quand je fis part à mon hôte des difficultés que j'avais eues à Lakon, il m'exprima brièvement son idée sur les indigènes en se servant d'expressions qu'il n'aurait pas pu répéter dans un salon. Les coups que le vieux pya avait reçus provoquèrent son hilarité; puis il me dit qu'il avait d'abord demeuré à Lakon; qu'il y avait même une maison à sa disposition; mais qu'il n'avait pas pu y rester à cause de l'hostilité des pyas et des chefs.

Pendant notre conversation, le docteur Cheek, médecin de la mission américaine à Tschengmai, arriva et me souhaita la bienvenue en son nom et au nom de la mission. Il me remercia aussi de m'être chargé de lettres à son adresse, car il ne recevait que rarement des nouvelles de sa patrie.

Cette mission a été fondée il y a seize à dix-sept ans; elle s'est attachée moins à convertir les indigènes qu'à leur apprendre un travail industriel ou manuel, qui relevât leur moral tout en améliorant leur position matérielle.

Après seize ans de travail, la mission n'avait converti au christianisme que soixante-dix à quatre-vingts naturels.

Si les missionnaires protestants n'ont pas réussi à faire des prosélytes, ils ont du moins donné au pays un semblant de civilisation. Le docteur de la mission a soulagé bien des misères, guéri bien des malades, sauvé bien des existences; il a installé une sorte de petit hôpital, dans lequel il a fait tant d'opérations heureuses, que les Laotes les plus superstitieux y sont venus pour se faire guérir. Une pharmacie est attenante à l'hôpital. Celui qui ne peut pas payer reçoit gratuitement les consultations et les drogues. Les chefs et les princes envoient chercher le docteur Cheek lorsque le charlatanisme de leurs médecins est à bout de ressources.

Il y a deux ans, il a sauvé la femme d'un prince, après que les médecins indigènes eurent épuisé en vain leurs connaissances.

Le chef lui permit alors d'exercer dans son district.

Le docteur a contribué aussi au développement de la construction des bateaux, en introduisant des outils américains.

Beaucoup d'esclaves devenus livres travaillent encore pour leurs maîtres et possèdent des bateaux, avec lesquels ils font du commerce pour leur propre compte.

Mme Cheek et une de ses amies ont organisé une classe pour les filles, afin de leur apprendre à lire, à écrire, à coudre, etc. Pendant les heures de repos, on leur enseigne la musique et le chant.

L'association des dames de New-York envoie souvent des sommes d'argent pour racheter des jeunes filles de l'esclavage.

La mission possède une maison commodément meublée d'après les goûts et les exigences modernes.

Un beau jardin attenant à l'école, garni de fleurs des tropiques mêlées aux plantes importées d'Amérique, tient lieu de place de récréation.

Le lendemain de mon arrivée à Tschengmai, j'allai avec Pra-Udon faire une visite à pya Radjasena et ensuite à tschau Hluang, dont la maison, située au centre de la ville, était entourée d'un mur élevé, marque extérieure de son rang.

En descendant de voiture, on nous dit que le chef était au bain.

J'eus donc l'occasion de visiter sa maison. L'architecture était de style chinois-laote. Tout le devant était garni d'objets européens, sauf un trône superbe destiné au grand prêtre pendant ses visites au tschau.

Dans un coin, un vieux tailleur chinois travaillait à faire un habit bleu clair pour le tschau.

Celui-ci revint bientôt; il était vieux, grand, un peu courbé sous le poids de ses soixante-quatre ans. Vêtu d'une jaquette noire à boutons d'or et d'un *palai*, il ne portait pas de chaussures. Il fumait une cigarette, qui s'éteignit aussitôt qu'il commença à nous parler ; toutes les cigarettes indigènes ont ce défaut. Un esclave prit la cigarette, la ralluma dans sa bouche et la rendit au tschau.

Quand je lui montrai ma lettre de Bangkok, il appela un de ses secrétaires et la lui fit lire tout haut.

Puis il me dit qu'il était défendu aux indigènes de tirer des oiseaux, et que cependant il voulait voir ce qu'il y avait à faire à ce sujet.

Il appela cinq ou six pyas et tint conseil avec eux sur ce point.

Il me dit ensuite qu'il existait beaucoup de fleurs, mais qu'il n'y avait que les princes pour s'en servir, et que dans la montagne il y en avait d'une espèce toute particulière. Il m'en mit quelques-unes dans la main : c'étaient des *dendro-bium* odorants.

Je les tenais, lorsque le tschau me conseilla d'en orner mes oreilles, selon la mode laote.

Je lui fis observer que je n'avais pas de trous aux oreilles. Alors, sans se déconcerter, il me dit de les mettre derrière les oreilles, à la façon d'une plume.

La mode de percer les oreilles est très répandue chez les Laotes des deux sexes : cette opération se fait dans le jeune âge ; on met dans l'oreille un morceau de bois, en ayant soin d'augmenter de temps en temps son volume. On arrive ainsi à pouvoir enfin y introduire le *lan* : c'est un morceau d'or de la longueur de 25 millimètres, qui est tourné comme une bague, de façon qu'il forme un cylindre de 12 millimètres de diamètre. Le lan, entouré d'une ficelle, est introduit dans les trous ainsi agrandis.

Les pauvres y mettent des anneaux de plomb doublé d'or ; ceux des riches sont ornés de diamants et de rubis. On les remplace aussi par une fleur.

Les hommes ne portent que des fleurs à l'oreille, très rarement d'autres ornements, à moins que ce ne soit leur cigarette.

La coutume de porter ainsi toutes sortes de choses aux

oreilles les agrandit, les allonge outre mesure; mais les grandes oreilles sont signe de longue vie, et ceux qui en ont s'en montrent très fiers.

Le chef de Tschengmai a des oreilles d'une dimension extraordinaire. Le commissaire siamois lui dit un jour que si la grandeur des oreilles avait une signification, il mourrait excessivement vieux. Le vieillard, dans sa simplicité naïve, parut trouver le compliment tout à fait de son goût.

Quand je communiquai au tschau mon désir de pénétrer jusqu'à Niau en traversant le Lao, et lui demandai son assistance, il me répondit par un signe de tête, la bouche ouverte; mais il ne se lia par aucune promesse.

Il avait l'air bon, mais faible; la rumeur publique le désignait aussi comme tel. Sa femme le dominait, et un désir résolument exprimé suffisait pour vaincre la résistance du mari.

Je fus aussi heureux que le second tschau exerçât son influence sur lui. Il s'était assuré de tous les hommes armés qui avaient abandonné le premier tschau à cause de sa faiblesse, et il n'attachait aucune importance aux ordres de son chef; il savait même s'arranger pour les annuler complètement.

Je dus malheureusement en faire l'expérience par la suite.

Je ne citerai ici qu'un exemple de leurs discordes, pour montrer clairement que le supérieur dépendait de l'inférieur.

Certains villages de Tschengmai sont exempts des travaux à exécuter pour les chefs; ils n'ont qu'à s'occuper des temples et de leur entretien, et ils doivent en bâtir de nouveaux quand le besoin s'en fait sentir. C'est pourquoi ces gens s'appellent *ka wat*, ce qui veut dire « esclaves des temples ».

Pendant que je me trouvais là, le tschau donna l'ordre à un petit village *tjamtong* d'envoyer des aides pour terminer un temple qu'il faisait construire à Tschengmai. Ces gens, n'ayant pas envie d'exécuter ce travail, allèrent trouver le tschau Opérat avec un présent, et le prièrent de les en dispenser.

Sans hésiter le tschau Opérat leur accorda leur demande

et leur ordonna d'aller en paix chez eux, et le tschau Hluang n'eut pas l'énergie de faire exécuter ses ordres.

Mais je reviens à ma visite chez le premier chef. Peu à peu les pyas arrivèrent, la lettre fut relue, et on décida qu'on me donnerait des indigènes en signe de faveur spéciale, pour m'aider à recueillir des insectes et des oiseaux. Je compris par la suite le conseil du Psalmiste : « Ne vous fiez pas aux princes, ce sont des hommes. » Ce conseil était applicable aux princes laotes.

Le tschau Hluang ne pouvait rien promettre de plus, malgré sa meilleure volonté. Je veux bien admettre qu'il eut cette bonne volonté en me donnant sa promesse; mais à ce moment je ne pus encore juger jusqu'à quel point le tschau Opérat pouvait empêcher la réalisation des promesses de son supérieur. Je savais bien que j'avais à vaincre la paresse des indigènes, et que je pourrais me féliciter si je parvenais à mon but; mais je fus assez présomptueux pour croire que mes désirs seraient activement appuyés par le chef de Tschengmai, en me donnant pour ses sujets l'ordre écrit de me prêter leur assistance. Je ne croyais pas du tout devoir compter avec le tschau Opérat.

Quoique Tschengmai soit maintenant l'État laote le plus puissant, son histoire est pourtant un peu confuse.

Lors de sa fondation, il y a six cents ans à peu près, Muang-Fang était la capitale. Après avoir été pillée à différentes reprises par les Birmans et par les Niams, elle resta dans cet état pendant vingt ans.

Il y a soixante-dix ans, plusieurs frères de famille princière de Lakon vinrent s'y établir, y fondèrent la dynastie actuelle et relevèrent cette ville, qui compte, dit-on, plus de quatre-vingts temples; mais je crois à quelque exagération.

Le wat Hluang n'était pas terminé; il s'élève sur la place du vieux temple, dont on voit encore les ruines. Sur le sol gisaient plusieurs vieilles figurines et statues qu'on devait bientôt loger dans le nouveau bâtiment.

Dans le voisinage existe un vieux temple, le wat Presing,

bâti il y a soixante-dix ans par le tschau Radjamang. Un tableau placé au dehors énumère combien d'or, d'argent, de laque noire et d'autres matériaux ont été employés pour sa construction. Mais cet édifice n'a rien de curieux, excepté l'obscurité qui règne à l'intérieur, la lumière ne pouvant pénétrer que par la porte.

Les prêtres priaient quand je visitai ce temple.

Après le service, je me présentai au premier prêtre, un homme de soixante-neuf ans, qui, au dire des gens, était l'homme le plus instruit du pays.

Marchand sur son poney.

Les cloîtres environnant le temple étaient sales et sombres, mais les jardins bien tenus; je vis entre autres quelques beaux lis.

Pendant ma visite, une femme vint offrir des fleurs au prêtre; je pris congé de lui afin qu'il pût entendre sa confession.

Devant les murs de la ville se trouve un autre temple, le wat Kaotu, maintenant abandonné, autrefois très important, à en juger par le beau pratschedi, sous lequel une masse d'argent est, dit-on, enterrée.

Cet édifice en ruines doit avoir eu une certaine valeur; mais ceux de Lompun furent peut-être plus beaux.

Le marché de Tschengmai est fort curieux à voir. Il a lieu tous les jours, de huit à onze heures du matin.

Des deux côtés des rues principales sont assises des femmes venant des villages voisins et des faubourgs, avec leurs marchandises; les hommes ne vendent que les porcs.

Chaque femme a deux paniers, l'un à sa droite, l'autre à sa gauche, et leur contenu est étalé sur des feuilles de pisang.

Elles vendent des fruits, des légumes, du tabac, des noix de bétel, de la chaux, du poisson sec, salé et épicé, sentant plus ou moins, de la viande de buffle, des morceaux de peau de buffle très estimés, des *mankop* rôtis, grands coléoptères d'eau de l'ordre des *hemiptera,* et probablement le même mets délicat que les *mangda-na* du district de Petschaburi,

Bât yunnan.

mais désignés sous un autre nom; puis des champignons, dont les Laotes sont très friands; de la cire et du coton, des pots de terre, des cruches et des plats, qui se brisent quelquefois rien qu'en les touchant; enfin toujours une collection de fleurs qu'un Parisien regarderait avec envie.

Derrière ces rangées de femmes sont établies des boutiques dans lesquelles les Chinois et les Birmans débitent des étoffes de coton, des calicots imprimés, des plats en bois et en cuivre, et d'autres marchandises laquées provenant de Birmanie.

De temps en temps une caravane de Haw ou de Yunnam apporte d'autres marchandises, surtout de la cire, ainsi que de l'opium, dont une grande partie entre en contrebande; des ciseaux et autres outils, des clochettes de cuivre, des jaquettes en cuir, des habits de soie, des chapeaux aux formes bizarres et du musc falsifié.

Les marchands achètent les cornes du bétail, qu'ils payent

très cher; j'ai vu payer 106 francs 80 cent. pour 567 grammes de ces cornes.

Les gens de Tschengmai examinèrent chaque roupie qu'ils reçurent des gens de Haw; car à Muang-Prai, un village au nord de Tschengmai, on fabrique quantité de fausses roupies.

Les marchands du Yunnam restent généralement devant les murs de la ville, déchargent là leurs mulets et poneys, et laissent le long de la route les selles sous la surveillance de leurs chiens, qui sont très méchants; pendant ce temps les bêtes vont chercher leur nourriture.

Notre gravure ci-dessus peut donner une idée de la pesanteur de ces selles; et parmi tous ces animaux, qui n'ont d'ordinaire que la peau et les os, beaucoup en sont blessés.

Une de ces caravanes, attaquée par les tigres, avait perdu en chemin onze chevaux. Je doute cependant qu'un tigre intelligent ait pu se contenter d'une proie aussi maigre.

Si, en Lao et en Yunnam, il était permis d'exterminer ces fauves, ces accidents n'auraient pas lieu.

Le matin au départ, les bêtes accourent au cri de : *hoi! hoi! hoi!* car elles savent qu'elles vont recevoir un peu de riz. Pendant le voyage, les chiens sont muselés. J'achetai un des chiens de Haw, qui s'appelait *Tali,* pour me préserver des voleurs; il justifia pleinement la confiance que les marchands ont en ces animaux. Leur vigilance et leur attachement en font des amis précieux, et leurs mâchoires inspirent le respect aux gens suspects.

Les marchands du Yunnam me dirent que je pouvais arriver sans difficulté jusqu'à Kiang-Hung avec des éléphants; mais que de là j'aurais à franchir une plaine immense, qu'eux-mêmes ne traversaient jamais avant la saison pluvieuse, afin de pouvoir utiliser le peu de végétation qui poussait sur ce plateau.

CHAPITRE XIX

Le 14 janvier, mon ami Pra-Udon me dit qu'un jugement allait être rendu en deuxième instance sur une question de droit. Il s'agissait de deux pyas, dont chacun prétendait être le propriétaire d'un certain nombre d'esclaves. L'accusé disait avoir perdu le papier justifiant sa propriété, parce qu'il avait été brûlé dans une attaque de sa maison par des brigands de Niau. Les juges s'étaient déclarés incompétents et avaient soumis l'affaire à une autre cour, qui devait invoquer le dieu des eaux.

En d'autres termes, les deux parties furent invitées à s'en rapporter à ce qu'on aurait appelé autrefois la « question de l'eau ». Ils devaient plonger dans la rivière, et celui qui resterait le plus longtemps sous l'eau serait le vainqueur.

C'était, me dit-on, une ancienne habitude en Lao, mais qui devenait rare; voilà pourquoi on y mettait tant d'importance.

Le cas était d'autant plus curieux, qu'il s'agissait de personnages de rang élevé.

Chaque partie devait verser 4750 francs, ou 2000 roupies, avant que le dieu des eaux pût décider du sort des esclaves en litige.

Le vaincu perdrait non seulement son argent et les esclaves, mais serait condamné en outre lui-même à l'esclavage à perpétuité.

Le jour de ce jugement réunit beaucoup de monde près de la rivière de Meping; dès le matin les deux rives étaient couvertes de milliers de spectateurs. Dans la foule se trouvaient tous les tschaus, pyas et fonctionnaires, les personnages importants, faciles à reconnaître à leurs habits de couleurs et à leurs parasols immenses.

Partout on pariait pour ou contre, et je crois que si le cas s'était présenté en Angleterre, de nombreux assistants auraient été arrêtés pour contravention à la loi qui interdit le jeu sur la voie publique.

Toute cette foule était cependant calme, sans aucune excitation; tout le monde attendait le résultat patiemment.

Je fus invité aussi à parier pour l'un ou pour l'autre, mais je préférai rester neutre.

Au milieu du tribunal se trouvaient les deux pyas. Le temps se passait. J'appris qu'ils ne plongeraient pas eux-mêmes, mais qu'ils avaient chacun chargé quelqu'un de plonger en leur nom.

Soudain il se fit un mouvement. Deux indigènes s'avancèrent, mirent des fleurs aux pieds du tschau Hluang, et chacun d'eux prêta serment que la cause qu'ils représentaient était juste; puis tous deux entrèrent dans la rivière. Une corde avait été attachée à chacun d'eux pour que le courant ne pût les entraîner.

Ils portaient des fleurs sur la tête et des feuilles autour du cou en signe d'invocation muette à l'esprit des eaux.

Les deux plongeurs attendirent le signal.

Tout à coup un clapotement se fit entendre, et ils disparurent.

Je regardai ma montre pour savoir combien de temps ils resteraient sous l'eau.

Soixante secondes se passèrent, une éternité !

Les spectateurs restaient impassibles.

Une minute et demi! Deux minutes !

Le courant les avait-il entraînés ? Peut-être étaient-ils déjà loin et attendions-nous en vain leur réapparition. Seulement quelques secondes encore, et... un cri aigu salua la tête du vaincu : il avait plongé pendant deux minutes quinze secondes.

L'homme à la corde donna le signal au vainqueur de monter, mais il ne bougea pas, et l'on crut qu'il était mort.

Enfin il monte, épuisé; quelques secondes de plus lui avaient valu la victoire !

Un grand mouvement se fit; chacun voulut voir s'il avait gagné; car, de même que dans une course de chevaux, le premier arrivé n'est pas toujours le gagnant, de même il arriva que les juges déclarèrent que le vainqueur avait plongé un peu après le vaincu; qu'en conséquence l'épreuve était nulle, et que la chose devait être soumise au chef, source de toute justice.

On pourra juger, par ce qui se passa quelques jours plus tard, quelle justice rendait le tschau Hluang de Tschengmai.

J'ai déjà dit que le pya Radjasena, commissaire siamois à Tschengmai, avait été rappelé par son gouvernement à cause des plaintes qui s'étaient produites sur la manière dont il exerçait la justice.

Il ne m'appartient pas de l'excuser ou de le blâmer. L'histoire suivante prouvera du moins ou que les idées de justice sont singulièrement embrouillées, ou qu'une autre personne, en dehors du pya Radjasena, devrait être remplacée pour la même raison.

Un soir que le troisième commissaire siamois rentrait en ville à dos d'éléphant, l'animal qu'il montait fut blessé grièvement par une main criminelle.

Peu de temps auparavant, le frère du chef de Lampun avait eu par hasard une dispute avec un des gens du commissaire dans un tripot de la ville, et naturellement on comprit que l'attaque de l'éléphant devait avoir quelque relation avec la chicane en question. Le tschau était un mauvais sujet et ne devait pas valoir beaucoup s'il ressemblait à ses frères.

Il fut donc accusé auprès du pya Radjasena et du tschau Hluang de Tschengmai par le troisième commissaire siamois. Le tschau était d'autant plus courroucé, que l'éléphant blessé lui appartenait.

Ainsi le jeune prince dut subir les exigences amères de la loi, d'abord pour avoir offensé le commissaire siamois, ensuite pour avoir blessé l'éléphant, puis pour sa conduite scandaleuse, et enfin parce qu'il fallait quelqu'un qui supportât les rigueurs de la justice.

Le tschau de Lampun instruisit l'affaire et réussit à établir l'innocence de son frère; mais celui de Tschengmai fut impitoyable, et le jeune prince fut condamné à mort. Son frère demanda que le corps pût être transporté à Lampun pour y être enterré en dehors des murs de la ville, près du temple Tawangtang.

Le 17 au matin, j'appris que l'exécution aurait lieu dans la journée, et je me mis en route pour y assister.

La ville était dépeuplée, car tout le monde avait voulu voir le triste spectacle, malgré leur fréquence à Tschengmai; mais une tête princière ne tombe pas tous les jours.

Je dus marcher une heure avant d'arriver au lieu de l'exécution.

Cependant je n'eus pas fait la moitié du chemin, que je rencontrai déjà quinze à vingt beaux éléphants revenant de la place d'exécution, quelques centaines de piétons, et enfin des cavaliers; car tout était déjà terminé.

Malgré cela je me rendis à la place sanglante, où je trouvai deux indigènes occupés à creuser une fosse. A côté gisait le corps sans tête d'un jeune homme qui, quelques minutes avant, était plein de force, et qui maintenant allait être jeté honteusement dans cette fosse.

En examinant le corps, je vis que le premier coup avait

été maladroitement porté : une profonde blessure saignait à l'épaule gauche.

La tête, que je retournai, était celle d'un beau jeune homme de vingt-deux ans à peu près. L'expression paisible du visage n'était pas altérée, quoique le premier coup eût dû causer à la victime une atroce douleur.

La place était pleine de fosses légèrement recouvertes. Çà et là de petits enfoncements, produits par la putréfaction des cadavres à moitié ensevelis, portaient l'empreinte du passage d'oiseaux de proie, venus à la recherche de quelques lambeaux de chair humaine.

Au bord des fosses s'élevaient des pièces de bois plantées en terre et qui ressemblaient vaguement à des croix. C'étaient ce que les indigènes appellent des blocs d'exécution, c'est-à-dire une poutre d'une certaine dimension et en forme d'Y, que le condamné porte suspendue au cou en allant à la mort.

C'est le geôlier qui conduit la victime sur le lieu du supplice et qui la couche par terre, de façon que sa tête passe entre les deux bras de l'Y.

Que de sang innocent doit avoir coulé ici !

Je pourrais donner d'autres exemples encore de la justice laote ; je me bornerai à en citer un second seulement. Nous venons de voir comment un prince dut subir la mort pour un crime qu'il n'avait peut-être jamais commis.

L'exemple suivant montre comment un coupable est gracié, si cela plaît au tschau.

Peu de temps avant les événements que je viens de raconter, un homme de Lampun était entré dans une maison de Tschengmaï pour voler une femme, qu'il savait seule. Les cris de celle-ci attirèrent un voisin, mais il fut assassiné par le criminel.

Le lendemain le meurtrier fut pris, reconnu par la femme et condamné à mort ; mais, comme il était en faveur auprès du chef de Lampun, il fut gracié et même remis en liberté.

Le consentement du chef de Tschengmaï fut acheté pour la somme de six roupies.

Quelquefois cependant il paraît que la conscience des gardiens de la justice se réveille; ils font alors amende honorable, non seulement en sacrifiant à Bouddha, mais d'autres manières encore.

Quelques jours après la décapitation du prince, je fus invité à dîner par le tschau Hluang; les chefs et fonctionnaires les plus marquants étaient présents.

Le sujet de la conversation fut l'issue probable de la question qui n'avait pas été réglée par le jugement du dieu des eaux au sujet des esclaves.

Le tschau me dit qu'aucun des deux pyas ne pourrait faire valoir ses droits sur ces esclaves, et que lui, pour cette raison, les avait mis tous en liberté. C'était là une nouvelle manière de trancher le nœud gordien, et je félicitai le tschau d'avoir trouvé ce moyen. Il ajouta qu'il avait non seulement mis en liberté ces esclaves-là, mais tous les autres esclaves de Tschengmai, à la condition qu'ils payassent aux propriétaires leur valeur entière, soit quelques milliers de roupies. Cette action, m'assura-t-on, est unique dans l'histoire de Tschengmai. Je le crus avec plaisir; mais elle était si peu d'accord avec ce qui se passe ordinairement en Lao, que j'étais convaincu qu'il devait y avoir là-dessous quelque raison secrète.

Ma seconde pensée s'attacha au prince décapité de Lampun; je présumai que cette action généreuse était due au repentir et à un sentiment de réhabilitation morale et personnelle.

Je fis donc légèrement allusion à cette histoire, pour voir si les sentiments du chef ne se trahiraient pas par des paroles; mais il n'était pas disposé du tout à comprendre mes allusions, et persista à parler de la libération des esclaves.

Quelques jours plus tard, un des pyas m'assura que c'était réellement le remords qui avait dicté au chef la délivrance des esclaves; que le tschau avait senti combien il avait péché contre la loi de Bouddha, et qu'il avait voulu faire une bonne œuvre pour se laver du sang innocent.

J'oublie tout à fait le dîner. Il n'était pas très brillant; mais, chose remarquable, je fus invité par lettre et non verbalement.

En Lao, on écrit sur des feuilles de palmier, qui sont pour les Siamois ce que le papyrus était pour les anciens Égyptiens; les mots sont écrits avec un poinçon. Ces feuilles sont presque indestructibles, inaltérables à l'eau et tellement supérieures au papier, que les indigènes riaient de moi en me voyant écrire sur le mien. Quand l'écriture n'est plus visible, on peut la faire reparaître en passant un doigt mouillé sur la poussière qui remplit les rayures.

Néanmoins mon invitation était bien écrite sur du papier et avec de l'encre; de plus, elle était dans une enveloppe et me fut portée à domicile tout autrement que j'aurais pu m'y attendre.

Pra-Udon vint me chercher à six heures avec sa voiture. Il me pria de prêter mes trois serviteurs pour servir à table et de prendre avec moi quelques bouteilles de vin, parce que la cave du chef était vide; il ajouta que celui-ci avait un faible pour les boissons mousseuses.

Je pris donc douze bouteilles de mon pseudo-champagne (eau de seltz).

La société se composait, en dehors du chef et de moi, du radjaput, fils aîné de celui-ci, et de deux autres princes de premier rang, le tschau Opérat de Tschengmai et celui de Kiang-Hai, de trois fonctionnaires siamois, des deux missionnaires américains Wilson et Cheek, enfin d'un riche Birman de Mulmen, venu dans l'espoir de gagner un procès.

Il avait apporté et partagé entre les différents tschaus et pyas douze mille roupies; tous avaient accepté avec empressement, puis ne s'étaient plus souciés de son affaire.

Alors il était venu lui-même pour connaître la raison du retard, et il avait constaté que les Laotes ne sont jamais pressés.

Ce Birman avait été membre de la députation envoyée au durbar, à Dehli, lorsque la reine Victoria venait de se faire proclamer impératrice des Indes, et il racontait beaucoup d'anecdotes relatives à cette solennité grandiose.

La salle à manger du tschau touchait à une grande salle ouverte où avait lieu une représentation de *lakou,* de sorte que, tout en dînant, on pouvait jouir de la musique et du spectacle.

Au bord de la salle à manger se trouvait une estrade où les dames de rang étaient assises sur des nattes; derrière elles se tenaient leurs esclaves, placées à proximité de grandes cruches d'eau et de gobelets en or. Une foule de curieux de tout rang entourait cette salle de spectacle.

Au milieu d'elle, devant une table ronde, étaient assis le chef et, à sa droite, le commissaire siamois devant une autre table longue et étroite, mais plus basse que la première. A sa gauche, le tschau Opérat et le tschau Buri, un des plus influents à Tschengmai.

J'étais placé à côté du commissaire siamois; à ma droite j'avais le docteur Check.

Le tschau avait bien voulu se conformer aux usages européens, car il se servit d'un couteau et d'une fourchette. Il parut en être gêné cependant, et, à la fin, il jeta ces ustensiles et mangea avec les mains.

Les mets, pour la plupart chinois, n'ont pas besoin d'être décrits. Un plat me rappela l'Europe : des pommes de terre.

La pomme de terre fut introduite en Lao, avec d'autres légumes, par les missionnaires américains.

Le tschau en mangea de bon appétit, mais toujours avec ses doigts et en soufflant dessus pour ne pas se brûler.

Le bruit de la table fut remplacé tout à coup par les sons de la musique qui accompagnait le lakou. La représentation, la danse des jeunes filles laotes, tout était plus joli que ce que je vis dans ce genre à Bangkok. La musique était monotone, comme toujours; mais elle paraissait exercer son charme sur ces hommes sans culture, surtout sur le vieux tschau Hluang, qui était très gai.

Ce soir-là on m'accorda toutes les protections possibles; le tschau s'offrit même à me donner le modèle des bateaux laotes. Mais, de toutes ces promesses, il n'y en eut qu'une qui fut tenue.

Notre entretien roulait depuis un moment sur l'art et les artistes; le tschau Hluang disait qu'il était grand amateur de peinture; qu'il avait le meilleur artiste de tout le Lao, mais pour lui seul. Il me demanda cependant si je ne voulais pas me rendre compte de son talent. Je ne répondis pas affirmativement à cette question, mais j'ajoutai que je voudrais bien acheter quelques tableaux.

J'attribue à cela d'avoir vu le lendemain matin Noi-Meta, l'artiste en question, devant ma porte, avec tout son attirail.

Noi-Meta était de Niau, et depuis vingt ans au service du tschau de Tschengmai. Il ne devait travailler pour personne que pour le chef, à moins d'ordre spécial.

Ses outils avaient tous été fabriqués dans le pays; ses pinceaux et ses brosses étaient très mauvais, et le papier surtout ne valait rien. Mon papier lui plut beaucoup; il me fit vivement remarquer qu'il n'en avait jamais employé ni même vu de si beau.

Parmi ses couleurs se trouvait un beau carmin, qu'il appelait *krang*. On extrait un jaune clair de l'ocre rouge et jaune, qui se rencontre presque partout.

D'après ce que je crois, il ne possédait qu'une seule couleur venue de l'étranger, et probablement de l'Allemagne : le vermillon. Le Hoalaman (page 68) et le Ratschasi (page 157) sont des dessins de Noi-Meta.

Je lui demandai pourquoi les artistes indigènes faisaient toujours des caricatures au lieu de dessins naturels, surtout pour les éléphants, dont ils avaient pourtant assez de modèles sous les yeux. Il me répondit qu'il ne leur était pas permis de faire une image fidèle de l'éléphant; qu'il n'y avait que le *farang* (étranger) qui le pouvait.

J'ai cependant rencontré ici quelques bons artistes, surtout parmi les prêtres, qui utilisent leurs heures de loisir à peindre des fresques et des images très embrouillées sur les murs des wats, sur les autels, les portes, les chaires, les bibliothèques et les caisses renfermant les écritures sacrées.

La perspective manque toujours, c'est pourquoi ces œuvres ne plaisent pas aux yeux européens; mais elles n'en sont pas moins bien exécutées pour cela.

Quand les artistes emploient des couleurs, elles sont toujours bien mélangées et d'un effet agréable.

La sculpture est une occupation favorite pour laquelle un grand talent technique est déployé. Les chefs et quelques princes font continuellement sculpter des bibelots et ornements par plusieurs artistes, dont le salaire ne doit sans doute pas toujours répondre au talent. Les sculptures pour portes, poutres et meubles extérieurs, sont très recherchées. Souvent ces objets sont incrustés avec goût de verres de couleur.

Ces travaux ne doivent pas être vus de près, comme je l'ai déjà fait remarquer; mais de loin ils font de l'effet.

Peu de temps après le départ de Noi-Meta, son maître vint me voir avec la calèche de Pra-Udon et une suite d'une douzaine de serviteurs. Les domestiques portaient tout l'attirail habituel, don du roi de Siam.

Le tschau m'avait témoigné sa bienveillance par des présents de circonstance; il m'avait fait cadeau de cochons, de riz et de quelques pièces de volailles. Je réfléchissais donc à ce que je pourrais bien lui donner; mais ses brillantes richesses me faisaient craindre de l'offenser, si je lui offrais quelque chose de mon petit bagage.

Il me tira lui-même de cet embarras en admirant une corde de manille roulée et en me disant qu'il désirerait bien en avoir une. Je lui en donnai la moitié, qu'il mesura avec l'autre bout, pour voir si j'avais bien partagé.

Alors je lui offris un verre d'eau-de-vie, en compensation de l'innocente mystification que je m'étais permise à son dîner avec mon eau de seltz. Il le but avidement et en prit plusieurs autres, comme un buveur bien exercé. Enfin je lui en offris une bouteille pleine, qu'il emporta en m'assurant de son amitié éternelle.

Chez les Laotes, il n'existe pas de société de tempérance.

La première chose qu'un prince demande est de la bière et de l'eau-de-vie; on les préfère de beaucoup à la boisson nationale, le *samschu*, qui est fait avec du riz fermenté, et qui ressemble un peu au *bhang* indien.

A mon avis, c'est une boisson affreuse; mais les indigènes l'aiment autant que les Irlandais le *whisky,* et ils en font une grande consommation, grâce aux fabriques clandestines et malgré les punitions infligées pour en réprimer l'abus. Le samschu ordinaire est aussi faible que répugnant, et un Laote peut en consommer une bonne quantité.

J'ai rencontré souvent des hommes et des femmes qui, revenant du marché ou d'une visite, ne pouvaient plus se tenir debout : l'attraction des buvettes avait été trop forte, et leur résolution trop faible.

Les princes sont très avides d'eau-de-vie, et pour eux la bière a autant d'attraits que le thé, qu'ils prennent en quantité énorme après les principaux repas.

Ils ne songent jamais à s'en procurer en payant, mais spéculent en cette circonstance sur la bonne volonté des marchands chinois, de même que sur celle des marchands de bois de Birmanie, qui sont pour eux une source inépuisable, et qu'ils utilisent également pour augmenter leur provision de cigares des Indes.

CHAPITRE XX

Ce n'est que le 21 janvier que Yang et le cuisinier arrivèrent avec le reste de mon bagage.

Leur voyage de Raheng à Tschengmai avait duré trente-quatre jours. Yang accusait le capitaine de ces lenteurs et se plaignait de l'état d'ivresse continuelle du cuisinier.

J'avais attendu leur arrivée avec impatience, et je commençais à m'irriter contre les difficultés que le tschau Hluang me suscitait, lorsqu'il se décida à me donner la permission qu'il m'avait promise, de tuer des oiseaux dans les États laotes du nord. Je voulais me faire donner cette autorisation par écrit; mais un beau matin j'appris que le tschau était parti pour ses champs de riz. Ces visites aux champs de riz paraissaient être un bon prétexte pour les chefs afin de se défaire des étrangers importuns.

Cependant c'était une bonne occasion pour moi de m'adresser au tschau Opérat.

Quoiqu'il fût en réalité le tschau de Tschengmai et que son

nom fût redouté dans tous les États voisins, il eût été contre l'étiquette de m'adresser à lui pendant que son supérieur était présent.

C'est pourquoi j'attendis quelques jours. Je me rendis alors chez lui et le priai de me donner la permission sollicitée. Mais là aussi il me fallut de la patience, et c'est seulement le 2 février au matin que je reçus mes passeports du secrétaire du tschau Opérat, consistant en deux bandes de feuilles de palmier larges de 37 millimètres. Sur l'extrémité de chaque bande se trouvait le cachet, que tout fonctionnaire indigène regarde avant de commencer à lire et qui règle sa conduite. Si le cachet est celui d'un grand tschau, on respecte à la lettre les ordres donnés; si c'est le cachet d'un tschau ordinaire, la chose est de moindre importance. Si le cachet indique seulement un secrétaire, le porteur court le risque d'être brutalement évincé.

Le cachet s'applique en posant la feuille sur un morceau de bois et en frappant sur l'instrument un grand coup de marteau. Les signes du cachet se montrent ainsi en relief.

Le secrétaire m'assura que ces passeports contenaient l'injonction à tous les chefs des autres États laotes de m'aider par tous les moyens possibles pendant mes voyages à travers leurs États.

Mais les caractères étaient en langue laote, et je ne pus en déchiffrer un seul mot.

Voilà pourquoi je les montrai au docteur Cheek, en le priant de me les traduire. Obligeant comme toujours, il le fit. Les ordres aux chefs étaient très précis; mais un point important manquait, c'est-à-dire l'ordre de m'adjoindre des chasseurs et la permission de tirer toute sorte d'animaux.

Le docteur m'offrit de m'accompagner chez le tschau Opérat pour essayer de combler cette lacune. Le chef écouta le docteur religieusement; mais il répéta que le tir des oiseaux était défendu par une loi régulière du pays.

Je fis observer que je ne demandais pas mieux que de payer les chasseurs ainsi que tous les oiseaux qu'ils m'apporteraient; enfin l'appui du docteur et une somme d'argent dissipèrent tous les scrupules du chef, et le secrétaire reçut l'ordre d'ajouter aux lettres l'injonction de mettre à ma disposition cinq chasseurs avec des éléphants de chasse, et qu'il m'était permis de tuer tous les animaux imaginables, à condition cependant de payer chaque animal pris ou tué.

Ce point principal était donc arrangé au mieux de mes désirs, mais il y en avait encore un autre à établir. Des six éléphants que j'avais reçus pour repartir, cinq étaient du sexe féminin, et le seul mâle, qui était trop jeune pour pouvoir supporter une grande charge, ne valait rien du tout pour la chasse.

Chez les Siamois, comme chez les Laotes, c'est une injure que d'offrir un éléphant femelle à quelqu'un pour le monter, surtout si la chose s'adresse à un étranger.

Je compris que l'on voulait m'exposer à la raillerie, ce qui me serait arrivé si j'étais monté sur un de ces animaux.

Le docteur Cheek m'avait dit que les Laotes trouvent plaisir à se moquer des étrangers de cette manière, et le commissaire siamois lui-même fut offensé un jour par l'offre d'un tel animal, à l'occasion d'une promenade à Tschengmai.

J'en parlai donc au chef, lui rappelant que j'étais venu sous la protection du roi de Siam, et je lui demandai s'il avait eu connaissance de la chose ou s'il en avait donné l'ordre. Il répondit flegmatiquement qu'il n'en savait rien; que ces éléphants avaient été pris dans les villages, et que probablement il n'y en avait pas eu d'autres. Le docteur sourit et me souffla tout bas quelques mots sur la réponse du chef; mais comme celui-ci ne me fit aucune offre, de peur d'être obligé d'attendre, au cas où je persisterais dans ma plainte, je pris congé du tschau Opérat en le remerciant pour tous les services qu'il m'avait rendus.

Mais ce qui m'arriva plus tard me prouva que j'avais eu tort de ne pas insister, car les indigènes des endroits éloignés me résistèrent, ce qu'ils n'auraient jamais osé faire si j'avais monté un éléphant mâle à longues défenses. Un éléphant femelle est à peu près considéré comme un âne en Europe, et un grand seigneur montant un âne dans l'avenue du bois de Boulogne s'exposerait autant à la risée publique qu'un étranger montant un éléphant femelle en Lao.

Je fis mes adieux au tschau Opérat de Kiang-Hai, qui était encore à Tschengmai; il me donna des lettres de recommandation pour son supérieur et son gendre.

Je dînai encore une fois avec mon cher ami Cheek, puis je fis mes derniers préparatifs de départ.

Le chargement des éléphants et le partage égal de mon léger bagage entre les vingt coolies qu'on avait mis à ma disposition n'était pas une petite affaire. De toutes parts je n'entendais que les plaintes et les récriminations que tout voyageur en Orient a dû subir. Enfin, toutes les difficultés aplanies, je me mis en route à quatre heures de l'après-midi.

Nous franchîmes la rivière et prîmes la direction du nord-nord-est avec l'intention de traverser Lao pour arriver aux États de Niau, puis au Yunnam.

Mon chien Tali n'était pas le membre le moins important de la caravane; il était continuellement à mes côtés, me prouvant ainsi ses qualités de gardien fidèle, et me rendit plus d'une fois de sérieux services.

Pendant les deux premiers jours, nous eûmes à traverser des contrées partagées entre la culture du riz et les pâturages; on voyait beaucoup de villages, et, le soir de la deuxième journée, nous nous arrêtâmes près de Ban-Hun-Hluang, où nous fîmes provision de vivres.

Mais là mes gens déclarèrent ne plus connaître le chemin.

Je demandai alors au chef du village de me donner six guides, avec le secours desquels nous continuâmes notre route.

Le lendemain matin à neuf heures nous atteignîmes Muang-Pau. Nous marchâmes ensuite pendant trois heures dans la direction du nord, puis un peu vers l'ouest.

A deux heures de l'après-midi, nous arrivâmes à Muang-Jenn. Ce fut assez pour ce jour-là, car le chemin devenait difficile. Pendant une journée au moins nous ne devions plus rencontrer aucun gîte pour la nuit, et mes gens montraient une grande répulsion à coucher à la belle étoile.

Le lendemain matin de très bonne heure nous nous remîmes en route vers l'ouest, et nous entrâmes dans une contrée sauvage, montagneuse et boisée jusque sur les hautes cimes; hommes et animaux jouirent d'une ombre bienfaisante.

Le chemin, difficile et escarpé, conduisait dans la direction sud-ouest vers une vallée que traverse le Mengap, lequel va se jeter dans le Meping.

Vers midi, nous étions à 300 mètres au-dessus du niveau de la mer. Nous fûmes obligés de passer le Mengap plusieurs fois; les éléphants traversaient l'eau paisiblement; mais, à une courbe où elle formait un tourbillon, le plus petit fut entraîné par le courant et ne se sauva qu'en se cramponnant avec sa trompe à une branche d'arbre.

Plus loin, nous dûmes passer un ravin, au bord duquel nous mîmes pied à terre; les éléphants glissaient sur la pente, comme je l'ai déjà décrit dans un chapitre précédent.

Pendant quinze lieues nous ne vîmes aucun signe de vie humaine; enfin, vers six heures de l'après-midi, nous aperçûmes des champs de riz, et un quart d'heure après nous atteignîmes un petit village appelé Me-Pang. Nous y passâmes la nuit.

Le 6 février, après six heures de route, nous arrivâmes à Muang-Pau. C'est une petite colonie misérable, avec une population d'adultes de sept cents âmes à peu près; elle est située sur un plateau entouré de montagnes et à 320 mètres au-dessus du niveau de la mer.

Je me rendis tout de suite à la maison du chef, et je lui fis lire mon passeport par Kao. Sa femme et quelques esclaves étaient assis, mâchant du bétel.

De même que les Siamois, les Laotes chiquent continuellement, qu'ils travaillent ou qu'ils ne fassent rien, qu'ils soient assis ou qu'ils marchent. Cette habitude se contracte dès leur

plus tendre enfance et ne cesse qu'à la mort. Ce sont les
vieillards qui fabriquent la pâte de bétel, en mettant les noix
dans une espèce de mortier qu'ils ont toujours sur eux.
Quelques coups suffisent pour réduire la noix en pâte.

Cette manie d'avoir la bouche toujours remplie de bétel
rend la conversation difficile, et les Laotes paraissent justement prendre pour prétexte le moment de la conversation
pour s'en fourrer dans la bouche. L'habitude de chiquer du

Le riz.

bétel est très désagréable aux Européens, non seulement parce
que le bétel noircit les dents, mais aussi parce qu'il faut
cracher sans cesse, et qu'à chaque instant il faut retirer sa
chique. On dit que cette pratique facilite la digestion. A mon
humble avis, elle n'a d'autre résultat que de gâter les dents.
Les femmes, les hommes et les enfants fument du tabac. On
ne comprend pas comment ces gens en arrivent à fumer
après avoir chiqué le bétel, et comment ils en trouvent le
temps; les femmes surtout ont toujours un *buris* (cigarette
indigène) à la bouche.

Les cigarettes les plus fines sont enveloppées d'une peau

mince qui se trouve sous l'écorce de l'arbre de bétel; généralement elles sont enveloppées de feuilles de maïs ou de pisang.

Le tabac laote ne vaut pas celui de Siam. On ne se sert pas souvent de pipes, qu'on fait en bois ou en bambou.

Lorsqu'il eut pris connaissance de ma lettre, le chef dit qu'elle était très précise; qu'il avait grande estime pour le tschau Opérat de Tschengmai, mais qu'il était capable de faire décapiter quelqu'un pour la moindre désobéissance. Sa femme,

Fumeuse laotienne.

sans attendre aucun ordre, parla à deux serviteurs, et ceux-ci me préparèrent séance tenante une couche dans un coin de la pièce. Cette opération très simple ne demandait pas beaucoup de temps : deux nattes avec des coussins furent étendues par terre, et un rideau dressé devant. On m'avertit alors que mon lit était prêt.

L'ameublement de la maison était loin d'être confortable. Un Laote ordinaire pense généralement que sa maison est assez garnie quand il a quelques nattes en bambou et quelques coussins. Les plus belles nattes ont une bordure rouge, et les coussins une bordure de soie ou d'or.

Lorsqu'un visiteur entre dans la chambre, on étend une natte par terre avec un coussin pour s'appuyer; les nattes sont plus ou moins belles, selon le rang des étrangers.

Les tschaus ont généralement une table et quelques chaises, mais ne s'en servent que quand des étrangers de distinction viennent les voir. Ils ne se trouvent pas bien sur des chaises, parce qu'ils sont assis comme les tailleurs, les jambes croisées.

Il n'existe pas de bois de lit en Lao; on dort sur des matelas remplis de coton.

Comme ustensiles de cuisine et de ménage, les Laotes n'emploient que quelques pots et des poêles, quelquefois aussi de grandes poêles en fer venant du Yunnam et presque aussi fragiles que celles en terre, puis quelques cuillers en bois ou en coco. Les lampes à pétrole, les montres, les pendules et les glaces ne se trouvent que dans les maisons princières; le commun des mortels ne possède que des torches de résine ou des récipients remplis de saindoux ou d'huile avec une mèche en coton.

Quelquefois des armes suspendues aux murs, ou un bois de cerf, annoncent qu'on se trouve chez un amateur de chasse.

Comme il y a des enfants dans chaque maison, on est certain de trouver un berceau dans un coin de la chambre à coucher; c'est un panier en bambou garni d'un petit matelas et suspendu avec des cordes à une poutre du toit : la mère ou un des grands enfants berce le nourrisson. Ce berceau n'est pas aussi pratique que le berceau siamois, qui est même employé en Europe.

C'est un panier carré, qui est attaché par quatre cordes à chaque coin et fixé au plafond. Il est muni d'un matelas, sur lequel l'enfant peut se coucher ou se lever sans tomber; il n'est pas bercé, mais balancé. Les quatre faces s'abattent en dedans lorsqu'on ne s'en sert pas; on peut le mettre dans un coin, où il ne prend pas beaucoup de place.

La question des enfants me remet en mémoire quelques usages particuliers aux Laotes lors de la naissance. Ils croient que l'enfant nouveau-né n'appartient pas à ses parents, mais aux esprits.

Dès que l'enfant est né, on le lave, on l'habille et on le pose sur un tamis de riz pour l'exposer au haut de l'escalier. Si c'est possible, c'est à la grand'mère qu'incombe cette besogne; si elle est absente, ce sont les autres parentes qui s'en chargent. La personne qui expose l'enfant crie tout haut aux esprits de venir le chercher le même jour ou bien de le laisser vivre en bonne santé, sans l'inquiéter pendant toute sa vie. En même temps elle frappe du pied pour effrayer l'enfant et le faire crier. S'il ne se met pas à crier, c'est un mauvais signe. Dans le cas contraire, on croit qu'il sera heureux dans la vie. Quelquefois les esprits viennent réellement chercher l'enfant, c'est-à-dire qu'il meurt dans les vingt-quatre heures; mais pour l'empêcher de mourir, on lui noue des ficelles aux poignets. S'il est faible ou malade, on appelle les esprits-docteurs dans la maison, pour qu'ils prescrivent certains sacrifices, afin d'écarter ces mêmes esprits que vingt-quatre heures auparavant on appelait solennellement.

Un jour après la naissance, l'enfant n'est plus la propriété des esprits; il appartient désormais aux parents, qui le vendent pour une somme minime à un autre parent; mais cette vente fictive a lieu seulement pour dérouter les esprits, car on leur suppose assez d'honnêteté pour ne pas s'approprier un enfant vendu.

Pendant qu'on s'occupe ainsi du bien de l'enfant, la mère est traitée tout autrement. Dès qu'elle est délivrée, quelques vieilles femmes fendent des branches de bananier en quatre, de 1 mètre 20 de longueur, et les placent tout autour d'elle; on allume ce bois, de sorte que la pauvre femme est à moitié rôtie, et l'on répète cette opération pendant plusieurs jours. Je puis garantir l'exactitude de cette cérémonie, dont j'ai été une fois témoin.

Dans la maison où je logeais à Krong-Krung, il naquit un enfant, et j'ai tout observé à travers une fente du mur, parce que je ne pouvais croire à un usage aussi inhumain; seulement le lendemain je n'ai pas vu de feu allumé, car l'enfant était mort. On le plaça dans un vase, comme c'est la coutume, et on le jeta dans la rivière.

Au bout d'un mois l'enfant reçoit son nom; mais là encore il faut apaiser les esprits, et c'est à cette fin qu'on donne un nom repoussant à l'enfant, car un beau nom pourrait les tenter et les amener à venir le prendre. Des noms comme *ki-mu* (crotte de porc) et *ki-an* (crotte d'oie) ne sont pas rares en pareille occurrence.

J'ai vu un prince qui portait ce dernier nom sans en avoir honte ou sans en paraître gêné le moins du monde.

Lorsque l'enfant grandit, ces premiers noms sont échangés contre d'autres moins naturalistes; mais les changements ne sont pas importants, car on rencontre souvent des personnes s'appelant *crapaud, rat, lapin,* etc.

On nourrit un enfant habituellement pendant trois mois au sein, mais on lui donne à partir du quatrième mois du riz bien cuit ou des bananes.

Plusieurs de ces coutumes sont aussi de rigueur chez les Siamois; après la naissance du premier enfant, la mère est exposée pendant un mois à la *cure de feu.*

L'enfant, avant d'avoir le sein, est nourri de miel pendant trois jours; mais cette privation de trois jours lui vaut le sein pendant trois années; dans les familles riches, on sèvre plus tôt les enfants. Souvent on donne une petite cigarette à l'enfant lorsqu'il a fini de boire.

Les usages varient à la mort de quelqu'un, dans les cas suivants, avec ceux des Siamois.

Lorsqu'une personne meurt, un des assistants lui ferme les yeux et la bouche, en invitant poliment l'esprit à quitter sa maison et à oublier tout chagrin, tout souci de ses amis et des choses terrestres. Quelquefois on glisse une pièce de monnaie ou une pierre précieuse dans la bouche du mort, pour qu'il puisse payer le tribut spirituel dans l'autre monde. Sans ce tribut, l'entrée n'est pas possible, d'après la croyance des Laotes.

On brûle les corps comme en Siam; mais ceux qui meurent avant quinze ans ont été enlevés par leurs parents qui sont dans le monde des esprits, et on ne les brûle pas. Ils sont simplement enterrés dans des nattes et sans cercueil.

Les personnes qui meurent subitement, par accident ou par suite d'épidémie, ne sont pas brûlées non plus. La mort par accident est un signe certain qu'un mauvais esprit s'est emparé de l'âme du malheureux pour qu'elle lui tienne compagnie dans le monde des esprits. Les cadavres des femmes ne se sortent pas par la porte, mais on les descend par une ouverture du plancher.

Lorsqu'un chef meurt, on engage des hommes qui doivent se battre, et vainqueurs et vaincus reçoivent de dix à quarante francs pour l'honneur d'avoir eu les yeux pochés ou un membre démis.

Les hommes, lorsqu'on brûle leur corps, sont couchés le visage en bas; les femmes, le visage en haut.

Cette différence s'explique par la croyance que les femmes n'ont jamais vu le ciel, et qu'elles sont sorties des régions souterraines. Dans la mort, elles doivent regarder pour la première fois le ciel. Les hommes, au contraire, sont venus d'en haut, et ils désirent avoir avec eux des femmes dans le royaume des esprits. Ils peuvent regarder sans crainte en bas, où sont leurs parentes sur le point de monter au ciel pour leur tenir compagnie.

CHAPITRE XXI

Le tschau était dans un état d'esprit communicatif; il me
raconta des anecdotes sur son peuple et sur son État.

Il y a quatre ans, six cents hommes de Niau firent irruption
dans le pays, non seulement pour le piller, mais pour le conquérir. Mais le peuple de Muang-Pau battit l'ennemi dans une
bataille qui dura toute la journée, et conquit le parasol en
or du chef; le trophée fut envoyé au chef de Tschengmai.
Soixante hommes de Niau furent tués, tandis que le peuple de
Muang-Pau ne perdit pas un seul homme. Ce qu'il me dit
encore de son peuple devait être aussi exact.

Alors je lui demandai de nouveaux éléphants, et, changeant
brusquement de ton, il m'assura que les éléphants man-
quaient.

Je ne me tins pas pour battu, et j'insistai pour avoir dans
trois jours huit éléphants, en ajoutant qu'il m'en fallait trois
avec défenses. Il me répondit froidement qu'il n'y en avait
pas dans le district, parce qu'un prince de Tschengmai, pas-

sant par là pour aller à Muang-Fang, avait pris les quatre qui
s'y trouvaient.

« Certainement, lui dis-je, qu'un prince si puissant et un
peuple si riche doivent avoir plus de quatre éléphants. Le
tschau ne voudra pas que l'étranger aille en pays ennemi
dire que les gens de Muang-Pau sont des esclaves; que même
le tschau monte des éléphants femelles, tandis qu'un prince
de Tschengmai vient lui prendre tous ses mâles. »

Provoqué ainsi, il perdit un moment son assurance et s'excusa en disant qu'il avait seulement voulu voir jusqu'où je
pousserais mes prétentions; qu'un prince de Tschengmai ne
recevrait même pas ses éléphants sur une simple prière; mais
qu'il voulait m'en donner deux avec défenses, non pas par
obéissance, mais par estime pour le tschau Opérat.

« Vois, continua-t-il, comme je te fais honneur! Hier, Mau-
Sua, le chasseur, a quitté Muang-Pau sur un éléphant mâle,
pour tuer des animaux pour toi, à Muang-Fang. »

Mau-Sua était un chasseur renommé, que le chef de Tschengmai avait ordonné de mettre à ma disposition. Il vivait dans
une cabane, sur une terre que ledit chef lui avait donnée;
car Mau-Sua était très en faveur chez le tschau. Il avait reçu
de celui-ci, en reconnaissance de ses services comme chasseur
de tigres, le titre de *Mau-Sua,* c'est-à-dire Maître-Tigre.
D'après tout ce que j'appris sur son compte, il devait être, à
cause de sa passion pour la grande chasse et à cause de ses
succès, un véritable tigre humain.

Je vis bien que ces promesses ne brillaient pas par la sin-
cérité. D'autres faits me confirmèrent l'affirmation du docteur
Cheek, que le seul moyen d'assurer l'exécution d'une promesse et d'obtenir une réponse directe à une question était
d'utiliser adroitement la diplomatie et de trancher les questions
embarrassantes par la corruption et par des cadeaux.

Ainsi j'avais entendu vanter les environs de Muang-Pau
pour leur grande production de cette précieuse laque noire
nommée *rack.* J'en demandai un échantillon au chef; il m'af-
firma n'en rien savoir.

« Mais je vais, ajouta-t-il, m'en informer pour mon ami auprès de mon peuple. »

Je répondis que je ne voulais pas un cadeau de rack, mais que je voulais le payer. Aussitôt il entre dans la chambre voisine chercher deux tuyaux de bambou remplis de laque, que j'achetai pour une roupie.

Ce rack est récolté par les indigènes de la manière suivante: ils percent un trou dans le tronc d'un certain arbre, puis ils ajustent un tuyau de bambou, qui reçoit lentement la laque précieuse. Il faut une semaine pour remplir un tuyau de

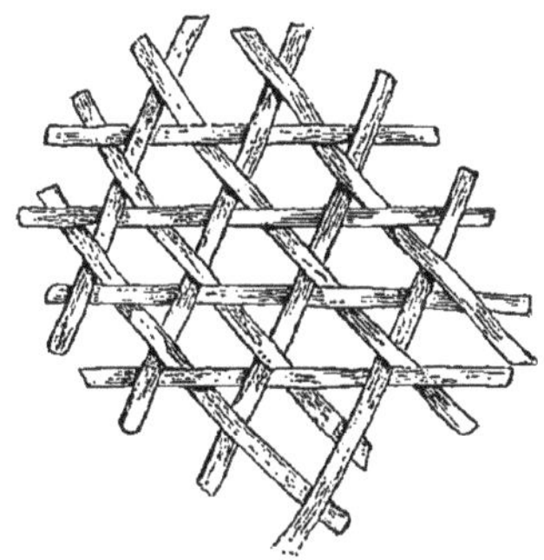

Talio, ou objet magique.

bambou de 60 centimètres de longueur sur 10 de diamètre.

La récolte de cette résine est un monopole en Lao. On n'en exporte pas beaucoup, parce que tout ce qu'on en récolte est employé pour orner les temples et les idoles. La laque séchée devient parfaitement lisse et dure.

Le peuple apporte aussi cette laque en offrande aux prêtres.

Le deuxième jour je fis mes préparatifs de départ. Je demandai au tschau des chaises à parasols; naturellement il me répondit qu'il n'y en avait pas.

« Je garde donc celles de Tschengmai, » dis-je.

Alors le vieux filou de diplomate se rembrunit, dit quelque chose de désagréable pour le tschau Opérat, alla dans la cour, et revint quelques minutes après avec plusieurs hommes portant le nombre nécessaire de chaises à parasols.

Ma dernière négociation avec cet excellent chef fut d'une nature un peu plus agréable.

J'avais besoin d'une provision de volailles pour mon séjour à Muang-Fang, où je ne pourrais m'en procurer, et je priai le tschau de me vendre une vingtaine de poules et autant de canards. La volaille est très nombreuse dans ces contrées et excessivement bon marché; la pièce coûte à peu près quarante à quarante-cinq centimes.

Suivant les mœurs, et surtout d'après l'injonction de ma lettre, le tschau aurait dû me pourvoir gratuitement de provisions de bouche; malgré cela, je lui mis dans la main la somme princière de sept roupies. L'empressement qu'il déploya à me livrer vingt poulets et vingt-deux canards fut un véritable plaisir pour moi.

Toutefois je n'étais pas au bout de mes difficultés. Au lieu de huit éléphants, il n'y en avait que six de prêts.

Pendant que j'attendais pour en voir compléter le nombre, la nouvelle arriva que, dans la dernière nuit, on avait tué un tigre au village voisin. Le tschau y envoya douze hommes pour le chercher. Tout le village alla à la rencontre de l'animal, qui fut apporté en triomphe sur un brancard.

C'était un tigre mâle dans toute sa force; il mesurait 1 mètre 67 de la tête à la queue, et sa queue était longue de 83 centimètres. On avait placé sur sa tête un talisman destiné à écarter les mauvais esprits. Ceux-ci sont partout, d'après la croyance populaire, et le tigre est un de leurs agents conducteurs.

Les *talios*, ou talismans, sont tressés de jonc et de bambou; on les suspend aux maisons, dans les champs de riz, le long des chemins; bref, partout où l'on passe, on rencontre des talios.

Le tschau ne voulait pas laisser entrer l'animal au village, parce qu'il avait probablement plus peur des mauvais esprits que confiance au talio; la bête fut donc déposée dans les champs, juste en face des murs du village.

Quand on tue un tigre, l'usage est d'aller porter la peau

au chef de Tschengmai, qui donne à l'heureux chasseur une prime de dix-huit roupies, ou plutôt qui lui permet d'aller quêter cette somme en détail chez le peuple. Personne ne se refuse à donner de petites contributions jusqu'à ce que la somme soit complétée.

On dépouilla donc le félin avec précaution, et on trouva de nombreux amateurs pour la viande; les Laotes l'aiment et croient qu'elle leur donnera de la force. Quelques-uns demandaient les os pour les vendre aux Chinois, qui les broient et en font des remèdes; les intestins sont aussi employés dans ce but.

Mon cuisinier chinois s'empara vivement de la poche au fiel, dont on fait une drogue très chère et universellement estimée en Lao. Je pris les griffes et le crâne, en donnant tout de suite deux roupies au chasseur. A la fin on retira avec précaution les balles, que le chasseur garda comme souvenir.

Tout cet événement me fit paraître le temps moins long, et le lendemain matin je quittai Muang-Pau avec plus d'éléphants que je n'en avais demandé.

A mes huit animaux, parmi lesquels trois avec défenses, s'en ajouta un neuvième, chargé de riz, et deux autres petits.

Toute la journée nous nous dirigeâmes vers le nord-nord-ouest.

Le chemin était difficile et escarpé; il conduisait à travers un passage, à la hauteur de 570 mètres, longeant des gorges nombreuses au bord de pentes rapides, puis traversant des chemins étroits, à peine visibles, au milieu de forêts vierges et de buissons inextricables.

Nous croisâmes de nouveau vers midi le Mengap, et le soir nous arrivâmes à un champ désert, où les coolies élevèrent rapidement trois cabanes nouvelles. La nuit était fraîche, le thermomètre marquait 10 degrés Réaumur; nous pûmes donc parfaitement supporter la chaleur des feux allumés pour nous protéger contre les fauves. Le lendemain nous nous remîmes en route un peu après huit heures, en marchant toujours dans la même direction; puis nous inclinâmes vers le nord.

Je cheminai toute la journée derrière les éléphants, passant au travers des petits ruisseaux que nous rencontrions çà et là. A quatre heures nous traversâmes le Me-Fang, large seulement de six mètres en cet endroit. Nous vîmes arriver bientôt une grande caravane de marchands de Niau, qui se disposaient précisément à établir leur campement pour la nuit.

Leurs selles, chargées de coton et de poivre, étaient disposées à terre en longues files; le son des clochettes dans la forêt annonçait que les bêtes broutaient tout près de là. Nous restâmes aussi en cet endroit, et le lendemain à huit heures nous repartîmes.

Le chemin, à peu près à 510 mètres au-dessus du niveau de la mer, était meilleur, et nous marchions à l'ombre de la forêt. Nous vîmes de nouveau passer des caravanes de Niau, fortes de plusieurs centaines de bœufs chargés de poivre et de coton, en route pour Tschengmai.

Vers midi, nous atteignîmes un petit plateau sablonneux, couvert de hauts pins élancés : c'était la lisière de la forêt. Nous entrâmes alors dans une plaine immense, semée de quelques groupes d'arbres et couverte de hautes herbes. Nous y fîmes la rencontre d'un prince de Tschengmai, qui revenait de la chasse de Muang-Fang. Il avait douze beaux éléphants de chasse, aux défenses gigantesques, et surchargés de trophées. En dehors de quelques cerfs, il rapportait les défenses d'un vieil éléphant et d'un buffle. Outre les pieds, les cornes et les défenses sont vendues aux Chinois.

Deux fois par an, les tschaus les plus puissants, qui se réservent le droit de chasser l'éléphant et le rhinocéros, organisent des expéditions.

Le départ et le retour d'une caravane de chasse sont toujours très curieux, et le coup d'œil en est magnifique.

Une douzaine ou plus d'éléphants mâles, destinés à attirer leurs compagnons sauvages et à les combattre, dirigent, pour ainsi dire, l'opération.

De Muang-Pau à Muang-Fang : le chemin de la montagne.

Le peuple n'a pas beaucoup de goût pour cet exercice et ne s'y livre pas, à moins qu'il n'y soit forcé par ses chefs.

Comme tous ces gens n'ont pas besoin de chasser pour se nourrir, ils considèrent la chasse comme un simple passe-temps. Il existe bien quelques chasseurs de renom, qui font leur métier de la chasse au tigre; mais en général le peuple ne s'attache qu'à la petite chasse, si toutefois cet exercice, tel qu'ils le pratiquent, mérite cette dénomination.

L'indigène s'embusque aux endroits où les animaux viennent boire, ou bien il les attire en imitant leur cri. C'est surtout à la chasse de la poule sauvage qu'il s'applique; ces poules vivent en masse dans tout le pays.

Quand les Laotes vont dans le Dschangel ou en voyage, ils emmènent avec eux un coq domestique pour attirer les poules sauvages; ils l'attachent dans un lieu bien choisi, puis ils posent tout autour de lui des pièges dans lesquels se prennent les poules, attirées par la présence du coq.

Le lendemain nous continuâmes notre marche à travers la grande plaine, et, à quatre heures, nous entrâmes dans la ville de Muang-Fang. C'est une ville qui n'existe plus que de nom et dont on ne voit plus que des fragments de murailles, des ruines de temples et de pratschedis. Tout le reste est en-terré dans de hautes herbes et des arbres.

Les habitants actuels, qui y sont établis depuis un an à peine, étaient occupés à déblayer leurs emplacements. Il n'y avait pas de maisons, mais seulement des huttes et des bou-tiques.

Après avoir cherché quelque temps, je trouvai le gouver-neur de l'endroit, un vieux pya, qui ne sut pas déchiffrer ma lettre de Tschengmai. Il fallut qu'un secrétaire la lui lût. Celui-ci déploya une grande diligence pour me procurer un logement, et me conduisit chez un petit vieux, très vif, qui se multiplia pour enlever de sa cabane son modeste mobilier afin de la mettre à ma disposition. Je voulus lui offrir une gratifi-cation, il refusa; je lui en demandai la raison, il me répondit que la cabane valait deux fois autant que ce que je lui pré-

sentais, et qu'il ne voulait la vendre à aucun prix. Je lui fis
expliquer son erreur par Kao, et le petit vieillard partit gaiement.

Le déballage de mes affaires ne me demanda pas beaucoup
de temps; mais je dus réparer ma cabane et surtout son toit.

Pendant la nuit, il y eut un autre inconvénient : mon hôte
avait son bétail sous la cabane, et les planches de bambou,
qui pliaient sous moi, laissaient passer l'odeur, de sorte que je
crus me trouver dans une écurie.

Le lendemain matin je fis vivement exécuter ce travail
d'Hercule et enlever la boue, qui n'avait pas été touchée depuis un siècle.

A peine était-il achevé, que le gouverneur vint me voir avec
une suite de petits chefs et d'esclaves. Son arrivée donna naturellement à Tali l'occasion d'exercer ses poumons, ce qui
effraya ces gens. « *Ma! Ma!* » dirent-ils en restant indécis au
bas de l'échelle. Quelques-uns se préparaient déjà à fuir; mais
Tali fut attaché à une de mes malles, et j'assurai à mes visi-
teurs qu'ils pouvaient entrer sans danger.

Alors ils montèrent en regardant le chien avec une crainte
qui ne se calma que quand ils me virent leur offrir des cigares
birmans et du thé. Ils ne fumèrent pas les cigares, mais les
mirent dans des sacs qui pendaient à leurs épaules.

Ils visitèrent longuement mes fusils et parurent se réjouir
beaucoup de ma longue-vue.

« Peux-tu y voir les esprits? » me demanda l'un d'eux.

Je lui dis que si les *pis* existaient réellement, on pourrait
les voir sans aucun doute.

« Mais, ajoutai-je en retournant la longue-vue, regarde
comment on peut les tenir éloignés. Si tu regardes à travers
maintenant, tu remarqueras que tout s'en va au lieu d'approcher. Voilà, ajoutai-je, le vrai moyen de tenir les pis à distance. »

Leur amusement redoubla quand ils virent que l'instrument
avait la puissance d'agrandir ou de rapetisser les objets selon
la volonté de son possesseur.

Tous me promirent solennellement de me procurer des oiseaux rares, des quadrupèdes, des insectes et des reptiles. Je leur donnai, pour qu'ils pussent commencer la chasse, une petite quantité de poudre et de plomb.

Les Laotes possèdent tous un ou plusieurs fusils, de vieux fusils anglais de la fin du siècle dernier ou du commencement de celui-ci, qu'ils ont fait venir de Mulmen. Quelquefois ce sont aussi des imitations indigènes. Plusieurs princes ont des

Ma hutte à Muang-Fang.

fusils se chargeant par la culasse, et ils savent parfaitement s'en servir.

A ma surprise et à ma grande joie, les indigènes déployèrent beaucoup de zèle, surtout au commencement. D'abord un petit chef m'apporta quelques écureuils volants, qu'il avait trouvés dans un trou en abattant un arbre. Il leur donnait le nom de *bang,* qui me paraît être le nom de l'écureuil en général.

Plus tard, je reçus quelques oiseaux à cornes et des singes; mais bientôt mes chasseurs se relâchèrent et ne s'occupèrent plus qu'à abattre les arbres de la forêt.

Chaque demi-heure un grand arbre tombait sous leurs coups. de hache, et, à mesure que le sol était débarrassé et libre, des femmes le travaillaient pour la culture.

Le pays est très fertile et peut fournir de belles moissons; mais à ce moment-là il y avait disette. Je ne m'étais pas installé depuis trois jours, que mes gens se plaignirent déjà de manquer de riz. Je croyais à une ruse des habitants de Muang-Fang pour pouvoir s'en aller, car je leur avais expressément recommandé d'en prendre une grande provision, et j'avais loué un éléphant de plus pour emporter un chargement supplémentaire de riz, afin d'éviter une disette possible; mais cet éléphant n'avait pas reçu son chargement, et quelques autres n'avaient que des demi-charges.

Ma provision de poisson était aussi épuisée depuis long-temps, à cause de l'accident survenu au passage de la rivière et dont on se souvient. Il ne me restait d'autre ressource que de faire chercher du riz à Muang-Pau. J'obtins du gouverneur, en lui faisant un cadeau de quatre roupies, qu'il écrirait au tschau de Muang-Pau d'envoyer quatre-vingts paniers de riz, que je leur payerais. Je fis partir la lettre par des messagers spéciaux, accompagnés d'éléphants.

Ma situation n'était rien moins qu'agréable. Quoique les indigènes vissent que j'étais dans l'embarras, ils se refusèrent tous à me secourir. L'écrivain du pya lui-même, qui avait reçu une roupie pour sa peine d'avoir écrit la lettre, repoussa ma modeste demande d'obtenir quelques poissons, et cependant la rivière était très poissonneuse.

Il s'attendrit cependant jusqu'à nous en envoyer deux petits; mais cette offre avait l'air d'être faite plutôt pour nous faire sentir que nous dépendions de la population que pour nous être agréable.

CHAPITRE XXII

Plus de quinze jours se passèrent avant que mes éléphants revinssent de Muang-Pau; ils n'apportaient que la moitié du riz demandé. Pendant que les habitants étaient menacés de disette et que la population n'était rien moins qu'hospitalière, je fus atteint de la fièvre, et, tout en prenant de la quinine, je fus malade pendant une semaine.

J'essayai aussi une boîte de pilules merveilleuses du docteur Suttau, qu'un ami m'avait donnée à mon départ de Bangkok; mais ces pilules n'avaient aucun pouvoir enchanteur ou autre. Je plaçai donc mon espoir dans la quinine et dans la patience.

Pendant cinq jours je ne pris pas autre chose que du bouillon de poulet et de l'eau de tamarin; j'étais très affaibli. Une nuit, les aboiements furieux de Tali et d'un autre chien du camp me réveillèrent; nous nous levâmes tous en sursaut, mais nous ne pûmes découvrir la cause de cette alerte. Enfin les cris de: *sua! sua!* arrivèrent à mon oreille; en effet, un grand tigre venait de passer devant la maison; mais, avant que je pusse tirer, il avait disparu.

Dans la même nuit retentirent cinq coups de feu l'un après l'autre, et, une demi-heure plus tard, on apporta une grande tigresse.

Cette petite alerte parut mieux agir sur moi que toute autre médecine. Le lendemain mon appétit revint; cependant j'étais encore incapable de travail, et j'errai dans la forêt.

Je manquais de tomber à chaque pas en heurtant de vieilles statuettes de Bouddha émergeant de terre. En quelques endroits surtout, où des restes de murs indiquaient qu'un temple existait autrefois, le sol était couvert de ces pieux souvenirs. Comme les indigènes ne s'occupaient pas de ces figurines sacrées, j'en fis un choix. J'employai plusieurs journées au déblaiement de quelques tas de ruines, et je fus assez heureux pour trouver de très beaux spécimens d'un art disparu. Toutes ces statues étaient en bronze mêlé d'argent; plusieurs avaient résisté au temps et aux intempéries, et étaient fort bien conservées.

Un jour je vis toute une collection de statues et de colonnades à l'image de Bouddha sous les décombres d'un temple. Quelques-unes d'entre elles étaient de très grandes dimensions; presque toutes avaient une attitude méditative. Deux de grandeur naturelle furent transportées par quatre hommes, auxquels je donnai quelques roupies, et furent placées dans ma demeure, où tous les passants les admiraient.

Jusque-là les indigènes m'avaient observé avec curiosité, mais ils m'avaient toujours laissé faire et m'étaient même venus en aide.

Mais je me vis bientôt observé de plus près, et un jour, deux prêtres qui avaient quitté un peu après moi Tschengmai, où ils construisaient un temple, vinrent me réclamer les statues de Bouddha que j'avais recueillies. Je crus devoir déclarer tout haut que j'avais la permission de faire une collection de statuettes, et que j'emporterais celles que j'avais choisies. J'ajoutai que les princes et d'autres personnes à Tschengmai m'avaient non seulement permis, mais donné le conseil d'aller à Muang-Fang dans ce but. C'était du reste la

pure vérité, et les figurines dispersées ici n'appartenaient à
aucun sanctuaire.

Je dirigeai les recherches d'un autre côté. Je grimpai sur
les murs d'un pratschedi en ruines. Des arbres et des plantes

Statue de Bouddha à Muang-Fang.

de toutes sortes croissaient sur les ruines, ce qui facilitait
mon ascension; les murs s'écroulaient parfois en m'envelop-
pant de poussière, à la grande joie des indigènes, qui me suivaient pour contrôler mes recherches.

Enfin j'atteignis les ruines d'une tour. J'en fus récompensé,
car je trouvai quelques statuettes très belles; deux étaient des
Bouddhas de choix avec des inscriptions (voir ci-dessus). Deux

Laotes lettrés et le docteur Cheek m'en ont fait la traduction à mon retour à Tschengmai; mais ils durent y travailler plusieurs jours, l'inscription étant en fakkam, langue morte des Laotes. Voici l'inscription de la première statuette :

« En l'année *Paksi*[1] (mot qui signifie grand dragon, troisième jour de croissance du cinquième mois), les huit personnes suivantes ont fait cette statue : l'époux, la femme, les enfants et la mère[2]; Tam Matjula[3], Nangta[4], Ponai, Kata, Malikali, Mahi Vitschai, Munla[5] et Oina[6]. Ils demandent d'aller dans le ciel suprême.

Sur le piédestal il y a la figuration du zodiaque avec la montagne Zinnala, centre de l'univers; les lettres N, E, S et W sont les quatre vents ou coins de la terre; les lignes intermédiaires figurent les mers. Autour de la montagne, les douze signes du zodiaque tournent de droite à gauche. Le soleil reste trente jours dans chaque signe; l'année a donc trois cent soixante jours; chaque division numérotée indique un mois.

L'inscription de l'autre statuette est la suivante :

« Jeudi de la pleine lune du quatrième mois de l'année 902[7], nom de l'année : *kot-tschi*, le mois de l'écrevisse; Nang-Hiang[8], du village Pa-Mahua, a fondu une statuette de Pra-Sikkhi, couverte d'or, comme don pour le wat Pa-Hoa, pour qu'elle acquière un grand mérite. Puisse la donatrice avoir une grande bénédiction et recevoir la grâce et de grandes faveurs de Pra-Sikkhi!

« Tumapanja, le fils de Nang-Hiang, et Nang-Bun-Tu[9], prient Pra-Sikkhi de te servir en faisant de bonnes œuvres dans chacune de ses métamorphoses. Ne nous laisse jamais

---

[1] C'est-à-dire 1569 après Jésus-Christ; la statue aurait donc 317 ans d'existence.
[2] Au mari.
[3] Nom de l'homme.
[4] Nom de la femme.
[5] Noms des enfants.
[6] Nom de la mère.
[7] 1540 après Jésus-Christ.
[8] Nom d'une femme.
[9] Peut-être la femme de Tumapanja.

nous séparer jusqu'à ce que nous allions au ciel et que nous entrions dans le Nirvana. Donne ton secours miséricordieux, Pra-Sikkhi! Fais que je ne sois pas comme Nang Witsaka [1], mais que j'atteigne la maison de ceux qui sont purs et sans péché. »

Les statuettes et les statues faites ordinairement en Lao peuvent se diviser en trois sortes : celles qui sont debout, celles qui sont assises et celles qui sont couchées. Les plus nombreuses sont celles de Bouddha assis, les jambes croisées (page 249). C'est ainsi que le grand maître était assis sous le figuier, quand il acquit le don de tout savoir. Ces statues sont ordinairement d'une belle conception, et les proportions ne sont pas exagérées; seulement les oreilles sont toujours longues et ridées. Bouddha a l'air d'avoir eu des trous aux oreilles, car quelques statuettes nous le montrent avec les pendants traditionnels. Sa tête en pointe est couverte d'une chevelure frisée, dont les boucles sont toutes tournées de gauche à droite, et qui ressemblent à une coquille d'escargot. Sur le haut de la tête s'élève une espèce de flammèche en forme de dôme. Généralement Bouddha est assis sur un piédestal richement orné de fleurs de lotus; cette fleur est aussi sacrée pour les bouddhistes qu'autrefois pour les Égyptiens, qui voyaient en elle l'emblème de la force suprême et créatrice de la nature.

Le Bouddha que j'ai trouvé à Muang-Fang a la main droite posée négligemment sur le genou droit, tandis que la gauche repose ouverte sur les deux genoux. Le piédestal figure le trône de cristal sur lequel Bouddha était assis dans la forêt quand il fut rendu sage et tout-puissant. Il était sorti du figuier et était devenu prêtre. Alors arriva Sote-Nya-Palm, qui sacrifia du foin ou de la paille. Quand Bouddha s'y assit, le foin se changea en un trône de cristal, et pendant qu'il était assis sur ce trône magnifique, les mains jointes dans une méditation pieuse, il s'écria : « Je ne veux pas me lever de ce trône, que je n'aie acquis la science de tout savoir. »

---

[1] Cette femme demandait à ne pas être amenée à Nipan; elle voulait beaucoup de métamorphoses et d'honneurs.

Mara, le prince des diables, vint alors avec une légion de ses serviteurs et l'attaqua pour le déloger de son trône; il lui lança des flèches de feu, lui jeta de l'eau bouillante, et mit en œuvre toutes les inventions diaboliques dont il disposait.

Bouddha, brûlé par l'eau bouillante que Satan versa sur lui, remua la main droite. Alors vint Nang-Tane-Rami, mère ou déesse protectrice de la terre, qui lui dit de ne pas avoir peur, et elle ajouta qu'elle avait pouvoir sur les diables. Elle défit sa chevelure, la pressa, et l'eau qui en jaillit inonda les diables, qui furent obligés de se sauver en toute hâte.

Le mouvement de main de Bouddha est expliqué autrement par M. Alabaster, dans la *Roue de la loi,* dont il est l'auteur.

« Après que le roi Mara, dit-il, eut envoyé tous ses combattants sans succès, Bouddha se dit en lui-même : « En « vérité, voici quelqu'un qui pourra témoigner pour moi; « mais je veux t'invoquer toi-même, ô terre! quoique tu « n'aies ni esprit ni intelligence; tu dois être mon témoin. »

Puis, étendant la main, il s'adressa à la terre en disant : « O sainte terre! moi qui ai été investi des trente forces de la « vertu et qui ai donné les cinq grandes aumônes, je n'ai « jamais manqué de verser de l'eau sur toi chaque fois que « j'ai exercé une grande action. Maintenant, comme je n'ai « pas d'autre témoin, je t'adjure de donner ton témoignage. « Si ce trône a été créé par mon mérite, que la terre tremble « et le prouve ainsi; sinon, que la terre reste immobile. » La terre trembla, la main de Bouddha fit un mouvement, et, quand les diables se furent enfuis, pya In (Indra) vint avec des anges servir Bouddha, et l'adora tout le temps que celui-ci resta sur son trône sous le figuier; pya Rakh sortit des entrailles de la terre et rampa autour du trône de cristal de Bouddha. »

Pya Rakh était un grand esprit qui avait la forme d'un monstre à sept têtes, et qui pouvait s'élever jusqu'aux nues; il se tenait à côté de Bouddha et le protégeait contre toute influence extérieure, telle que la chaleur, le froid, le vent ou la pluie.

Dans les livres sacrés, on raconte que Bouddha avait été

dérobé aux yeux profanes par pya Rakh; mais ce serait peut-être mettre les artistes indigènes dans un trop grand embarras que d'exiger d'eux de représenter Bouddha d'une manière invisible, et cela mécontenterait certainement ses adorateurs, dont la foi veut le voir sous sa forme humaine.

Une autre forme de Bouddha, mais qui est moins fréquente, le représente couché.

Il est mourant, étendu sur le côté droit et appuyant la tête sur sa main. Ces figures sont toujours entourées de plusieurs autres, qui doivent figurer les disciples de Bouddha, dont quelques-uns portent des éventails. Gaudama est encore plus rarement représenté les mains élevées et prêchant; dans cette position, ses mains sont ornées de bagues; des chaînes d'or ornent sa poitrine, et il porte une couronne. Les dimensions de cette statuette varient de quinze centimètres à trois mètres.

En Lao, on ne fabrique pas de statuettes en bronze; on ne fait ici que des statuettes et des statues de bois sculpté. Mais la tête est très bien travaillée; je trouve même qu'elle est un peu trop efféminée. Les yeux sont en pierres noires, et le blanc est fait en nacre. J'ai entendu dire qu'on employait des rubis et d'autres pierres précieuses, mais je ne l'ai jamais vu.

Peu importe du reste la matière ou la grandeur des figures; elles ont toujours les traits paisibles, méditatifs, bienveillants; l'expression du visage est constamment la même.

Outre que les Laotes croient se faire un mérite auprès de la divinité en multipliant les figures et les statues de Bouddha, ils croient encore que Bouddha reviendra prêcher pendant sept jours, lorsque le nombre voulu de ses images sera terminé. Cependant ils n'osent pas affirmer quel est le chiffre exigé par Bouddha.

CHAPITRE XXIII

Mes idoles trouvées me coûtèrent cher. Les indigènes,
excités par les prêtres et, comme je l'appris plus tard, par
le tschau Opérat de Tschengmai, prirent prétexte de mes
recherches pour donner libre cours à leur haine contre le
farang. Ils la nourrissaient depuis longtemps, cette haine,
mais ils l'avaient dissimulée par crainte de ce même chef, qui
en face m'encourageait, tandis que par derrière il me créait
des difficultés. Les déprédations des tigres dans la forêt re-
tombèrent sur moi.

Les grands troupeaux que les colons avaient amenés dans
cette contrée sauvage attiraient naturellement les tigres, et
il ne se passait pas de nuit sans que plusieurs bestiaux ne
fussent blessés ou enlevés.

Quand les bêtes s'éloignaient trop dans la journée, des
voleurs cherchaient à s'en emparer en tirant dessus avec des
balles en argile durci, de treize millimètres de grosseur, et lan-
cées au moyen d'une fronde.

Dans la nuit, un bœuf fut tué près de la cabane dans laquelle je logeais. J'étais la cause de toutes ces pertes; on disait que les esprits étaient courroucés, parce que j'avais déshonoré l'image de leur maître; aussi le 5 mai les pyas tinrent conseil dans l'après-midi, afin de se consulter sur ce qu'il y avait à faire. Le résultat de la délibération fut que deux fonctionnaires subalternes seraient envoyés auprès de moi et me demanderaient de rendre au moins la plus grande statue, pour apaiser la colère des esprits.

Je répondis que, même en admettant qu'il y eût des esprits, la statue chez moi ou ailleurs n'apaiserait pas la faim des tigres, et que là où il y avait des centaines de bestiaux, les tigres ne voudraient pas laisser échapper l'occasion d'en manger un.

Je cherchai même à tourner les choses en ma faveur, en disant qu'il fallait encourager mes chasseurs à tirer davantage sur les tigres. Les hommes que j'avais engagés comme chasseurs ne rapportaient rien, quoiqu'ils eussent pris ma poudre et mon plomb, et que je leur eusse promis une bonne récompense.

Je fis donc remarquer aux ambassadeurs que je ne demandais pas mieux que d'aider à exterminer les tigres, si, de leur côté, ils voulaient me prêter main-forte.

La députation ne se rendit pas plus à mes désirs que je ne voulus me rendre aux siens.

Nous nous séparâmes, des compliments sur les lèvres et la méfiance au cœur.

A partir de ce moment, j'essayai vainement d'obtenir des animaux ou des statues.

J'avais employé quelques indigènes pour faire des fouilles autour des vieux pratschedis en ruines, mais aucune récompense ne put engager mes ouvriers à continuer; mes propres serviteurs s'y refusèrent, et je dus ainsi renoncer malgré moi à toutes mes recherches. Mau-Sua, mon chasseur principal, était à son poste de chasse à la frontière de Niau, et, en son absence, mon inaction forcée ne fut interrompue que par le

passage d'une caravane de Niau s'en allant par Muang-Fang
à Tschengmai, ou par le passage de pèlerins, toujours accompagnés de prêtres habillés en jaune, se rendant à la célèbre
grotte de Tam-Tap-Tan, pour y sacrifier au grand Bouddha.

Je décidai, moi aussi, de visiter ce sanctuaire, et j'ordonnai
à Kao de préparer trois éléphants et six hommes pour ce
voyage. Nous partîmes le 11 mars avec un guide qui m'avait
été recommandé par le gouverneur.

Toute la journée nous marchâmes dans la plaine qui entoure Muang-Fang.

Quelquefois nous traversions un bois peu touffu ou une
forêt de bambous; c'était presque toujours les herbes luxuriantes avec lesquelles les Laotes font le toit de leurs maisons
que nous foulions. En plusieurs endroits, cette herbe avait
pris feu pendant les derniers jours, à cause de la grande
chaleur; et une fois les flammes furent si violentes et la fumée
si épaisse, que nous dûmes faire un détour par la forêt, parce
que les éléphants craignent beaucoup le feu.

Là nous rencontrâmes une trentaine de personnes de Niau,
hommes, femmes et enfants, qui revenaient de Tam-Tap-Tan,
où ils avaient offert en sacrifice des étoffes, des bougies et des
feuilles d'or. Nous campâmes tout à côté d'eux, et le lendemain matin de bonne heure nous repartîmes.

A midi nous étions arrivés.

L'entrée de la grotte est à une hauteur de 24 mètres, sur
le bord abrupt d'une colline de 90 mètres au-dessus de la
plaine, déjà haute de 180 mètres au-dessus du niveau de la
mer. Le sentier qui mène au sommet de la colline est très
difficile; il grimpe le long de rochers que n'ont pu user ni
le temps ni les pas des pèlerins qui les foulent depuis tant de
siècles; et près de la grotte le chemin est si difficile, qu'un
faux pas vous précipiterait infailliblement dans le vide.

L'entrée de la grotte a été quelque peu agrandie, et la dif-
ficulté est surmontée; on a bâti une porte cochère en briques.
Au-dessus se trouvent des sculptures dans la pierre tendre.
J'ai remarqué un hoalaman sous la forme d'un paon: ceci

prouve que la grotte devait appartenir autrefois aux Birmans, ou plutôt aux Niaus; car le paon est un oiseau qui occupe une place importante dans les armes de ces deux peuples.

J'ai appris plus tard que cette grotte est surtout fréquentée par les Niaus.

A gauche de l'entrée est une niche dans laquelle se trouve une figure de Bouddha toute mutilée; à ses pieds est une collection de récipients de toutes sortes. L'intérieur de la grotte est très curieux : la voûte est tapissée de figures fantastiques formées par le filtrage de l'eau. Au milieu, à dix-huit mètres de hauteur, se trouve une fenêtre naturelle par laquelle descend une lumière tamisée qui tombe sur la figure d'un Bouddha mourant; mais cette lumière, venant d'en haut, fait paraître la grotte encore plus obscure. Ayant allumé ma lampe, j'examinai le souterrain : le Bouddha est en briques dorées, et l'or s'écaille comme la peau d'un serpent.

Aussitôt entrés, tous mes gens tombèrent à genoux pour honorer le saint. Les laissant à leurs pratiques religieuses, j'explorai les alentours.

Tout autour de Bouddha se trouvent beaucoup de statues de grandeur naturelle, représentant toujours ses disciples dans les attitudes d'un recueillement profond. Chacune de ces statues est couverte d'habits jaunes plus ou moins entiers. Aux pieds du colosse sont posés des vases de diverses formes, et de petites statuettes apportées sans doute de Niau. L'autel est garni d'objets semblables.

A l'autre extrémité de la grotte est un autre Bouddha debout; devant lui se dresse encore un autel, sur lequel s'étale un pêle-mêle indescriptible d'objets; il y a jusqu'à des matelas rongés par la vermine.

Quand je revins à l'autre Bouddha, Kao et le cuisinier lui offraient des monceaux de bougies; Kao avait aussi mis du riz sur un plat.

Nous revînmes encore assez tôt à Muang-Fang pour échapper à un orage violent : c'était l'avant-coureur de la saison des pluies.

Le thermomètre Réaumur descendit soudainement de + 19°
à + 16°; il s'éleva un fort vent du nord, qui en peu d'instants
devint tempête.

Ma cabane tremblait de fond en comble; à tout moment je
croyais que le vent l'enlevait. Enfin le toit fut arraché, et par
cette ouverture pénétrèrent des grêlons gros comme des œufs
de pigeon.

L'orage dura à peu près une heure, puis la nature parut
s'apaiser.

Le calme se fit, et une pluie bienfaisante tomba du ciel:
c'était le commencement de la saison humide.

Si j'avais été superstitieux, j'aurais dû voir dans cet orage
un mauvais présage; car le lendemain le vice-gouverneur me
fit une visite, accompagné d'un pya de Muang-Fang et de deux
autres hommes. Il me lut une lettre du tschau Opérat de
Tschengmai, qui défendait de me donner des gens et des
éléphants, et interdisait l'enlèvement des figures de Bouddha
qui m'avaient donné tant de mal. Je protestai contre ces rigueurs, mais sans effet; car je devais me servir d'un interprète
à la traduction duquel je ne pouvais me fier.

Je fis dire aux ambassadeurs que c'était justement le tschau
Opérat qui m'avait envoyé à Muang-Fang chercher les statuettes qu'il ne voulait pas maintenant me laisser emporter.

Le vieux pya répondit que son peuple s'était toujours plaint
de moi; qu'il m'avait accusé d'avoir troublé la paix, d'avoir
irrité les esprits, et que c'était à cause de mes fouilles que les
tigres dévoraient le bétail. Il dit encore qu'aussi longtemps
que je garderais les statuettes, les esprits seraient en colère
et exciteraient les tigres.

Pendant un an le pays avait été florissant, et aucun malheur
ne s'était abattu sur lui, jusqu'à ce que le farang fût venu
tracasser les esprits.

Pendant longtemps j'essayai de négocier avec eux; enfin,
furieux, je leur dis que leur croyance aux esprits n'avait pas
le sens commun; qu'ils ne pourraient pas me faire croire que
les tigres n'étaient pas venus auparavant manger leurs bêtes.

Mais Kao, qui croit fermement aux esprits, ne pouvait se décider à traduire mes paroles. J'insistai tant, qu'il traduisit tout ce que j'avais dit. Je ne sais s'il l'a fait exactement; mais, en tout cas, le vieux pya se tourna aussitôt vers ses compagnons comme pour invoquer leur témoignage au sujet de mon discours.

Quand je vis que cela tournait mal, j'essayai de retourner ce que j'avais dit; je parlai du dommage que l'orage avait fait à leurs maisons.

« Pourquoi est-ce arrivé? dis-je.

— Parce que les esprits étaient en colère contre le farang, me fut-il répondu.

— Non, m'écriai-je, c'est parce que les esprits sont révoltés de ce que les envoyés du tschau soient venus avec un faux rapport. Vous savez combien de fois vous avez vous-mêmes fouillé les ruines, ainsi que vos voisins de Niau, non seulement pour déterrer des statuettes, mais pour trouver aussi, sous les pratschedis, des monnaies et des objets d'or et d'argent. Pourquoi ces statuettes qui sont devant ma cabane n'ont-elles pas d'yeux? Parce que votre peuple a pris les rubis et les autres pierres précieuses qui les figuraient. Et maintenant vous voulez m'empêcher de collectionner quelques-uns des objets que vous avez endommagés vous-mêmes! Vous avez fondu vos statuettes d'argent; mais moi je garderai celles que j'ai trouvées, et j'en aurai toujours soin. »

Ici le vieux pya m'expliqua que les petites statues leur importaient peu, mais bien les grandes, qui devaient avoir une valeur plus considérable, puisque je les avais choisies entre toutes.

Je répondis : « Votre peuple m'a empêché par tous les moyens de collectionner, quoique je voulusse vous tuer des tigres. Ce n'est pas étonnant si les esprits sont courroucés, puisque vous désobéissez aux ordres du tschau, et que vous offensez l'étranger qu'il vous a recommandé. »

L'entrevue était terminée, et les envoyés s'en allèrent. Tali se mit à grogner et accéléra leur départ par des aboiements furieux.

Que faire? Je n'étais pas désireux de discuter avec le tschau Opérat de Tschengmai, et je ne voulais pas non plus exciter davantage les indigènes contre moi; il valait donc mieux partir. J'étais resté un mois à Muang-Fang; j'avais vu tout ce que je voulais voir, et je ne pouvais espérer beaucoup augmenter mes collections archéologiques et zoologiques. Je me demandai s'il était possible de les emporter.

Homme de Niau.

J'essayai de gagner quelques personnes qui m'avaient secouru, et je leur promis une bonne récompense si elles voulaient m'aider à emporter ce que j'avais; mais elles craignaient la colère du tschau.

Mau-Sua était toujours absent avec quelques-uns de mes gens; je ne pouvais donc qu'attendre impatiemment son retour et former un plan pour partir furtivement avec mes statuettes.

Le 16 mars, une troupe de gens de Niau vint à Muang-Fang; elle m'offrit, entre autres produits, du sang de rhinocéros desséché, que les Laotes et les Chinois estiment beaucoup pour ses prétendues qualités médicales; en Lao, il vaut son poids d'argent. On le conserve dans des boyaux du même animal, ce qui forme des rouleaux semblables à nos boudins. Kao en acheta pour six roupies, mais il constata plus tard que ce n'en était pas du véritable.

Il est difficile de tromper un Chinois, mais il est peut-être aussi difficile de distinguer le sang de rhinocéros du sang de bœuf, surtout si le sang de bœuf est dans des boyaux de rhinocéros.

Kao en fut longtemps tourmenté. Il espérait faire une bonne affaire en arrivant à Tschengmai, et voilà qu'il était joué! Il ne put se consoler. Ce n'était pas d'un vrai Chinois d'abandonner son projet, même après une si cruelle découverte.

. Mau-Sua revint enfin le 17 mars; il rapportait quelques oiseaux, quelques lézards, des tortues et un buffle sauvage; j'en gardai le crâne et le squelette, et je laissai la chair à Mau-Sua, qui la vendit aux indigènes. J'étais, on le pense bien, désappointé du résultat de l'expédition de ce grand chasseur.

Je décidai donc d'aller avec lui dans sa cachette, située à la frontière de Niau, pour m'assurer que mon plan de traverser ce pays était possible. Là-bas, je croyais pouvoir engager des gens qui viendraient à Muang-Fang chercher mes statues, et, au pis aller, je pouvais aller avec ma lettre chez le chef de Kiang-Hai pour voir s'il ne mettrait pas quelques hommes à ma disposition.

J'envoyai auparavant une lettre au docteur Cheek à Tschengmai, lui expliquant bien ma position et le priant d'aller voir le tschau pour le prier d'écrire une lettre à celui de Muang-Fang et de lui ordonner de m'aider à transporter mes statues et mon bagage.

Je laissai à la maison le cuisinier Yang et Tali, et je partis le 19 mars pour Tatong : c'est un village de Niau situé près de la frontière, dans le voisinage duquel est la cabane de Mau-Sua, au bord du Me-San, un affluent du Me-Fang, à trente-deux kilomètres nord-est de Muang-Fang.

Le chasseur était un hardi compagnon, qui partageait son temps entre la chasse, la pêche et la récolte du miel et de la cire dans la forêt. C'est le Laote le moins superstitieux que j'aie connu; il paraissait n'avoir pas plus peur d'un esprit que d'une bête fauve.

Le chemin de Tatong traversait une forêt et une chaîne de montagnes. La flore est magnifique; je ne me souviens pas d'avoir vu nulle part autant de fleurs. La forêt retentissait des cris des coqs alternant avec ceux des paons. Nous nous nourrissions d'oiseaux sauvages, bien qu'ils fussent des plus durs.

Tatong se compose à peu près de douze cabanes, dispersées des deux côtés du Mékok. Cette rivière, peu profonde et large de quarante-cinq mètres, entoure des montagnes ainsi que le village.

C'était le premier village de Niau que je voyais; il était sous la protection du roi de Birmanie.

Je déchargeai mon bagage au bord du fleuve, et mes gens eurent vite construit une cabane.

Au matin, les indigènes m'entouraient pour me vendre, moyennant trois roupies, des brillants et des rubis simplement en cristal. Ils cherchaient à faire quelques profits de la présence d'un étranger; car, ayant voulu emprunter le bateau du chef pour aller à Kiang-Hai, il me demanda soixante roupies, bien que le voyage ne durât que deux jours et qu'on pût se laisser aller au courant. J'appris plus tard que la moitié aurait amplement suffi.

Les Niaus sont de la même race que les Birmans; ils nouent comme eux leurs cheveux au milieu de la tête; mais on les reconnaît à leurs tatouages, qui sont plus artistiques et qui couvrent tout le corps. Ils se font de plus des entailles dans lesquelles ils glissent des pièces d'or et d'argent pour se fortifier contre les esprits; on sent ces amulettes à travers la peau.

Le vêtement des Niaus se compose d'un large pantalon, qui ne descend pas très bas et qui est toujours sale, quoique le coton ne soit pas cher. Ces pantalons ont été jadis blancs, mais l'usage leur donne une couleur gris noir.

Comme les Birmans, ils portent aussi un foulard de soie de couleur sur la tête; mais, lorsqu'ils ont affaire dans la forêt ou sur la rivière, ils le remplacent par un grand chapeau de paille du Yunnam. Comme le montre notre illustration, ces chapeaux garantissent très bien du soleil. Sur une épaule ils portent, dans les voyages, un grand sac rempli de tabac et de bétel, dont ils ne se séparent jamais; à l'autre pend un sabre de fabrication indigène.

Pour les fêtes, ils mettent une espèce de justaucorps; mais habituellement le buste est nu.

CHAPITRE XXIV

A Tatong, j'essayai d'avoir des gens pour transporter mes
statues par terre jusqu'au Méping; mais le vieux pya m'avait
devancé, et il avait formellement défendu aux gens du pays
de m'aider en quoi que ce fût.

Je partis donc le lendemain, dans le bateau du chef, pour
Kiang-Hai, suivi d'un bateau marchand. Deux heures après
nous atteignîmes l'endroit où le Mékok se jette dans le Mé-
Fang, à la frontière de Lao et de Niau. Le Mékok n'est qu'un
torrent de montagne rempli de grosses pierres, entre lesquelles
l'eau se précipite en mugissant; la navigation est donc très
difficile.

Les rives sont pittoresques; les collines atteignent une
hauteur de cent vingt à cent cinquante mètres; couvertes
d'arbres et de lianes, elles s'élèvent à pic au-dessus de l'eau.
Je vis beaucoup plus d'animaux qu'en Lao. J'aperçus une foule
d'oiseaux : des paons, des cormorans, des hérons, des oiseaux
à corne s'envolant à grand bruit à notre vue, ainsi que des
gelinottes et d'autres oiseaux au plumage éclatant; je relevai

en plusieurs endroits des traces d'éléphants sauvages qui étaient venus le matin de bonne heure à la rivière pour s'y baigner et s'y abreuver. Nous glissions rapidement sur le fleuve, et, le pays devenant plat, la rivière était plus profonde à mesure que nous avancions.

Vers le soir du second jour, nous vîmes, sur la rive gauche, une grotte du nom de Tam-Pa. Des degrés conduisaient à l'entrée de cette grotte, qui devait être souvent visitée par les pèlerins, pas assez cependant pour chasser du plafond les chauves-souris et les hirondelles. Elle n'était pas d'ailleurs d'une grandeur extraordinaire : elle pouvait mesurer vingt-quatre mètres de hauteur, et son intérieur était identique à celui des autres grottes sacrées.

La nuit était venue quand nous arrivâmes à Kiang-Hai. Des nasses barraient la rivière, et une foule de lumières couraient sur le rivage; on pouvait en conclure que la population était occupée à pêcher. Pour ne pas la gêner, je fis hisser la barque sur le rivage, un peu en amont de la ville, et c'est là que nous passâmes la nuit.

Le lendemain matin, en me réveillant, je trouvai le paysage si joli, que je le dessinai. Le temple et le pratschedi, entourés d'arbres; au loin, une petite colline avec un pratschedi sur son sommet, et le tout, éclairé par le soleil levant, formait un ensemble charmant.

Je m'engageai ensuite dans les rues du village, et je rendis visite au tschau Hluang, qui m'indiqua un petit sala comme seule demeure disponible pour moi; mais, comme il n'était pas en état, je le refusai.

Je me rendis alors avec la lettre du tschau Opérat chez son gendre, le tschau Radjasi, qui me donna l'hospitalité dans sa propre maison. Lui et sa femme me serrèrent la main avec bienveillance. Leur joie fut grande lorsque je leur fis cadeau de quelques mètres de soie bleue à liseré d'or; ils m'offrirent en retour du riz, des œufs, des fruits et de la volaille.

Mon hôte était un homme de quarante-cinq ans au moins; il avait été prêtre pendant dix-huit ans, et était marié depuis deux ans avec la fille du tschau Opérat, excellente femme sans doute, mais qui louchait un peu. Ils habitaient une maison très spacieuse, et firent tout pour m'en rendre le séjour agréable.

En Lao, on ne voit ni de beaux palais ni de belles maisons; les demeures des paysans et des princes se ressemblent pour la construction et la disposition; c'est seulement par la grandeur, par les matériaux et par le style qu'elles diffèrent. Un peu plus de sculptures aux pignons, du bois un peu plus cher : voilà les principales différences qui existent entre la maison d'un prince et celle d'un paysan. Les toits sont généralement en chaume, car on le remplace à bon marché. Quelques maisons couvertes de bardeaux, qui naturellement sont plus impénétrables à la pluie, mais qui durent aussi longtemps que le chaume. Les maisons n'ont jamais plus d'un étage et sont toujours soutenues par des piliers; l'espace laissé au-dessous est haut de 2 mètres 50. Dans cet espace, on serre les selles des éléphants et des bœufs; c'est aussi là qu'on met la volaille, et souvent on y parque les bestiaux pendant la nuit. Un escalier, une échelle ou quelques marches sur le devant de la maison conduisent à une galerie qui fait le tour de cet étage. Le plancher est en bambou; les gens riches ont leur plancher en bois de teck.

Ces galeries sont souvent en très mauvais état; aussi un soir, à Kiang-Hai, je me foulai le pied dans un trou du plancher. Mon hôte, qui ne pouvait rien faire pour mon mal, tâcha néanmoins que l'accident ne se renouvelât pas, et, le lendemain, ses esclaves durent se mettre à l'œuvre et poser un nouveau plancher dans la galerie.

A l'une de ses extrémités est établi un petit cabinet, fait de quelques planches avec un petit toit de chaume, qu'on appelle *han-nam*. Dans cet endroit sont plusieurs grands récipients, que tous les jours on remplit d'eau pour les besoins de la maison; à côté est une cuiller faite de la moitié d'une noix de coco. Lorsqu'il pleut, toute personne qui entre dans la maison se jette de l'eau sur les pieds pour se nettoyer.

Tous les matins et tous les soirs, le prince et la princesse allaient sur la galerie pour faire leurs ablutions; car la rivière est trop éloignée de chez eux. Ces ablutions ne consistent qu'à se jeter quelques cuillerées d'eau sur le haut du corps. Quelquefois la princesse se faisait apporter une grande cuvette en argent, qui contenait un mélange de lait, de chaux et d'eau de tamarin, avec lequel elle se lavait la chevelure.

La galerie est toujours ornée de fleurs, et le plancher de la maison est d'un pied plus haut que celui de la galerie.

Auprès de Kiang-Haï.

Chaque chambre est partagée en deux compartiments au moyen d'un treillage de bambou; l'un sert de chambre à coucher, l'autre de chambre ordinaire.

La chambre à coucher est souvent aussi partagée en deux parties, dont l'une est réservée aux hôtes.

Derrière cet espace se trouve la cuisine, qui d'ordinaire occupe le derrière de la maison; sur le plancher de cette pièce est une épaisse couche de terre glaise sur laquelle on fait le feu; elle est entourée de planches, et au milieu se trouvent trois ou quatre briques sur lesquelles le feu brûle dans un poêle en terre.

Autour de la maison est un jardin entouré de planches et

de bambous aiguisés en pointe. On entre dans le jardin par une porte en bois de teck établie sur des roulettes; on la ferme toujours la nuit pour empêcher les voleurs à quatre pattes d'y passer, car en quelques endroits les tigres sont très nombreux et très dangereux.

On voit encore quelques chiens de garde, qui aboient à la plus petite alerte, mais qui ne mordent pas et qui sont très peureux; on peut les chasser d'un coup de bâton ou de pierre. Les chiens du Yunnam sont bien meilleurs, et il est dangereux pour un étranger de les approcher.

Habitation laote : maison du tschau Radjasi à Kiang-Haï.

Dans ces jardins on cultive pêle-mêle des légumes, du poivre, des palmiers à bétel et des palmiers à coco. J'étais à peine arrivé, que les parents et les esclaves de mon hôte vinrent me dévisager. Dans la foule se trouvaient plusieurs femmes dont les traits réguliers et la démarche droite et fière accusaient une race particulière.

Elles échangèrent avec mon hôtesse du riz contre du poivre; on me dit que c'étaient des Mussus, dont quelques tribus vivent dispersées dans les États de Niau.

Ils mènent une vie nomade, ne restent jamais longtemps à la même place et se nourrissent de gibier; ils chassent avec des flèches empoisonnées. Ils échangent, à Kiang-Hai et ailleurs, de la viande, des cornes et des peaux contre du riz et du sel.

Les femmes ont les cheveux noués de la même manière que les femmes birmanes; leur tête est couverte d'une pièce d'étoffe de coton noir et blanc, dont les extrémités tombent sur le dos.

Elles sont vêtues d'une camisole bordée de drap bleu et rouge, et d'un jupon voyant. Dans les occasions solennelles, elles portent un manteau garni, comme la camisole, avec des boutons d'argent.

Les Mussus font eux-mêmes toutes leurs étoffes. Comme parures, ils portent des colliers d'argent, qui font bien sur leur peau brune, et des colliers fabriqués avec une herbe spéciale qui a des reflets d'or. Leurs grandes boucles d'oreilles m'étonnèrent beaucoup; je voulus en échanger quelques-unes, mais les femmes refusèrent de le faire sans la permission de leurs maris.

Plus tard, dans l'après-midi, arrivèrent les hommes, commandés par leur chef, un bel homme, dont la moustache naissante était frisée aux deux bouts.

Ils portaient des jaquettes courtes formant justaucorps, comme celles des femmes, faites d'une étoffe noire, et des culottes courtes et larges, de la même étoffe. Ils n'étaient pas tous tatoués; deux seulement avaient une figure d'animal sur les jambes. Ils disaient n'avoir jamais vu un farang, et ils s'intéressaient autant à moi que je m'intéressais à eux; mais, comme leur langue est tout autre que celle des Laotes, il fallait converser par l'intermédiaire du tschau et de Kao, ce qui ôtait beaucoup d'intérêt à la conversation.

Je leur donnai à chacun une pièce birmane de six pence (soixante centimes); ils furent enchantés, et je leur achetai quelques colliers et des boucles d'oreille. Je voulus voir leurs arcs et leurs flèches; ils me dirent qu'ils ne les emportaient jamais avec eux dans les villes, mais qu'ils les laissaient toujours dans un arbre, sous la garde des esprits, et qu'ils n'aimaient pas à les vendre. Cependant le chef me promit de m'apporter un arc et deux flèches lorsqu'il reviendrait à Kiang-Hai, ce qu'il ferait bientôt.

On dit que le poison des Mussus est si violent, qu'une bonne quantité peut tuer un rhinocéros une demi-heure après qu'il a été blessé; une petite quantité agit au bout de vingt-quatre heures.

D'après ce qu'ils disent, les Mussus ne craignent rien; car leurs esprits les protègent contre les tigres et tous les autres fauves. Combien m'aurait servi un seul individu de cette tribu pendant ma discussion avec le vieux pya, à Muang-Fang !

Comme preuve de leur hardiesse, le tschau me dit qu'ils étaient les seuls hommes qui voyageassent pendant la nuit au milieu des forêts, et qu'ils se couchaient souvent dans les fourrés les plus épais. Ils croient aux esprits, qui sont partout, d'après leur croyance : dans les arbres, dans les pierres, etc.; ils n'ont pas d'idoles, mais deux fois par an ils exécutent la danse des esprits, où ils leur sacrifient du sang de bipèdes et de quadrupèdes. Les hommes sont très doux, et les femmes très timides.

Quelques jours après, une autre troupe de Mussus vint à la ville uniquement pour voir le farang, dont ils avaient entendu vanter la générosité.

Pour soutenir ma réputation, je dus leur donner aussi six pence à chacun et leur acheter quelques objets.

Le chef, fidèle à sa promesse, m'apporta un arc et des flèches; je lui donnai en échange du tabac et des étoffes.

Avec l'aide du tschau Radjasi, je pus obtenir quelques renseignements sur les Mussus et sur leurs mœurs.

Quand quelqu'un meurt, le cadavre est habillé de blanc, et toute la tribu, hommes, femmes et enfants, est assemblée autour de lui; tous doivent pleurer. Quand une personne ne le peut naturellement, il faut qu'elle emploie des moyens artificiels : elle se met, par exemple, du poivre sous le nez ou dans la bouche, et les larmes coulent.

Quand quelqu'un veut se marier, on sacrifie aux esprits, et on organise une fête.

Comme je demandais si quelqu'un avait jamais vu un esprit, le chef répondit vivement :

« Ils sont comme le vent, on ne peut les voir. »

Depuis quelques jours je m'étais aperçu que je n'étais l'hôte de Radjasi que par le titre, car tous les matins les esclaves étaient envoyés chez les habitants de la ville pour recueillir des vivres, qu'ils n'osaient refuser.

Toute l'organisation économique paraît reposer sur les prêts qu'on se fait les uns aux autres, de sorte que celui qui *emprunte* aujourd'hui une poule est obligé le lendemain d'envoyer des œufs, etc.

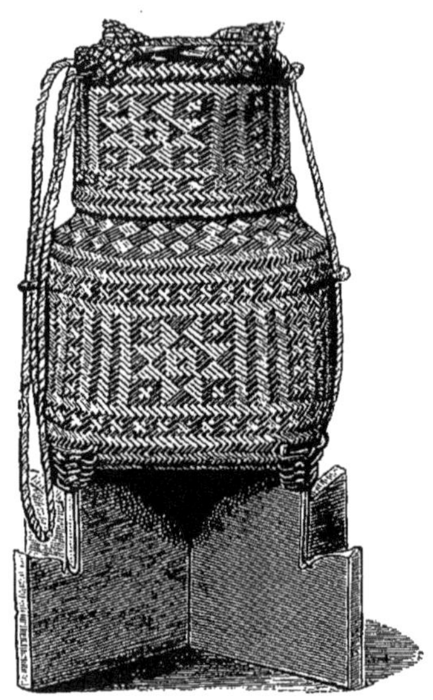

Corbeille à riz des Laoles.

Pour moi, je tâchais de donner le bon exemple en payant au fur et à mesure de mes besoins.

Je fus assiégé continuellement par des personnes me demandant du fil, des bougies, des aiguilles, des flacons d'odeur et d'autres objets. J'en avais apporté une certaine quantité pour les donner, et il ne m'en restait plus.

J'allais souvent au marché, car je ne voulais pas me nourrir à la manière du tschau Radjasi; je me pourvoyais tous les matins de ce qu'il me fallait.

Les jeunes et les vieilles femmes fournissent à toute la ville ce dont elle a besoin; elles sont bien pendant une demi-journée au marché, debout derrière leurs paniers pleins de riz, de volailles et d'œufs. La vraie vente est rare; tout se fait au moyen d'échanges, comme cela se pratique du reste chez tous les peuples encore primitifs; l'argent est inconnu. Ni moi ni mon hôte nous ne regrettions ma résolution de m'occuper de ma nourriture.

Le repas est invariablement composé de riz et de poisson d'une mauvaise odeur; quelquefois on avait un œuf, qui n'était pas frais.

Femme mussu.

Je demandai un jour au chef s'il ne mangeait pas de volailles ou d'œufs frais; ces derniers étaient si bon marché, on en avait quinze pour cinquante-cinq centimes, et huit poulets coûtaient une roupie. Il se mit à rire et me dit : « Quelquefois. » Je crois qu'il ajouta : « Une fois par mois. » Cette sobriété n'était que de l'avarice, car le tschau recevait beaucoup de poules dans les quêtes qu'il faisait faire; mais il préférait les vendre quand il trouvait acheteur. Néanmoins il aimait autant un bon poulet rôti que les autres mets, et, comme je laissais toujours les restes de mes repas pour mes hôtes, cet arrangement convenait à tout le monde; aussi le tschau et sa femme eurent au bout de quelque temps bien meilleure mine, conséquence d'une nourriture meilleure.

Les Laotes mangent deux fois par jour : le matin à sept

heures et au coucher du soleil. Ils s'assoient en cercle par terre; devant chacun d'eux se trouve un plateau avec des plats divers contenant du poisson cuit ou sec, des morceaux de viande de buffle, des œufs au sel ou du porc, enfin l'indispensable riz. Comme légumes, on mange des bourgeons de bambou frits, qui remplacent avantageusement les asperges; des haricots, des bananes, des tamarins et du poivre pilé. L'odeur du poisson, qui pénètre partout, est insupportable, comme l'odeur de l'ail en Espagne; cette odeur vient d'un certain poisson qui est pourri, et qu'on mange ainsi : c'est le *ngapu;* chez les Birmans, on assaisonne avec tous les autres mets.

Les Laotes, les Siamois, les Birmans et les Malais mettent autant de soin pour faire pourrir ce poisson que nos ménagères d'Europe pour conserver la viande fraîche. Le riz est simplement cuit à l'eau ou à l'étouffée, et on le sert à chaque personne à part dans un petit panier; on place aussi une salière à côté de chaque personne, mais les convives ont toujours du sel sur eux. On prend dans le panier un peu de riz avec les doigts, on le roule en forme de boule, et on trempe cette boule dans un ou plusieurs plats avant de la mettre en bouche. On ne se sert ni d'assiettes, ni de couteaux, ni de fourchettes.

Les classes pauvres emploient des feuilles de pisang au lieu des terrines et des plats, qui sont le privilège des riches; on trouve aussi chez les riches ces feuilles de pisang, mais on les jette après le repas; on n'a donc pas la peine de les laver, et ces assiettes ne coûtent rien.

Pendant qu'on mange, il règne un silence profond; après le repas on boit un peu d'eau dans de grands pots de grès, qui font le tour de la table. Chaque personne se rince la bouche et crache l'eau dans un crachoir ou, lorsqu'il n'y en a pas, dans des trous percés dans le plancher.

Mon hôtesse princière faisait le commerce de poterie et de tasses en porcelaine.

Un jour elle me vendit quatorze tasses des plus communes

pour deux roupies, et elle essaya de me faire payer un prix bien plus élevé pour une autre espèce plus jolie. Quand elle vit qu'elle ne réussissait pas, elle se mit à parler avec une volubilité qui aurait fait honneur à une marchande de Paris, en m'engageant à acheter une certaine quantité de cheveux garantis humains, et coupés sur la tête d'hommes vivants.

C'est un article courant, et Chinois et Birmans les recherchent beaucoup. Les premiers les prennent pour allonger leurs nattes, les derniers pour grossir les nœuds de leurs cheveux. Lorsque je lui eus expliqué que je n'en avais que faire, ne portant ni nœud ni natte, elle ne fut pas embarrassée du tout, et elle dit, tant elle avait l'esprit d'un commerçant, que je pourrais les revendre facilement à Bangkok. D'ailleurs ce n'était pas cher de s'acheter une longue natte : elle m'en offrit une de soixante centimètres pour une roupie.

CHAPITRE XXV

Kiang-Hai est un bien petit village; ce n'est que l'ombre de la cité importante qu'on dit avoir existé là il y a quatre cents ans. Le nombre des habitants est à peu près de trois mille cinq cents, et la province dont elle est la capitale n'en compte peut-être pas deux mille de plus. Parmi eux, quinze cents obéissent au tschau Opérat, qui, comme son confrère de Tschengmai, est le maître du pays; les autres sont soumis au tschau Hluang et à d'autres petits chefs.

Devant le tribunal je vis un instrument singulier : ce sont deux pieux entre lesquels sont deux madriers posés l'un sur l'autre; à l'endroit où ils se joignaient étaient percés deux trous. On soulève le madrier supérieur, et on place les pieds du prisonnier dans les trous; le madrier est rabaissé, et on ne peut sortir ses pieds. Je n'ai jamais assisté à l'application de ce châtiment; j'ai vu six prisonniers enchaînés ensemble, qu'on allait juger; ils avaient volé des esclaves et les avaient vendus à Hluang-Prabang.

Le tschau m'apprit qu'un vol supérieur à mille roupies était puni de mort ; la peine est la même pour celui qui vole ou tue un éléphant.

Il existe dans la ville plusieurs temples, mais pauvres et sales. Dans l'un d'eux on trouva, il y a quatre cents ans, le Bouddha fait d'une émeraude qui est maintenant à Bangkok.

Les hommes conviennent bien à la ville qu'ils habitent ; les Laotes du nord sont les moins civilisés ; ils sont grossiers, malpropres, en un mot, de véritables brutes. Ils ne comprennent pas la générosité ; chacun s'efforce de ne pas offenser les esprits contre lui. Leur plus grand désir est d'avoir des objets d'or et d'argent pour les cacher dans un coin ; ils sont peu délicats pour s'en procurer. Loin d'être dignes de confiance, ils sont au contraire très rusés, et être pris en flagrant délit de mensonge leur est complètement indifférent.

Cependant je dois louer leurs bonnes mœurs domestiques. S'il est vrai que la figure de l'homme reflète ses sentiments, les Laotes ne doivent rien ressentir du tout ; on peut bien rarement remarquer un changement dans leurs traits, si ce n'est quand ils se mettent en colère. Cela est aussi vrai pour les hommes que pour les femmes ; bien qu'elles soient très nerveuses, on ne les voit pas souvent pleurer ou rire. Qu'une nouvelle soit bonne ou mauvaise, le Laote l'écoute toujours avec un flegme surprenant ; un diplomate européen donnerait une fortune pour pouvoir se maîtriser ainsi.

Leurs sentiments ne se trahissent que lorsque leur colère a couvé longtemps, et encore, si on ne le remarque pas au changement de leurs traits, c'est dans leur conduite générale et dans leurs mouvements impatients qu'il faut le reconnaître. Cette stoïque insensibilité morale est encore augmentée par la religion et par l'ignorance générale dans laquelle le peuple croupit, de même que par le manque de toute communication avec le reste du monde.

La paresse innée des Laotes trouve un encouragement dans la fertilité de leurs terres, qui leur donnent tout ce dont ils ont besoin sans qu'ils prennent aucune peine.

Voici leur façon de comprendre le sort et la manière
d'être de l'homme : c'est un être vivant qui a certaines fa-
cultés, telles que manger et boire pour tenir le corps attaché
à l'âme, et qui doit en outre payer chaque année une contribution pour nourrir son chef. Le Laote ne désire pas du tout
améliorer sa position sociale; il lui suffit d'entasser toutes les
richesses qui lui tombent sous la main. Dans le pays et surtout dans les contrées éloignées, ce sont les femmes qui font
tous les travaux pénibles : elles sèment le riz, le récoltent, le
nettoient; elles font la cuisine et mangent avec leur mari.

Les hommes font semblant d'aider leurs épouses à ense-
mencer le riz; mais ils sont plutôt spectateurs et laissent volontiers aux femmes tous les travaux fatigants. Pendant que
les femmes sont occupées aux travaux des champs, qu'elles
sèchent le poisson, tissent les étoffes et confectionnent les
habits, les hommes parcourent les forêts avec leurs bœufs et
leurs éléphants; ils coupent du bois, recueillent des bambous
et des herbes pour couvrir leurs toits, sans jamais oublier de
sacrifier au temple voisin avant de se mettre au travail.

Voilà les occupations journalières des Laotes ; ils vivent
dans l'indifférence la plus complète, sans éprouver la moindre
joie. Ils sont, comme les Siamois, fort amateurs de musique,
mais leurs instruments sont peu nombreux; ils n'ont que des
gongs, des tambours et des flûtes de roseaux. Leur plus grand
bonheur est d'accumuler de l'argent ou des provisions.

Les Laotes aiment beaucoup la pêche, où ils sont passés
maîtres, et encore ils n'y trouvent de plaisir que parce qu'ils
espèrent attraper beaucoup de poisson. Ils sont forts, et ne
souffrent pas des changements de température rapides dans
leur pays. Ils dorment la nuit sur la terre dure, protégés par
des feux qu'ils allument pour se chauffer et pour éloigner les
fauves ; pour tout vêtement ils n'ont qu'une couverture de
coton, dans laquelle ils s'enroulent, et ne souffrent aucune-
ment de la rosée abondante qui tombe dans ces contrées,
surtout dans la saison sèche, quand il y a une température
de 6 à 8 degrés Réaumur (de novembre à mai). Ils se plaignent

du froid et ont quelquefois la dysenterie et les fièvres, mais
ils peuvent s'exposer sans danger à tous les temps.

Dans la saison sèche, le climat ressemble un peu au prin-
temps européen, mais il ne tombe pas une goutte d'eau; les
arbres et les plantes ont l'air mort, et on les croirait tels si
l'on ne voyait fleurir les orchidées, qui par leurs fleurs écla-

Laote en voyage.

tantes prouvent bien que les plantes sont pleines de vie. Le
mois de mai donne à tous les végétaux une vigueur nouvelle, et aux premières pluies on commence à semer le riz;
alors les orages, les tempêtes et la grêle se succèdent, terribles, sans interruption. En peu de jours les feuilles re-
commencent à pousser, et toute la nature prend un aspect
souriant.

Pendant la saison des pluies, la chaleur est accablante; le

thermomètre marque, dans l'après-midi, à l'ombre, 28 à
30 degrés Réaumur.

Les Laotes de la campagne sont très sales ; je ne les ai
jamais vu laver la viande et le poisson avant de les cuire ; ils
disent que cela gâte les mets.

Les Laotes doivent avoir, comme les Siamois, la même
origine que les Malais ; cela remonte au temps où Sumatra et
Bornéo faisaient partie du continent. Je n'ai jamais assisté
au mariage d'un Laote avec une Siamoise, quoique les femmes
laotes soient souvent demandées comme épouses par les riches

Laote dans sa couverture.

Siamois, à cause de leur beauté et de leur couleur plus claire
que celle des Siamoises.

A Tschengmai, je vis deux albinos ; ils avaient tous deux la
peau rouge clair, les cheveux blancs et brillants comme le
chanvre, d'un éclat mat ; leurs yeux étaient rouges et ne pouvaient pas s'ouvrir complètement. Ces albinos étaient deux
sœurs, l'une de quatre ans plus âgée que l'autre.

Les femmes ont le teint plus clair que les hommes, il
tire un peu sur le vert olive. Les cheveux sont épais, lisses et
d'un noir brillant, quelquefois approchant du brun. Le visage
des Laotes est plus ouvert que celui des Malais ; les premiers
ont le front haut, le nez bien fait et les narines petites. Les
lèvres, surtout la lèvre supérieure, avancent un peu, et les yeux
sont légèrement de travers. Il y a des femmes et des hommes
qui peuvent plier le coude contrairement à la jointure ; ils en

font autant de leurs mains. Le chef de Tschengmai, qui se disloque aussi les bras et les mains, me dit que, pour exécuter ce tour, il fallait commencer très jeune.

Ce qui manque le plus aux indigènes est une organisation commerciale supérieure à celle qu'ils ont actuellement. S'ils avaient des chemins de fer, et s'ils voulaient encourager le progrès, ils pourraient changer leur pauvreté actuelle en une aisance relative.

On ne sait à quoi attribuer leur éloignement du reste du monde. Leurs forêts sont pleines de bois de construction magnifique; le coton rapporte beaucoup; ils ne manquent pas de bétail; dans les forêts il y a du gibier en grande quantité, et les éléphants sont nombreux; les rivières sont très poissonneuses; néanmoins le commerce est restreint à une exportation insignifiante de poisson, de coton et d'ivoire. L'importation est presque nulle; elle est dans les mains des commerçants du Yunnan et de Niau, qui, de Kiang-Hai comme centre, vont à Tschengmai, Hluang-Prabang et à Muang-Nau.

La peau des pachydermes et des animaux qui ont des écailles est l'objet d'un commerce particulier : on l'emploie comme remède.

Un jour le fils du tschau Opérat revint de la chasse et rapporta un rhinocéros femelle. Alors Kao, voulant revendre son sang de bœuf acheté à Muang-Fang, paya d'un bon prix plusieurs morceaux des sabots et de la peau de l'animal, pour prouver à ses futurs acheteurs de Bangkok que le sang de bœuf était bien du sang de rhinocéros. Il acheta aussi un peu de vrai sang pour son usage, et choisit en outre deux morceaux de la corne; celle-ci vaut jusqu'à 1 250 francs, car on l'emploie aussi en médecine. J'achetai pour ma part le crâne du pachyderme moyennant un fusil se chargeant par la culasse et quelques cartouches.

La chair et la peau furent vendues aux indigènes, qui aiment beaucoup ce gibier. Ils mangent de tout, du buffle, du tigre, du singe et du rhinocéros, et se régalent de la peau aussi bien que de la chair.

J'allai souvent voir la femme du tschau Opérat, une dame
d'un certain âge et très aimable, qui m'avait envoyé du riz et
des bananes; je lui fis grand plaisir en lui remettant un flacon
d'odeur et une boîte d'aiguilles.

Elle demeurait dans une maison très spacieuse, et était tou-

Vers à soie.

jours occupée à confectionner des habits de soie, pendant
qu'une de ses esclaves tissait à côté d'elle. Le tschau Opérat
passait pour être très riche; on disait qu'il possédait beaucoup
d'argent et une soixantaine d'éléphants.

Mais si les princesses riches ne sont pas dispensées de la
fabrication de leurs étoffes et de leurs habits, elles les font du
moins en soie, tandis que les femmes pauvres tissent les leurs

en coton. L'habit essentiel du Laote est le *patoi,* qui répond au *panung* ou *palai* siamois, et qui consiste en une bande d'étoffe de soie ou de coton, selon le rang de la personne. Mais tout cela a déjà été dit, je n'ai donc pas à y revenir.

Lorsque le Laote des basses classes monte en bateau ou se livre à un autre travail, il retrousse, pour être plus libre, le bas du patoi ; on peut alors admirer ses jambes tatouées. Sa hache ou son couteau est passé derrière le dos dans son patoi.

Chaque maison possède un métier à tisser, et tout ce que porte le Laote est fabriqué chez lui. Le coton pousse partout, et il n'est pas cher. Quelques princes portent des vêtements de soie ornés d'un liseré d'or.

Les cocons du ver à soie sont ramassés et filés au pays même, mais ils ne donnent qu'une étoffe grossière et incommode ; la soie dont on se sert est échangée aux marchands du Yunnan contre le coton indigène, qui se récolte en trop grande quantité.

Les étoffes sont bleu marin, jaune orange, brun ou chocolat ; ce sont les couleurs les plus usitées. Généralement une couleur suffit ; mais, à Lakon, on avait aussi un modèle bigarré, bleu, jaune, rouge, étoffe très recherchée.

Dans la saison fraîche, quand le thermomètre indique 8 degrés Réaumur, le hommes et les femmes portent un grand châle épais en coton, ordinairement rayé de rouge et de blanc ; ils ont encore un grand manteau de coton ou de soie, qu'ils mettent pour les fêtes, et qui se porte roulé autour du corps sans couvrir les épaules. Les princes et les personnes riches sont vêtus d'un justaucorps étroit, en soie ou en coton. Dans cette saison, les hommes portent des sandales en peau de buffle. Chaque homme se couvre la tête d'une façon différente ; on voit beaucoup de chapeaux en feuilles de palmier, et les formes en sont variées. Dans le nord, les grands chapeaux du Yunnan coûtent de douze à seize francs. Le chapeau de Niau ressemble à une casquette ; il est en étoffe doublée de coton ; les prêtres s'en servent particulièrement.

Le vêtement principal des femmes ressemble au jupon des

femmes européennes ; il est comme le patoi, mais avec la différence qu'il est fait de trois pièces d'étoffe de trois nuances
distinctes. La plus grande, qui couvre le corps, de la poitrine
jusqu'aux genoux, est faite de coton ordinaire ; elle a cinquante-
cinq centimètres de largeur et est toujours rayée en large de
jaune, de bleu ou de rouge. De cette façon, les rayures forment
des cercles autour du corps ; à cette première partie est cousue
une petite bande de couleur noire ou blanche allant jusqu'à la
poitrine ; en bas, c'est une pièce d'étoffe rouge ou brun foncé,
de la largeur de trente centimètres.

Si la partie principale est en soie, la partie inférieure est
aussi de la même étoffe, quelquefois brodée d'or ; cette bro-
derie coûte jusqu'à soixante roupies, tandis que tout l'habillement, fait de solide coton, ne coûte pas plus de deux roupies.
Cet habit (*sin*), on le roule autour du corps en rentrant les
bouts de chaque côté. Le *pahtong* se porte sur le sin ; il couvre
en partie la poitrine, et est de couleur rose, blanche ou jaune.

Quelques femmes laotes portent des jaquettes boutonnées,
aux manches trop étroites, qui rappellent les jerseys européens. Ces vêtements peu élastiques sont difficiles à mettre et
à ôter. Les femmes ont dans ces habits un air beaucoup moins
gracieux que dans leurs vêtements nationaux. Nulle part, en
Orient, on ne trouve un habillement aussi simple et qui aille
aussi bien que le sin et le pahtong des femmes laotes.

Quand les couleurs sont bien assorties, — et il faut dire à
l'honneur des femmes qu'elles le sont presque toujours, — l'effet
qu'elles produisent est très agréable.

La coiffure est simple et gracieuse : on laisse pousser les
cheveux très longs, et on en forme derrière la tête un gros
nœud toujours orné de fleurs. Quelquefois aussi on pique une
orchidée ou une autre fleur derrière l'oreille. Les hommes et
les femmes adorent les fleurs, et la nature est vraiment généreuse pour eux. Partout on en trouve : dans les forêts, dans les
bois, dans les prés. Les femmes ornent aussi leurs cheveux
d'épingles d'or dont la tête est formée par des pyramides ou
des perles.

Dans les fêtes, elles portent des bracelets d'or et d'argent, tantôt ciselés, tantôt polis, tantôt en forme de chaîne, tantôt en forme de mailles. Les hommes se font couper les cheveux très courts ou se font raser la tête, à l'exception d'une touffe au milieu, qui est taillée en brosse.

De même que les Malais et les Dayaks, les Laotes n'ont pas de barbe ; et si quelques poils paraissent, ils sont aussitôt arrachés sans pitié. On me montra un jour, comme une curiosité, un Laote qui portait des favoris.

Ce que j'ai écrit peut être regardé comme rigoureusement exact ; car je ne raconte que ce que j'ai vu de mes yeux et ce qui m'a été dit par le missionnaire Wilson et le docteur Check, personnages bien dignes de foi.

CHAPITRE XXVI

Dans la soirée du 21 mars, je fis une visite au tschau
Hluang; c'était un homme de soixante à soixante-dix ans,
qui habitait dans une maison digne de sa misérable capitale.
Je lui demandai conseil pour un voyage au Yunnan par Kiang-
Tung. Il répondit que c'était impossible, qu'il n'osait pas
envoyer ses éléphants au delà de la frontière, parce que les
relations entre les deux peuples étaient fort tendues, et qu'on
les soupçonnait de méditer une invasion pour reprendre la
ville de Kiang-Tsen. L'événement donna raison à cette pré-
vision.

Un après-midi, je faisais visite au radjawang, un prince
d'un rang inférieur à celui du tschau Opérat; il était très
loquace, et me raconta qu'il avait été jusqu'à Kiang-Tung et
qu'il s'y était arrêté pendant cinq mois.

D'après lui, on y avait des coutumes singulières. Si quelqu'un vole un cheval, il est attaché par les mains et par les
pieds à la queue du cheval et traîné jusqu'à ce que mort
s'en suive.

Si quelqu'un vole un porc, il est lié, cousu dans la peau d'un « habillé de soies », et on jette le tout dans le feu. Cependant, malgré ces sévères punitions, les vols étaient fréquents, et les étrangers en étaient surtout victimes; il me dissuada aussi d'entrer dans le Niau.

Il me dit que, de plus, au moment de son départ, Kiang-Tung était dans une situation anormale; que son gouverneur, quand il n'était pas en prière dans les wats, était toujours ivre; qu'il commençait à boire le soir à sept heures et continuait toute la nuit; qu'il dormait le matin et n'était visible qu'à midi; depuis lors, cette conduite avait tellement fâché le roi de Birmanie, qu'il avait remis le gouvernement au tschau Fa, de Kiang-Keng.

En été, il paraît que la chaleur est si forte pendant le jour à Kiang-Tung, que les indigènes ne peuvent se coucher sur leurs nattes sans les avoir mouillées auparavant.

Pendant cette conversation, un messager vint lire une lettre du chef de Kiang-Tsen, où il disait que les Niaus préparaient de la poudre et des balles, et qu'ils attendaient l'arrivée du chef des Niaus du voisinage, qui voulait conquérir la moitié de la province de Kiang-Tsen. Malgré tout, je décidai de voir par moi-même si l'exécution de mon plan n'était pas possible.

Je quittai le 25 mars mon habitation du moment, la résidence du tschau, et me lançai sur les eaux du Mékok dans un bateau que le chef de Kiang-Hai m'avait prêté pour aller à Kiang-Tsen.

Mon départ eut lieu à sept heures du matin.

Un vieux pya me suivit avec ses gens pour m'observer, et, comme je l'appris plus tard, pour faire son rapport à Muang-Fang.

La rivière était obstruée par de nombreux bancs de sable, et nous n'étions pas sans être exposés jusqu'à ce que nous eussions atteint le Mékong.

Dans la soirée du deuxième jour, un fleuve magnifique, deux fois aussi large, — ici, où nous étions éloignés de 1 600 kilomètres de son embouchure, — que le Ménam à

Bangkok, profond et impétueux ; car le pays, assez plat jusque-là, devient accidenté. Juste à notre entrée dans le Mékong, l'air s'obscurcit soudainement, et un vent froid nous saisit.

Au loin dans la direction de l'ouest, un nuage s'approcha, éloigné d'une distance très minime du fleuve ; le vent souleva tout sur son passage : de la poussière, des copeaux, des feuilles, de l'herbe et des branches. Le vent nous saisit en mugissant et en agitant le fleuve jusque dans ses profondeurs. Heureusement que nous étions tout près du rivage ; nous pûmes donc attacher le bateau au moyen de trois cordes de jonc avant que la tempête n'eût atteint son paroxysme.

Mais nous fûmes presque renversés quand même, et ce que le vent ne put exécuter, la pluie l'acheva presque. Les coups retentissants du tonnerre et les éclairs se succédaient sans interruption, et une pluie violente tomba.

Notre bateau était à moitié rempli d'eau.

Quelques-uns de mes gens se pressaient, grelottant et gémissant, dans ma cabine ; les autres cherchaient un refuge dans la broussaille épaisse du rivage.

Quand le plus fort de l'orage fut passé, tout était trempé, dégouttant d'eau. Dormir n'était pas possible, ni dans le bateau ni à terre ; mais mes gens n'avaient pas envie de repartir ; ils préférèrent se coucher sur le sol trempé plutôt que de faire un petit effort.

Quand je vis qu'ils n'écoutaient pas mes ordres de ramer vers Kiang-Tsen, je coupai les cordes qui nous retenaient, et le bateau se mit tout seul en route.

Au même moment les bateliers saisirent les rames, et quelques instants après nous vîmes deux bateaux attachés au rivage.

Il y avait donc tout près de là une demeure quelconque.

Je fis arrêter notre bateau, sautai à terre, suivis un sentier qui entrait dans la forêt, et rencontrai bientôt deux misérables chaumières.

Leurs habitants étaient étonnés de voir un blanc, mais ils furent bientôt prêts à nous donner à tous un gîte pour la nuit.

Il n'était pas de première qualité; mais un toit troué est toujours meilleur que rien, et bientôt un bon sommeil me procura l'oubli de tout ce qui m'entourait.

Kiang-Tsen n'était plus éloigné que d'une heure par eau.

Avant mon départ, je dressai une perche à l'arrière de mon embarcation, et j'y accrochai le drapeau siamois avec l'éléphant blanc, ces pays étant sous la domination du roi de Siam.

Une navigation d'une heure nous amena effectivement à Kiang-Tsen, et notre arrivée fit quelque sensation parmi ses habitants somnolents.

Je fus logé dans une jolie petite chaumière, qui avait été habitée dernièrement par un prince de Tschengmai, et, pour embellir ma demeure, je fis hisser la bannière royale tout près de ma porte.

Les habitants, pour la plupart des Laotes, étaient seulement là depuis trois ans, c'est-à-dire depuis que la ville avait été prise aux Niaus par la population de Tschengmai; jamais ils n'avaient encore vu déployer ici le drapeau de leur souverain.

Presque immédiatement après mon arrivée, je fis une visite au tschau. C'était un prince de Lampun, qui parut avoir le désir de se montrer aussi malveillant que possible. Par bonheur il ne pouvait pas me nuire beaucoup, parce que sa puissance était très restreinte; je n'avais même pas besoin d'une lettre de recommandation spéciale pour lui, celle du chef de Kiang-Hai devant me servir pour lui en même temps.

Je le priai de me donner quelques hommes, qui pourraient m'aider à chasser dans les forêts voisines. Celles-ci étaient très étendues, et la population très clairsemée; j'espérais y trouver quelques raretés zoologiques; mais le chef me répliqua brièvement qu'il n'avait personne pour moi. Dans le grand nombre des fonctionnaires, j'aurais pu avoir la chance d'en trouver quelques-uns même qui m'auraient accompagné; mais le tschau persista dans sa décision, malgré ma promesse de payer non seulement les gens et de les pourvoir de munitions, mais de leur faire encore un cadeau.

Les tentatives que je fis directement pour trouver quelques personnes de bonne volonté échouèrent.

On était très ému par la nouvelle que deux mille Birmans s'étaient joints aux Niaus, et qu'ils avaient établi leur camp dans les montagnes, où ils étaient occupés à la fabrication de la poudre et du plomb, dans l'intention de tomber à l'improviste sur Kiang-Tsen et de le reprendre.

Cette nouvelle attestait la justesse des informations du tschau Hluang de Kiang-Hai.

Ces menaces exclurent pour moi toute possibilité d'entrer sur le territoire des Niaus.

Le tschau ne voulait permettre à aucun de ses sujets de s'avancer en territoire niau, ni par terre ni par eau, et je doute que quelqu'un lui eût obéi s'il avait donné l'ordre que je désirais.

La population est très grossière ; il est vrai qu'elle est composée de proscrits, et cette considération est peut-être faite pour adoucir mon jugement à leur égard.

On les accusait tous d'être possédés du *Pi-ka;* c'est un méchant esprit qui chasse annuellement des centaines de personnes de leur patrie. Pour découvrir si une personne est possédée de cet esprit, on procède de la manière suivante. Lorsqu'un indigène a la fièvre, on cherche un médecin d'esprit ; le médecin entoure fortement de bandages le bras du patient, et laisse alors glisser ses doigts sur les veines de l'avant-bras jusqu'à ce qu'elles gonflent et menacent d'éclater. C'est dans les veines qu'on cherche le siège du Pi-ka. Alors le malade est tourmenté corporellement et moralement ; d'un côté on le questionne, d'un autre côté on frappe ses veines enflées, ou on les pique avec des pointes aiguës, jusqu'à ce qu'il réponde affirmativement à la question qu'on lui adresse, à savoir : s'il est sous l'influence d'une personne dont on lui cite le nom.

S'il dit oui, ou si, dans son délire, il cite un autre nom,

alors la personne désignée par le malade est accusée d'être Pi-ka. On la dénonce, puis elle est proscrite. On brûle sa demeure, on abat ses arbres, ses champs de riz sont confisqués, et il faut que l'accusé émigre avec sa famille dans une autre province et qu'il recommence une nouvelle vie.

Avant de quitter Tschengmai, j'entendis un jour un grand bruit dans la ville : plusieurs familles s'apprêtaient à partir en toute hâte. Je m'informai de la cause de ce départ, et j'appris que ces malheureux étaient proscrits parce qu'ils étaient possédés du Pi-ka.

Ils partaient précisément pour Kiang-Tsen. La ville est située sur la rive droite du fleuve, à 264 mètres au-dessus du niveau de la mer ; elle est dans un état déplorable, mais elle porte des traces de sa gloire passée.

Dans les temples en ruines se trouvent des chefs-d'œuvre multiples. Déçu dans mes espérances de collectionner des animaux, je me mis à fouiller les ruines ; l'exécution des œuvres que je trouvais sous mes pas était plus soignée que ce que j'avais vu dans les autres endroits. Quelques tours étaient ornées avec profusion de sculptures d'une grande valeur artistique, mais tout avait été saccagé par les Laotes victorieux ; toutes les pièces de valeur avaient été enlevées. Le sol était jonché de débris de figures de Bouddha, quelques-unes de dimensions colossales. Les Niaus des environs venaient y sacrifier de temps en temps. Il était évident pour moi qu'ils ne se reposeraient pas avant de s'être vengés des Laotes.

Je visitai plusieurs des pratschedis en ruine ; dans l'un d'eux je trouvai un Bouddha sous un baldaquin, avec l'ornement du serpent à cinq têtes.

Les indigènes me dirent que c'était une pièce très rare, et, à la vérité, je n'en ai vu que six de cette espèce dans tous les temples que j'ai visités en Siam et en Lao.

Les environs sont très beaux ; ils offrent les plus ravissants paysages que j'aie vus dans mes voyages aux Indes.

Le fleuve coule entre des bords élevés de 4 mètres 50 au-

dessus de ses eaux ; à droite, des montagnes s'élèvent par
degrés, s'enfonçant dans le Niau ; ces rangées de collines
s'étendent jusqu'aux frontières du Tonkin.

Des forêts interminables et d'une richesse immense, peuplées d'arbres de teck et de caoutchouc, s'étendent à perte de
vue devant le voyageur émerveillé.

Le pays, à l'est, devrait être exploité à fond ; si on y trouvait
un cours d'eau navigable, on pourrait transporter les bois à la
côte.

Le climat est moins chaud qu'en Siam, puisque le sol monte
insensiblement. Voici l'échelle : à Tschengmai, 210 mètres au-
dessus du niveau de la mer ; à Muang-Fang, 360 mètres ;
à Kiang-Haï, 345 mètres ; à Kiang-Tsen il s'abaisse à 264.
Souvent le thermomètre n'indiquait, à huit heures du matin,
que 8 degrés Réaumur.

Après un court délai, je revins à Kiang-Hai chez mon
ancien hôte. Dès qu'il aperçut la statue que j'avais rapportée,
il ne voulut pas qu'elle entrât dans sa maison, parce que cela
lui attirerait, disait-il, les visites des esprits ; il la fit porter
dans un temple situé en face, où je devais la reprendre à mon
départ.

Je crois que le tschau superstitieux avait soupçonné que
moi ou mon Bouddha, ou tous les deux, avions amené le
malheur dans sa maison ; car son petit enfant, qui venait de
se remettre un peu d'une fièvre, redevint plus souffrant après
mon retour.

Alors un esclave fit deux figurines en terre et les mit
avec du riz sous la véranda. Cela avait l'air d'un piège à
oiseaux ; mais je ne fis pas de comparaison déplacée, je m'informai seulement quel en était le but. On me dit que cela
chasserait les mauvais esprits. L'esclave, en me faisant cette
réponse, me jeta un regard peu bienveillant, comme s'il
m'avait pris pour la personnification de ces êtres malfaisants.
Je me l'imagine peut-être ; mais je chassais cette pensée en
souhaitant de tout mon cœur la santé de l'enfant.

Une heure plus tard vint le médecin, un homme de haute

taille, dans les quarante-cinq ans ; il portait un récipient en argent, dans lequel se trouvait un liquide que, dans mon innocence, je pris pour une médecine.

Le père sortit avec l'enfant et le tint sur ses genoux ; le médecin récita quelques prières et cassa des œufs cuits qui puaient parce qu'ils étaient pourris. Le malade ne fut pas calmé, mais excité davantage, et ses cris redoublèrent. Alors le médecin attacha un fil autour d'une main de l'enfant, puis partit.

Le jour suivant, si l'enfant n'était pas mieux, on devait essayer d'une médecine.

Je crois que, s'il était mort pendant ce temps, on n'aurait pas manqué de m'imputer sa mort.

A ma grande joie, un mieux se fit sentir.

Le médecin d'esprits avait réussi à chasser les démons ; aussi reçut-il pour honoraires quelques mètres de calicot blanc, ce dont il fut très content, à en juger d'après ses révérences.

C'était un grand personnage dans l'art de guérir ; il possédait la science psychologique et physiologique.

Dans chaque village il y a un médecin d'esprits, et on le consulte dans les cas réels ou présumés. Les maladies principales du pays, sont la fièvre intermittente (malaria), la dysenterie et la petite vérole. La lèpre se rencontre souvent aussi ; ceux qui en sont atteints ne doivent pas rester dans les villages, on les parque tous dans un endroit isolé.

Dès qu'un cas de maladie se présente, on sacrifie vite aux esprits ; les médecines ne peuvent être données qu'après. En quoi consistent-elles ? Pendant que j'étais à Muang-Fang, la petite fille de mon hôte souffrait d'abcès. On envoya chercher une femme, qui apporta une pommade brune, et elle en mit à l'endroit du corps où la maladie était « en fleur », disait-elle. Elle ajouta que dans quelques instants l'abcès s'ouvrirait, et effectivement il s'ouvrit ; mais c'était son doigt qui l'avait pressé, et voilà pourquoi il s'était ouvert.

Je demandai quel était le remède qui produisait un effet si

spontané, et l'on me dit que c'était de la pelure de bananes brûlée, mêlée de lait et d'un peu de cette chaux dont on se sert pour pétrir le bétel.

En dehors des médecins de profession, il existe presque dans chaque famille un médium privé. Nos spirites feraient bien de fixer leur attention sur ce peuple, qui est tellement rempli de la foi aux esprits, avec lesquels il est en communication continuelle.

Dans la famille du tschau Hluang de Tschengmai, il existait un médium, la princesse Ubou Lawana, la sœur de la femme du tschau : une dame un peu extravagante, que je connus pendant mon séjour à Tschengmai, et avec laquelle j'eus l'avantage de m'entretenir sur les moyens d'évoquer les esprits. Mais il fut difficile de lui arracher quelque chose, et le docteur Cheek, qui tâcha de m'aider, ne fut pas plus heureux. Dans les cas difficiles, on s'adressait à elle pour qu'elle servît de médium.

Alors elle se mettait en état d'excitation ; elle s'entourait de danseurs ; elle dansait elle-même et prononçait de courtes phrases, comprises seulement par les esprits.

A mon avis, le médium est sous l'influence d'une sorte d'ivresse provoquée par les tourbillonnements des danseurs et par des libations répétées de *sanschu*.

J'ai vu souvent ces danseurs à l'œuvre.

Une fois la femme du chef de Tschengmai tomba malade, et la princesse Ubou fut priée de consulter les esprits sur la cause du malaise.

Après bien des danses et des sacrifices nécessaires en boissons, l'esprit daigna faire, par la bouche du médium princier, cette exhortation pleine de sens : « L'esprit défend le monopole de l'eau-de-vie ! »

Sans doute cette phrase était inspirée par un esprit ; mais comment la mettre en rapport avec la maladie de la femme du chef ?

Une autre fois j'ai vu une représentation publique de la danse des esprits dans les rues de Tschengmai.

Je me promenais dans la ville, et j'entendis dans une ruelle un grand bruit et une musique sauvage. Je courus, et je vis une foule de gens qui accompagnaient avec des tams-tams et des flûtes les gestes excentriques de deux vieilles femmes, qui se tordaient dans des convulsions, dansaient, s'arrachaient les cheveux et criaient d'une manière sauvage.

C'étaient des « danseuses d'esprits » de profession ; elles devaient chasser, contre payement, les esprits de la maison voisine.

Cette superstition extraordinaire rend le séjour de l'étranger très difficile dans le pays. Lorsqu'une chose ne va pas ; quand, par exemple, il pleut trop ou pas assez ; quand quelqu'un meurt ou tombe malade ; quand les tigres se mettent à dévorer les gens et les bêtes dans la nuit, quand un buffle ou un éléphant se perd, alors il est certain que le farang, c'est-à-dire l'étranger, en est la cause ; sa présence ne plaît pas aux esprits, qui montrent leur mécontentement en causant un malheur.

Les indigènes sont tout de suite prêts à rendre le farang responsable et à faire de lui un bouc émissaire.

Si les esprits sont vraiment des êtres aussi désagréables que les Laotes le croient, je ne suis pas surpris qu'ils soient haïs, conspués et craints partout.

L'histoire suivante, qu'un missionnaire, à Tschengmai, m'a garantie vraie, montre la puissance extraordinaire qu'a la superstition chez les Laotes :

Dans les crémations, il arrive quelquefois que le corps n'est pas tout à fait réduit en cendres, et qu'une petite partie, probablement les intestins, devient une masse compacte, carbonisée seulement.

Les Laotes l'attribuent à des morceaux de peau de buffle, de bois, et à d'autres objets qu'un ennemi a fait entrer d'une manière surnaturelle dans le corps de la personne décédée.

La puissance d'accomplir une pareille action de mauvais voisinage s'appelle *tjang-tu,* et les personnes qui commettent ce crime et qui ont ce pouvoir brûlent tous les sept jours des peaux, des os et des cornes de différents animaux, et de cette cendre naît un insecte singulier. Cet insecte se pose sur la personne qu'on veut faire mourir, et introduit dans son corps une masse dure qui occasionne sa mort. A la crémation, cette masse étrangère ne se consume pas.

Peu de temps avant mon arrivée, deux Kares avaient voulu acheter un instrument de musique à un Laote; mais celui-ci refusa de s'en défaire. Deux jours plus tard il mourut, et, lorsque quinze jours après on brûla son corps, on trouva dans la cendre une agglomération singulière, que les indigènes déclarèrent être le haut de cet instrument.

Ce fut une preuve que les deux Kares possédaient le tjang-tu, et on les exécuta.

Les Siamois ont une peur indescriptible du tjang-tu.

CHAPITRE XXVII

Mes efforts tendaient maintenant à retourner à Tschengmai.

Je me rendis donc chez le chef, pour lui demander trente hommes qui pussent transporter mon bagage et mes idoles à Muang-Fang.

Après avoir causé de choses et d'autres, et m'avoir objecté une foule de mauvaises raisons, le chef finit par me déclarer qu'il n'avait pas d'hommes.

Mais il sentit la nécessité de me berner ; il promit de me donner trente hommes au bout d'une semaine. Je savais fort bien que je n'avais que peu de chances de réussir ; cependant je fus étonné lorsque mon hôte me déclara un jour que le tschau n'avait pas l'intention de tenir sa promesse. Mais ma position devint encore plus critique quand j'appris que le radjawang et le radjaput étaient contre moi, et qu'ils faisaient tout pour affermir le tschau dans ses intentions.

Je fis donc rappeler au tschau que la semaine s'écoulait et que je faisais sérieusement mes préparatifs de départ. Il m'envoya dire qu'il fallait me contenter de quinze hommes ; mais j'étais résolu à ne pas me rendre, et je fis répondre que je ne pouvais me contenter de moins de trente coolies et de deux bateaux, et que la promesse non tenue pourrait lui causer des désagréments.

Alors on battit la grosse caisse pour réunir les chefs en conseil, et là on agita la question de savoir si le tschau était tenu de remplir sa promesse ou non; les fils étaient d'avis que non; mais lui-même proposa de donner quinze hommes tout de suite, pour garder sa dignité, et que les quinze autres seraient envoyés à Tatong.

Je me gardai bien de tomber dans le piège; je persistai à vouloir que la promesse du tschau fût exécutée.

Les choses se seraient éternisées, si la femme du tschau Opérat n'était venue à mon secours en m'offrant les trente hommes, et cette promesse fut vite exécutée, car les trente coolies étaient prêts le matin du 7 avril avec le bateau du tschau Opérat : et nous partîmes pour Tatong.

La femme du tschau Opérat me remit même une lettre pour un de ses gérants à Ban-Mejan, où elle avait une plantation de pisang, et le gérant reçut l'ordre de m'offrir un échantillon de ce fruit délicieux. En faisant nos adieux, midi était arrivé, et nous partîmes sous le soleil brûlant.

Nous devions remonter le fleuve, et ce fut très fatigant, car les dernières pluies avaient gonflé la rivière.

A cinq heures du soir nous étions à Ben-Mejan, et nous y passâmes malheureusement la nuit par la pluie; je dis malheureusement, parce que nous nous trouvions juste au-dessous de barrages et que la crue rendait la traversée plus difficile.

Le fleuve coule parmi des rochers qui rendent impossible le débarquement et qui empêchent de tirer le bateau; car ils sont à pic et descendent au-dessous des eaux. Il ne nous restait donc d'autre moyen à employer que nos bras et nos jambes, et de traverser ainsi les flots; je puis dire que l'équipage s'acquitta de son devoir avec dévouement.

Deux fois mon bateau manqua d'être renversé.

En quelques endroits il fallut tout enlever des bateaux et porter les bagages pendant un moment, pour les recharger ensuite.

Ces embarras durèrent trois jours et trois nuits. Nous dûmes jeter l'ancre au milieu du fleuve, faute de pouvoir trouver une place pour aborder.

Enfin, le quatrième jour, nous pûmes débarquer et passer la nuit tranquillement.

Nous arrivâmes ensuite à Tatong; j'y laissai trois hommes pour surveiller les bateaux, et je me mis en route pour Muang-Fang.

En chemin j'allais voir Mau-Sua, et j'appris qu'il n'avait rien tué pendant mon absence.

Je lui fis des reproches; il me répondit qu'il avait reçu l'ordre de Tschengmai de ne rien tuer pour moi, et que toute la population avait ordre d'entraver ma marche en semant les difficultés sur mon chemin.

Il me montra une lettre du tschau Opérat, qui défendait d'exécuter les ordres du tschau Hluang.

A Muang-Fang, je trouvai des lettres de mon ami le docteur Cheek, dans laquelle il m'annonçait l'envoi d'un messager sur l'ordre du tschau de Tschengmai, donnant l'ordre à tous les fonctionnaires à Muang-Fang et à Muang-Pan de me fournir des éléphants et des gens pour mon transport.

Je fis appeler le vieux pya, qui constata avec dépit que j'avais trouvé tant de gens à Kiang-Hai. Malheureusement la lettre du chef n'était pas arrivée encore, ayant été remise d'abord à Muang-Pan. Dès que le vieux pya le sut, il décida de paralyser ma marche. Il m'avait à peine quitté, que j'entendis le son du gong appelant les membres du conseil afin de savoir ce qu'il fallait faire de l'étranger importun. On ne voulait prendre aucune décision jusqu'à l'arrivée de la lettre du tschau; on verrait alors si on m'enverrait du secours de Muang-Pan.

Comme je savais n'avoir rien à attendre de Muang-Pan et que j'avais vingt-sept coolies sur les bras à nourrir, ne pouvant compter sur personne dans le camp ennemi, je trouvai ma position assez désespérée.

Les fauves de la forêt parurent aussi se mettre contre moi ; car, dans la première nuit après mon arrivée, un tigre dévora un chien sous la cabane contiguë à la mienne, et naturellement ce fut la faute du farang.

On tua le brigand, mais cela ne suffit pas pour m'assurer les sympathies.

Cependant l'attention de la population fut bientôt attirée ailleurs.

Le jour suivant, 12 avril, c'était la fête du jour de l'an, et la population était occupée à faire des gâteaux de riz, à apprêter les cadeaux pour les prêtres ainsi qu'à faire les préparatifs pour la fête du troisième jour de la nouvelle année ; pour cette circonstance, le clergé de Muang-Fang fut même renforcé de quelques saints personnages des villages voisins.

La dernière pluie avait favorisé la pêche ; les rives du fleuve étaient donc garnies de pêcheurs, qui voulaient s'approvisionner pour les jours de fête.

On emploie un filet qui est fixé à une perche de bambou ; on plonge ce filet, et on le retire de temps à autre pour prendre le poisson. Les poissons capturés le matin sont fumés le soir : on leur coupe d'abord la tête, on les vide, on les fend par le milieu, puis on les étale sur des bâtons de bambou, et on les fume.

J'espérais tirer mon profit de la préoccupation générale pour les fêtes du nouvel an, en décidant mes gens à enlever mes idoles, qui avaient retardé jusque-là mon départ.

Je leur dis de se tenir prêts à partir le lendemain pour Muang-Nai, le prochain village ; de là, je pensais continuer mon voyage par voie d'eau jusqu'à Tschengmai. Mais le vieux pya avait eu vent de mon projet ; il fit appeler auprès de lui le conducteur de Kiang-Hai et lui défendit d'enlever les idoles.

Lorsque je donnai l'ordre du départ, le conducteur des coolies se refusa à le transmettre à ses gens.

Peu à peu le peuple s'amassa autour de ma chaumière ; on

semblait se moquer de moi et de ma situation, mais on n'avait pas d'intentions hostiles.

On regardait la chose comme une bonne plaisanterie.

Le conducteur ne voulait tenir compte que de l'ordre reçu du pya, non parce qu'il devait des égards aux idoles, mais parce qu'il crut de son intérêt de se ranger du côté du plus fort. Dans cette détresse, je me souvins d'un bon conseil qu'un Américain rusé m'avait donné à Java ; il m'avait dit que la clef d'argent ouvre toutes les serrures en Orient. Je saisis le conducteur par le bras, je fis signe à Kao de me suivre dans ma cabane, et je donnai au récalcitrant une belle jaquette brodée d'or et quelques roupies.

L'effet fut merveilleux.

Sans dire un mot, il sortit et alla dire à ses camarades qu'ils ne devaient aucune obéissance aux ordres du pya, mais qu'ils avaient à obéir aux ordres reçus à Kiang-Hai. Il leur ordonna de charger les objets sur leurs épaules et de partir.

A huit heures, j'eus la satisfaction de voir mes trésors en route pour Tschengmai et en dehors du pouvoir du pya.

J'accompagnai les coolies un bout de chemin ; je leur montrai les paquets où ils trouveraient du riz et du tabac pour leurs besoins ; je leur promis en outre un cadeau en argent s'ils arrivaient à bon port avec mes bagages, sans rien abîmer ; puis, chargeant Yang de la surveillance, je revins au village pour assister aux solennités de la fête.

Vers dix heures du matin, toute la population, excepté les nourrissons, se rendit au wat en bambou, misérable chaumière où l'on sacrifie toutes les choses habituelles à la divinité.

Les dons furent déposés à terre devant le wat ; on forma ainsi une espèce d'exposition de tous les objets imaginables, et les prêtres n'eurent pas le temps de les enlever assez vite pour les transporter dans le temple, qui fut bientôt rempli. Le peuple se divisa en deux bandes devant le wat : deux groupes d'hommes au milieu, et des deux côtés un groupe de femmes. On avait construit une tente pour le tschau et les fonctionnaires.

Parmi ces derniers se montrait un prince de Tschengmai en habits splendides ; il était couché sur un coussin multicolore richement brodé. Derrière le premier demi-cercle se trouvait un autre groupe d'hommes qui n'étaient pas bouddhistes ou esclaves, car ils ne portaient ni fleurs ni bougies.

Après le dépôt de tous les dons, le grand prêtre s'avança et fit un long sermon, tout en cachant sa figure derrière un immense éventail.

Puis mon hôte Nan-Juta s'avança, s'assit devant le tschau et les fonctionnaires, et récita une longue prière ; toute l'assemblée l'écouta les mains jointes et avec une grande attention. Alors on alla chercher une petite statue de Bouddha habillée en jaune, et on la déposa sous la tente.

On enleva à Bouddha son habit, et tout le monde défila devant la statuette en versant une cruche d'eau sur la tête de l'idole. Puis on l'essuya avec soin ; les prêtres l'habillèrent et le rentrèrent au wat. Un second sermon fut prononcé, pendant lequel la population causa à haute voix en s'occupant de ses boîtes à bétel, puis on hissa une bande de calicot blanc sur une perche à côté du wat.

Nan-Juta fit de nouveau une prière, puis tout le monde alluma sa bougie, joignit les mains et écouta un troisième sermon.

La fin de la solennité religieuse fut annoncée par un feu d'artifice qui aurait été beau la nuit, mais qui ne fit aucun effet pendant le jour.

On battit le gong à chaque pétard pour avertir les esprits.

Ainsi finit la journée.

Le jour suivant, on fit le serment de fidélité au tschau et aux prêtres.

L'eau joua un grand rôle dans les deux cérémonies.

La nature se mit de la fête ; un gros orage éclata ; plusieurs arbres furent abattus par la foudre dans les environs.

Tous les hommes de Muang-Fang prirent part au serment de fidélité. Ils s'étaient tous fait raser la chevelure, à part le bouquet ou la mèche du milieu. Tous ceux du district arrivèrent chargés de présents pour les maîtres temporels. Chacun donna, quelque minime que fût le cadeau ; car celui qui ne donnerait pas n'aurait pas de justice à attendre dans l'année.

En déposant leurs présents ils s'inclinèrent, et on leur jeta de l'eau sur la tête.

La même chose se fit pour les prêtres, qui furent tous rasés jusqu'aux sourcils.

Ce fut la clôture des solennités du jour de l'an, et le peuple recommença son labeur.

Le même soir, Yang et les coolies revinrent de Muang-Nai, tout mon bien était en sûreté, de sorte que je n'avais plus qu'à le prendre en passant.

Après les avoir payés, ils s'en retournèrent joyeusement à Kiang-Hai, et, comme mon bagage était en lieu sûr, je pensai aussi sérieusement à mon départ.

On ne m'avait envoyé qu'un éléphant de Muang-Pan : c'était un éléphant femelle, et il était malade.

Il résulta de l'examen de mon passeport qu'il émanait du secrétaire du tschau Opérat, et qu'il ne portait que le cachet de ce dernier. Quand je le fis lire par Kao au pya, celui-ci se refusa non seulement à suivre l'injonction qui y était écrite, mais il cracha dessus et me le renvoya par Kao. Il ajouta encore l'offense de me faire dire que j'avais agi avec fausseté envers lui, et que je pouvais partir sur mon éléphant femelle malade, si l'envie m'en prenait.

J'étais dans un nouvel embarras ; j'avais encore beaucoup de bagages, et je ne pouvais avoir ni éléphants ni gens pour les faire transporter.

Si je m'abaissais à monter un éléphant femelle, je m'exposais à de nouvelles offenses ; si je m'en allais à pied, il fallait laisser mon bagage, et sans aucun doute le pya aurait envoyé des émissaires pour exciter les gens de la campagne contre moi.

Chaque jour de plus passé à Muang-Fang me mit davantage à la merci du vieux pya.

Kao et Yang furent inquiets et craignirent qu'on ne nous assassinât. Dans cette détresse, j'écrivis une seconde lettre au docteur Cheek; je lui peignis la gravité de ma situation, lui disant que ma lettre ne portait pas le cachet du tschau Opérat de Tschengmai, mais seulement celui de son secrétaire, et qu'elle n'avait fait qu'aggraver ma situation. Je le priai de me procurer une lettre portant le cachet même du tschau, pour forcer les chefs de Muang-Fang à l'obéissance.

CHAPITRE XXVIII

L'inquiétude, l'incertitude sur le résultat de ma dernière
tentative m'enlevèrent le sommeil pendant plusieurs nuits.

J'étais bien sûr de la vigilance de mon chien, mais le peuple
s'irritait de plus en plus contre moi.

Je ne rencontrai que rarement de la bienveillance et de la
politesse, bien plutôt de la grossièreté, même chez ceux que
je payais pour leurs services, et peu s'en fallait que l'hostilité
n'éclatât au grand jour. Un événement malheureux fit passer
jusqu'à mon hôte dans le camp ennemi. Quoique Nan-Juta
fût superstitieux, quoiqu'il tâchât d'obtenir les faveurs des
pyas de toute manière et par tous les moyens, j'avais toujours
eu une certaine confiance en lui et même de la sympathie
pour sa personne. Il avait été très aimable quelquefois, avait
même fait organiser des danses en mon honneur ; de plus,
je le croyais trop occupé à faire ses paniers, à remplir ses
devoirs religieux et à soigner ses champs de riz, pour pouvoir
nourrir encore un sentiment d'animosité envers moi.

C'était un des Laotes les plus actifs que j'aie rencontré; il avait toujours quelque chose à faire : le matin il cueillait d'abord quelques fleurs, puis il portait son sacrifice aux prêtres. Jamais il ne négligeait son devoir, et j'étais forcé de le regarder quand, un sourire de satisfaction sur les lèvres de son visage méphistophélique, il revenait du wat dans ma chambre en s'écriant : *Arai?* (qu'y a-t-il?)

Je lui avais donné le surnom d'Arai.

Après son premier repas, il s'en allait dans la forêt couper du bambou pour tresser ses paniers ; il travaillait quelquefois des demi-journées, puis il avait son bétail à soigner.

Malgré toutes ses vertus, il se laissa entraîner par le courant et saisit la première occasion de passer de la froideur à l'hostilité ouverte. Cette occasion se présenta quand un jour un tigre lui tua un chien et un jeune taureau. Sa superstition m'en accusa.

Si le bétail d'autres personnes avait été dévoré, cela n'aurait rien fait ; mais qu'un tigre dévorât un taureau sous la maison que j'habitais, c'était une preuve que c'était à moi que ce malheur était imputable, et dès cet instant je devins son ennemi.

Son influence parut avoir augmenté avec la nouvelle année, et il avait conseillé de ne me donner aucun aide. Mon seul espoir consistait en un prompt secours de Tschengmai.

Un de ces petits rouleaux en feuilles de palmier qui portent comme talisman le cachet du tschau pouvait faire plus que toutes mes représentations, plus que les sourds grognements de Tali, plus que l'éloquence de Kao, plus enfin que le tout-puissant pot-de-vin.

Le 1er mai sonna l'heure de la délivrance.

Après dix-sept jours d'attente, sans parler des dangers courus, je reçus la lettre attendue du docteur Cheek, avec une lettre du tschau Opérat de Tschengmai, qui enjoignait aux chefs et à la population de Muang-Fang de me fournir des éléphants et des coolies pour transporter en sept jours mon bagage à Tschengmai.

Le tschau et le pya durent s'exécuter, et sept éléphants furent prêts à partir le lendemain matin.

Dès que Yang et les coolies nous eurent quittés avec le bagage et l'ordre de faire partir également pour Tschengmai les deux bateaux amarrés à Muang-Nai, je secouai de mes pieds la poussière de Muang-Fang, en m'en allant vers l'ouest, afin de découvrir, si possible, les sources du Méping.

Nan-Juta, mon hôte à Muang-Fang.

Nous gravîmes une montagne de 600 mètres, ce qui fut très pénible pour les éléphants, à cause des blocs de rocher qui entravaient leur marche.

Enfin, après bien des peines, nous atteignons le Méping.

Ce n'est qu'un petit ruisseau de la largeur de 6 mètres à peine et de 50 centimètres de profondeur.

Les indigènes m'assurèrent qu'on pouvait suivre son cours encore pendant plusieurs jours sans arriver à sa source, quoiqu'elle fût située en Lao et non dans les États de Niau, comme on le croit généralement; ils me dirent aussi qu'il était fort difficile de s'y procurer des vivres, et, comme nous n'avions de provisions de bouche que pour sept jours, je dus revenir sur mes pas, en suivant le cours de la rivière dans la direction sud-ouest et sud-sud-ouest.

Pendant deux jours nous passâmes et repassâmes plusieurs fois la rivière, jusqu'à ce que nous arrivâmes au petit village de Muang-Schandau, situé plus haut, au bord du Meping; puis nous passâmes à Ban-Pan, à Muang-Kenn, et arrivâmes dans la soirée du 7 mai à Tschengmai.

En passant le Meping, je vis le docteur Cheek, qui était venu à ma rencontre pour me souhaiter la bienvenue. Il mit à ma disposition une maison habitée autrefois par lui, et qu'il avait échangée contre une autre plus commode sur l'autre rive.

Le lendemain matin je me rendis tout de suite, avec le docteur, chez le tschau, pour lui présenter mes respects. Le chef n'était pas dans son palais, mais dans son chantier, où il surveillait la construction de plusieurs bateaux qui devaient servir à une visite du roi de Siam à Bangkok.

Dans un coin de la cour, je vis un Chinois enchaîné; j'appris plus tard qu'il avait eu à Tschengmai une maison de jeu pour laquelle il payait une somme convenue au tschau; mais il avait donné trop d'occasions aux sujets du prince de perdre leur argent. Comment aurait-il pu faire autrement? Bref, un riche Chinois perdit dans une nuit une vingtaine de mille francs, qu'il ne voulait ou ne pouvait payer, et pour lesquels il fit un papier.

Quand vint le moment de payer sa redevance, il manqua au fermier une certaine somme, et, comme son débiteur chinois ne le payait pas, il pria le tschau d'accepter le papier en payement et de se faire payer lui-même.

Mais la femme du chef, qui sans doute avait un mot à dire dans les questions d'argent, fut outrée de cette proposition et enleva au Chinois non seulement son monopole, mais le fit mettre dans les chaînes, tandis que le débiteur insolvable resta en liberté.

J'expliquai alors au tschau toutes les difficultés que j'avais eues à Muang-Fang et à Muang-Pan. Il m'écouta la bouche ouverte, et sans doute toute l'affaire en serait restée là si, quelques jours plus tard, je ne m'étais aperçu que les coolies, pour alléger leurs fardeaux, avaient jeté ou bu l'esprit de vin destiné à mes collections d'histoire naturelle. Avec une audace sans nom, ils soutinrent que le liquide s'était répandu tout seul; une seule chose m'étonna, c'est qu'ils ne dirent pas que c'étaient les esprits qui avaient fait le coup.

Sur le conseil du docteur, j'adressai immédiatement une demande en dommages-intérêts au tschau, 1° parce qu'on m'avait retenu sans raison à Muang-Fang et qu'on m'avait empêché de faire ma collection d'animaux; 2° pour l'anéantissement des quelques pièces que j'avais pu réunir avec beaucoup de mal.

Une réunion des fonctionnaires siamois et laotes fut fixée; et je dus comparaître ainsi que les coolies. Les gens de Muang-Fang m'accusèrent durement : ils dirent que j'avais attiré les tigres dans la colonie, car après mon départ ils n'avaient plus été inquiétés, et après mon retour ils étaient revenus, etc. Je répondis que si j'étais possédé des mauvais esprits et si je pouvais attirer les tigres, j'aurais aussi pu les attirer à Tschengmai. Est-ce que le docteur Cheek appellerait son ami un homme qui ferait du mal au peuple?

Quand j'eus rappelé la conduite du tschau de Muang-Pan à mon égard, quand j'eus dit qu'il m'envoya un éléphant femelle et malade, et quand je rapportai comment le pya avait traité la lettre du secrétaire, la partie fut gagnée. Ni le tschau ni le commissaire siamois Pra-Udon ne voulurent souffrir qu'un étranger qu'ils avaient pris sous leur protection fût offensé, et ils adressèrent une remontrance à tous les coupables.

L'instruction dura au moins trois semaines. Le commissaire siamois fut aidé par le pya Nai, un des secrétaires du tschau, et par le tschau Radjasampan, homme impartial, au caractère franc.

Le pya qui avait craché sur la lettre était son propre frère; et, quoique dans son amour fraternel il cherchât à l'excuser, il ne put s'empêcher de dire que son frère était un coquin qui avait mérité plus d'une fois déjà une punition.

Finalement le tschau m'offrit d'arranger l'affaire de la façon suivante : j'assisterais à une fête à laquelle tous les princes du district seraient présents; mes mains seraient entourées de cordes pour me réconcilier les esprits offensés, et on me remettrait, outre une pyramide de fleurs, quelques vieilles monnaies laotes en signe de l'amitié du peuple.

Mais j'appris que plusieurs semaines se passeraient pour achever tous les préparatifs de cette fête, et, comme je tenais à retourner au plus tôt à Bangkok, je refusai cette offre. Je le regrette aujourd'hui, car il aurait été intéressant d'assister à un *puk-quam :* c'est ainsi qu'on appelle cette cérémonie. J'aurais confondu ainsi pour toujours les gens qui me considéraient comme un ennemi; tandis que, ayant refusé, leurs calomnies devaient me suivre jusqu'à Bangkok.

Avant de quitter Tschengmai, j'assistai à une fête religieuse laote, et mes hôtes et moi nous fîmes à cette occasion un joyeux pique-nique. Dans les environs de la ville de Tscheng-mai s'élève la montagne Doi-Sua-Tape, sur le versant de laquelle, à 810 mètres au-dessus du niveau de la mer, se trouve un temple célèbre. Nous résolûmes de visiter cet endroit, et je demandai pour faire la course sept éléphants au chef.

Le docteur Cheek m'avait donné un bon conseil, c'était de réclamer un nombre d'éléphants et de coolies supérieur à celui dont on a besoin, parce qu'il est d'habitude chez les Laotes de toujours fournir moins d'éléphants qu'on leur en demande.

Au lieu des sept demandés, je n'en eus que cinq, juste le nombre qu'il nous fallait.

Nous partîmes au lever du soleil par un temps magnifique. Nous suivîmes une grande procession d'indigènes de tout âge et de toute condition; le but de leur voyage était le même que le nôtre, ils allaient au temple du Doi-Sua-Tape. La montée ne dura pas moins de trois heures, et, quand nous fûmes arrivés, un grand nombre d'indigènes nous avaient déjà devancés; j'estime à mille le nombre des sacrificateurs aux esprits et d'adorateurs de Bouddha qu'il y avait là. Ils avaient fait des offrandes de gâteaux de riz et autres friandises, comme si ces statues mangeaient.

Une espèce de foire se tenait sur cette montagne; on vendait de tout et on achetait de tout, naturellement pour l'offrir ensuite aux idoles. Il y eut un grand feu d'artifice, qui amusa beaucoup la jeunesse.

Du plateau où se trouve le temple, on jouit d'une vue splendide sur le lointain.

Avant de quitter Tschengmai, j'allai encore visiter les forêts d'où on tire le bois de teck. Ces forêts sont louées à des entrepreneurs par les princes, qui seuls ont le droit de les exploiter. On y occupe comme ouvriers les Komos, dont le pays est situé à l'est de Tschengmai, au delà du Mékong. Leur couleur est plus foncée que celle des Laotes; leur stature est petite, mais ils sont bien musclés : leurs jambes surtout sont très développées. Les malheureux ne croient pas en Dieu, mais ils honorent les esprits de leurs ancêtres. Ces gens sont engagés généralement pour trois ans, et reçoivent pour salaire de leurs peines pendant tout ce temps la somme dérisoire de 180 francs (80 roupies). Ils sont même quelquefois déçus d'une partie de leur gain, car, pour avoir la permission d'employer un Komo dans les forêts, l'entrepreneur doit payer une somme de douze roupies, et celui-ci les retient souvent à l'ouvrier.

Ces ouvriers n'emportent par leur argent chez eux, mais ils achètent avant de partir un de ces gongs que les Kares rouges fabriquent.

Dans leur sagesse ils se disent : Si nous emportons de l'argent, il diminue tous les jours, jusqu'à ce qu'il n'y en ait plus, tandis que le gong, nous le gardons et nous entendons son bruit splendide tous les jours.

Les forêts sont presque toujours louées par des marchands birmans, dont il y a une véritable colonie à Tschengmai. On sait qu'ils ont le corps soigneusement tatoué.

Avant mon départ, j'allai voir plusieurs fois la princesse

Tschau-Ubou; je la trouvai parmi ses esclaves, qui tissaient de la soie; elle était occupée à faire de la tapisserie.

Malgré ses opinions spirites, elle était très bien avec les missionnaires, parce qu'elle reconnaissait l'avantage qu'il y a à fréquenter les étrangers.

CHAPITRE XXIX

Le 26 mai je quittai Tschengmai, et le docteur Cheek ajouta aux complaisances qu'il avait déjà eues pour moi celle de mettre à ma disposition un bateau très confortable, construit dans son propre chantier; j'eus ainsi l'occasion d'apprécier les améliorations qu'il avait apportées dans la construction.

Le chef me remit des lettres avec la permission de passer sur ses terres; il donna également l'ordre aux pilotes de Mutka de m'assister au passage des barres du fleuve.

En aval de Tschengmai, le fleuve est bordé sur une grande étendue de villages, de champs de riz sans fin, de plantations de palmiers, de bétel et de cacao.

L'arrosage se fait au moyen de roues en bambou, dont les pelles recourbées se remplissent chaque fois qu'elles entrent dans l'eau; elles la versent de l'autre côté dans un conduit de bambou qui la mène aux plantations. Ce procédé est simple et ingénieux.

Des paniers à poissons, ressemblant à ceux de la côte, faisaient parfois obstacle à la navigation.

Le deuxième jour nous atteignîmes Ban-Tapi, village réservé aux lépreux, tombe vivante habitée par cinq à six cents malades et estropiés. Leur aspect était horrible et faisait pitié; leur regard était empreint de la fixité de la mort, tandis que la terrible maladie décomposait leur figure, rongeait leurs mains et leurs pieds.

Le jour suivant nous arrivâmes à Muang-Hawt, village renommé pour ses poules, et qui est une station d'arrêt sur la route de Mulmen.

Le fleuve est entouré de collines calcaires, qui se dessinent en silhouettes blanches sur le ciel bleu et qui sont garnies de courtes broussailles. Ces rochers grouillaient de chauves-souris et d'hirondelles, qui voltigeaient gaiement autour de leurs nids cachés dans cette pierre tendre.

Nous n'avions guère le temps de regarder les beautés du rivage; le courant devenait plus rapide et exigeait la plus grande attention pour guider notre bateau à travers les écueils; nous fûmes entraînés avec une grande vitesse vers les barrages naturels, qui sont au nombre de trente-deux.

A trois heures de l'après-midi nous arrivions à Mutka, et j'allai tout de suite voir le pya pour lui montrer mon passeport et le presser de faire les préparatifs nécessaires à notre passage à travers les barres.

Le lendemain nous continuâmes notre voyage, après que nous eûmes pris deux pilotes pour chaque bateau.

Dans le fleuve flottaient plusieurs buffles morts, et les vautours perchés sur eux les dépeçaient pendant qu'ils allaient à la mer. Une peste, paraît-il, avait fait plusieurs centaines de victimes de l'espèce bovine, et dans certains villages il n'était pas resté un seul buffle.

On voyait des singes sauter dans les arbres jusqu'au bord du fleuve, et des grues géantes et d'autres oiseaux qui allaient par troupes.

A trois milles de Mutka nous rencontrâmes le premier barrage, le Kong; au-dessous est situé le petit village de Ban-Kau.

Les habitants de ce village gagnent leur vie en fabriquant de la poudre pour laquelle ils emploient les excréments des chauves-souris, qu'ils ramassent dans les nombreuses cavernes et grottes des alentours.

Deux ou trois heures plus loin, les roches calcaires sont presque à pic ; les couches vont dans tous les sens. Sur le bord de l'eau, le fleuve a creusé des trous qui ressemblent à de vraies sculptures.

Nous passâmes la nuit à Keng-Soi. Dans le voisinage, sur la pointe d'une montagne est situé un wat ; ce wat, avec son pratschedi, est visible au loin des deux côtés. Toutes les fois que nous avions passé un endroit dangereux, notre pilote se tournait vers le wat en s'inclinant.

Au-dessous de Keng-Soi, les eaux, plus rapides encore, indiquaient que nous avions des endroits très mauvais à franchir.

Le coup d'œil était magnifique.

Chaque fois que le fleuve tournait, le paysage changeait, selon que la perspective se rapprochait ou s'éloignait.

Aux coudes du fleuve, des blocs énormes de granit se dressent comme pour briser le courant.

Nous approchons de Doi-Omlo : ce sont les plus dangereux barrages. Il faut être fort et adroit pour éviter les écueils du fleuve, car il décrit une courbe si brusque, que la force réunie de plusieurs hommes est nécessaire pour maintenir le gouvernail.

Pendant que nous passons celle-ci, mon bateau est tout à coup détourné et se dirige avec une vitesse effrayante contre les écueils.

Si nous évitons le choc, c'est grâce à la prévoyance et à l'adresse de l'équipage : quelques rameurs se placent vivement au milieu de l'embarcation, et avec des perches réussissent à redresser le bateau, de telle sorte qu'il obéit de nouveau à son gouvernail.

Le deuxième bateau rasait le rivage de trop près ; les branches des arbres abattirent le toit de la cabine du milieu, et du même coup l'un des pilotes tomba à l'eau. C'est un miracle qu'il ne se noya pas; par bonheur nous nous trouvions près de la rive, et il réussit à l'atteindre. Il nous suivit à terre pendant deux milles à peu près, puis nous le reprîmes à bord sain et sauf, quoique un peu mouillé.

Quand tout danger fut passé, les pilotes firent une courte prière à l'esprit de la montagne.

Le bateau du docteur Cheek, pourvu d'un bordage double, passa heureusement tous les endroits dangereux, et j'arrivai sans accident à Raheng.

Là je changeai mon bateau contre un plus grand, qui m'avait été envoyé par le prince Devan, et dans lequel j'avais déjà remonté le fleuve de Bangkok à Raheng. Pendant mon voyage à terre, je l'avais remis au gouverneur, qui m'avait promis de le conserver pendant mon absence; mais ce personnage s'était rendu à Bangkok pour assister à des fêtes, et il avait tout à fait oublié sa promesse; aussi je retrouvai mon bateau sur le même banc de sable où je l'avais laissé en partant. Son état laissait cependant à désirer; il était resté au soleil, et, lorsque je le remis à flot, il prenait l'eau; il me fallut employer six hommes pendant deux jours pour le remettre en état.

Nulle part en Siam, excepté à Bangkok, il n'y a un port, quoique dans les parties hautes du royaume le fleuve soit l'unique voie de communication.

Il est singulier que dans un pays où tout le monde, depuis le plus grand seigneur jusqu'au plus misérable coolie, possède un bateau faisant partie, pour ainsi dire, du mobilier, il n'y ait même pas un endroit où l'amarrer, pas même un ponton; personne n'a jamais eu l'idée d'en construire un, ni même de faire un chemin de l'endroit où est amarrée son embarcation jusqu'à sa demeure. En cas de nécessité, on se sert d'une échelle de bambou pourrie, qui encombre plus qu'elle ne sert, pour monter sur le rivage pendant la saison sèche; mais, dans la plupart des cas, il faut recourir aux pieds et aux mains pour grimper sur la rive, et, lorsque le temps est humide, quand la boue est profonde de plus d'un pied, ce n'est certes pas une entreprise agréable.

Même dans une station aussi importante que celle de Raheng, il n'y a d'arrangement d'aucune sorte pour faciliter le débarquement.

Ainsi que je l'ai dit plus haut, l'eau s'étant retirée, on avait abandonné le bateau du prince Devan sur son banc de sable, et je l'y retrouvai.

Mais la saison des pluies était commencée, et le Ménam montait avec rapidité.

Nous nous mîmes en route pour Bangkok, par Kamp-Heng, Tschainat et Ayuthia.

Des milliers d'oiseaux, des hérons, des pélicans, des grues, faisaient leur proie des poissons voyageurs qui remontaient le fleuve pour frayer.

Le gouverneur de Kamp-Heng était à Bangkok, comme celui de Raheng. Sa demeure avait été convertie pour le moment en théâtre et en salle de danse ; lorsque j'y allai, je trouvai au moins une douzaine de jeunes filles occupées à répéter la pièce qu'elles devaient jouer plus tard à Bangkok.

A Tschainat, tous les bateaux venant de l'intérieur sont contrôlés, et un vieux Chinois est chargé de cette besogne. A Ayuthia, je ne fis que m'arrêter pour saluer le vieux gouverneur, qui est sourd, un fort aimable vieillard de soixante-dix-neuf ans, et je fis mon entrée à Bangkok le 14 juin 1882.

La fête du centenaire de la fondation de la ville venait de commencer.

Sous le règne du roi Pra-Puttha-Yat-Fa-Tschulalok, le fondateur de la dynastie actuelle, Bangkok devint la capitale de Siam, après qu'Ayuthia eut été détruite en partie par les révolutions et les guerres survenues sous les autres rois.

D'après ce qu'on raconte, le souverain monta un jour sur un éléphant royal pour visiter la capitale en ruines. Ce triste aspect le remplit de regrets, et il résolut de rebâtir la cité dans son ancienne splendeur. Ayant convoqué les bourgeois, les prêtres et les chefs, il leur proposa d'instituer un gouvernement royal héréditaire, de rebâtir Krung-Tape-Maha-Nakaun-Sri-Ayuthia, et de l'élever à la dignité de capitale du nouveau royaume. Mais une nuit il rêva que les anciens souverains le chassaient de la ville ; il fit part le lendemain matin de ce rêve aux nobles, et leur dit :

« Lorsque j'ai vu la ville en ruines, j'ai eu le désir de la reconstruire et de lui rendre son ancienne splendeur ; mais comme je sais maintenant que les anciens rois tiennent à y demeurer seuls, nous allons rebâtir Tonaburi. »

Après avoir communiqué son rêve et sa décision aux notables, il assembla le peuple, les prêtres et les rejetons des anciens rois, et il revint à leur tête à Tonaburi, où il s'établit avec eux. Il envoya ensuite des messagers à la recherche de ses parents dispersés.

Le 21 avril 1144 (1782 après J.-C.), le roi Tschulalok désigna la place où devait s'élever la future capitale. Depuis ce temps la ville actuellement connue sous le nom de Bangkok, qui, en siamois, s'écrit Krung-Tep-Maha-Nakhon-Amaratna-Kon-sindre-Mahindr-Ayuthia, s'est accrue constamment et renferme aujourd'hui à peu près un million d'habitants.

Le vieux palais ne suffit plus aux exigences modernes, et le roi actuel a construit le palais neuf, que j'ai décrit ailleurs. Mais ses agrandissements ne se sont pas bornés là ; on acheva pour le centenaire beaucoup d'autres bâtiments projetés depuis longtemps.

Tous les princes remirent une adresse au roi ; cette adresse disait que le pays n'a jamais été aussi florissant que sous la dynastie actuelle.

Des cinq dynasties qui ont régné à Ayuthia, la dynastie Tscheng-Rai a possédé le plus longtemps le trône.

L'adresse disait encore :

« Chaque souverain de la dynastie actuelle a été meilleur et plus doux que les princes des autres maisons, et aucun d'eux n'a fait passer ses propres affaires avant celles de l'État, tous s'appliquant sérieusement au triomphe de la justice et du bon droit.

La descente des rapides du Meping.

« Nous avons un plaisir extrême à comparer aux temps passés l'époque actuelle et à nous rappeler les bonnes actions des princes de cette maison, qui règnent sur nous héréditairement. Le premier roi de cette dynastie, Prabat-Samdeth-Pra-Puttha-Yot-Fa-Tschulalok, monta sur le trône en chassant les ennemis de l'État, qui rendaient malheureux le pays et le mécontentaient, opprimaient le peuple, ruinaient les campagnes, gouvernaient et détrônaient tour à tour le roi de Tonaburi. Lorsqu'il fut affermi sur son trône par sa rare sagesse et sa haute bravoure, les Birmans entrèrent quatre fois dans le Siam avec une armée plus puissante que celle qu'ils avaient quand ils conquirent Ayuthia; mais ils furent battus et chassés du pays par Sa Majesté.

« Le roi porta alors son attention sur les affaires intérieures du pays; il fonda Wat-Pra-Sri-Ratana-Satsadaram, nomma des fonctionnaires dans chaque province et assembla les moines de Bouddha; jamais on n'avait vu dans l'histoire d'Ayuthia pareille réunion pour maintenir et propager la foi de Bouddha. Il fit examiner les lois, et des copies en furent distribuées à tous, fait qui n'avait qu'un précédent dans l'histoire d'Ayuthia. Le peuple vivait en paix, tranquille et heureux, et ceux que les discordes intestines avaient chassés des villages sous les autres rois revenaient en foule dans leur patrie.

« Le second souverain de cette maison, S. M. Pra-Puttha-Lot-La-Napolai, avait les mêmes principes de vertu et de justice. Les Birmans voulant pénétrer dans l'ouest du Siam furent battus chaque fois, et la capitale fut embellie; Nakhou-Ku'an-Kan fut bâti, et, attirés par la gloire de Sa Majesté, les Laotes et les Birmans quittaient leur pays pour venir s'établir dans le Siam.

« S. M. le roi Pra-Nang-Klao, le troisième de la dynastie, s'occupa surtout des institutions religieuses; il bâtit et consacra beaucoup de temples magnifiques; il encouragea l'étude du pali, de sorte que le nombre des savants s'accrut énormément dans le pays. Pour préserver le peuple de l'oppression, il décréta que chacun pouvait se plaindre au roi lui-même et sonner la grosse cloche, loi inconnue dans les annales du Siam.

« Le quatrième souverain fut S. M. le roi Pra-Tscham-Klao, prince vertueux et sage, savant dans toutes les branches de la science. Il fut bon et bienveillant envers son peuple, hardi et audacieux envers ses ennemis. Il ouvrit le commerce avec tous les peuples, aplanit les restrictions d'autrefois et augmenta ainsi le bien-être du pays ; il publia de nouvelles lois, améliora les anciennes, et, se mêlant au peuple, il rendit lui-même des jugements sur les plaintes portées contre des fonctionnaires arrogants, de sorte que ceux qui se plaignaient justement à lui n'avaient plus à craindre personne.

« Pendant le règne de ce prince, nul n'essaya d'attaquer le royaume ou le roi ; la paix fut continuelle, fait jusque-là sans exemple.

« Pendant les quatorze ans du règne actuel, Votre Majesté a toujours suivi les pas de ses prédécesseurs, et Elle a conservé leurs traditions. Par la loi qui abolit l'esclavage, Elle a prouvé sa sagesse en satisfaisant les maîtres des esclaves et sans susciter aucun trouble. De plus, Elle a aboli la coutume humiliante de se prosterner jusqu'à terre dès que le roi paraissait. De plus, Elle permet aux fonctionnaires de faire un rapport écrit, bien détaillé, sur toutes les questions qui leur paraissent importantes. Nos relations avec les États étrangers se sont encore améliorées par la sagesse de votre gouvernement. La construction du wat Pra-Sri-Ratana-Satsaradam, qui durait si longtemps que personne ne croyait qu'elle serait achevée, a été terminée par l'intervention de Votre Majesté, à votre grande gloire et à l'admiration du peuple entier.

« Nous, qui avons vécu dans une paix si profonde sous la protection de Votre Majesté, nous vous sommes extrêmement reconnaissants pour l'affermissement de la dynastie actuelle, dont les membres ne cesseront jamais d'être justes ; nous offrons notre corps et notre vie et faisons le serment d'accomplir fidèlement tout ce que Votre Majesté nous demandera.

Enfin nous invoquons, au milieu de la joie que fait naître en nous cette fête, les trois saints joyaux et dieux qui sont les plus puissants dans l'univers, leur demandant de conserver encore longtemps Votre Majesté à ce royaume. Que tous ses désirs se réalisent, et qu'Elle demeure longtemps la protectrice et l'appui du peuple. »

J'eus le bonheur d'être juste de retour de mon voyage en Lao au moment où les cendres des quatre derniers rois furent transférées du wat Pra-Kao à l'Amarindra-Wimtichai, ou salle du trône.

Pendant sept jours on promena les urnes d'or de temple en temple, et enfin elles furent déposées en grande pompe dans la salle du trône, au milieu des chants sacrés et des détonations du canon; ce fut le prêtre suprême, S. A. R. Krom-Pra, l'oncle du roi, qui prononça un discours sur leurs grandes vertus. Dans les intervalles, illuminations, feux d'artifice, cadeaux et autres réjouissances furent prodigués au peuple. Pendant les fêtes plus de cent prêtres furent reçus tous les jours à la table du roi, et ils furent comblés de présents. Il est vrai qu'ils avaient à remplir des devoirs religieux et des cérémonies pénibles : prier, chanter, prononcer des discours et appeler la bénédiction des dieux sur S. M. le roi Tschulalonkorn.

CHAPITRE XXX

Quelle que soit la véracité de l'adresse précédente sur les
rois défunts, elle a le mérite, en ce qui concerne le roi actuel, de dire l'exacte vérité. Je parlerai plus tard de l'achèvement du temple. Jetons maintenant un regard rapide sur
d'autres résultats obtenus par le sage gouvernement du roi.

Parmi les bâtiments publics, le plus important est le nouveau tribunal. Il sera pour le Siam ce que le tribunal de l'empire est pour l'Allemagne. Le kalahome, ou premier ministre,
s'exprime ainsi en s'adressant au roi: « Le glorieux ancêtre
de Votre Majesté qui est monté sur ce trône en conquérant
s'occupait beaucoup de la justice; il fonda un tribunal royal,
qui est la meilleure garantie de bien-être pour le peuple, du
maintien de la tranquillité et de la paix, et du développement du commerce et de l'industrie. Pour marquer le progrès
accompli depuis cent ans, Votre Majesté a ordonné la construction d'un tribunal royal qui doit centraliser tous les tribunaux existants, sans les supprimer, et rendre possible le
prononcé des jugements d'une manière prompte et indiscu-
table. »

La réponse du roi n'aurait pas été déplacée dans la bouche

d'un souverain de l'Europe occidentale. « J'ai été très satisfait, dit-il, de voir, dans le discours du samuha Pra-Kalahome, que mes vues pour augmenter le bonheur de mon peuple trouvent partout un bon accueil. Je vais poser la pierre fondamentale d'un édifice qui aura le nom de *sala-sathit-yutithan,* c'est-à-dire siège de la justice. Puisse cette œuvre s'accomplir facilement et sans encombre, et mon intention en le faisant construire puisse-t-elle rester la même chez mes successeurs jusqu'à la fin des siècles. »

Outre ce bâtiment, un lycée a été construit pour la jeunesse de Bangkok; c'est un véritable palais, et il sera pourvu de tous les perfectionnements de l'enseignement moderne; son ouverture aura lieu prochainement. Autant que je sache, il n'existe à Bangkok qu'une école pour les filles; elle est placée sous la direction de deux dames américaines, Mlles Hartwell et Halmstead, et dépend de la Mission; autrement l'éducation des jeunes filles est nulle dans le Siam.

Il faut encore ajouter les innovations de la poste et du télégraphe, qui sont dues également au gouvernement actuel. Un bâtiment de poste a été construit à Bangkok, et toutes les maisons ont été numérotées en chiffres siamois peints sur des planchettes.

Les timbres ont été fabriqués en Angleterre, et quand je quittai Bangkok, vingt fonctionnaires venaient d'arriver pour achever la ligne Saïgon-Bangkok et pour introduire le système européen en Siam. A la tête de cette administration est placé le prince Kraw-Huang-Banispantawangse, frère du roi.

Toutefois l'œuvre qui, aux yeux du peuple, demeurera la plus glorieuse pour le roi, c'est l'achèvement du temple Pra-Sri-Ratana-Satsadaram, ou, comme on l'appelle généralement, wat Pra-Kao. C'est un temple consacré au Bouddha en émeraude, commencé par Pra-Puttha-Yot-Fa-Tschulalok. Il fut consacré en 1785, mais on n'en avait jamais fini la construction. Le roi fit alors, le 23 décembre 1879, le vœu de terminer le temple, et le mois suivant on commença à travailler au temple, qui fut achevé le 17 avril 1882. Tous les frais ont été payés par le roi lui-même; les frères du roi étaient chargés de surveiller les travaux.

Le wat Pra-Kao comprend une foule de constructions, comme tous les temples en Siam.

Le wat Pra-Kao.

Le Bouddha en émeraude qui repose dans ce wat fut trouvé, en 1436, à Kiang-Hai, et après bien des voyages il fut placé dans cette chapelle royale.

Dans la matinée du grand jour de la bénédiction du wat Kao, tous les princes se réunirent et présentèrent au roi leur

rapport sur l'achèvement de la construction et sur le couronnement de l'œuvre.

Le roi répondit:

« Princes de ma maison, et vous tous qui avez contribué
à l'achèvement de ce temple gigantesque et qui m'en apportez
maintenant la nouvelle qu'il est terminé, je vous remercie et
je me réjouis.

« J'ai entrepris d'achever ce wat dans ma profonde reconnaissance pour mon aïeul, fondateur de ma dynastie. Il commença la construction de ce temple, qui devait être le plus
beau monument de cette ville et son principal ornement. Mon
père, suivant l'exemple de ses prédécesseurs, montra une
grande vénération pour ce véritable joyau, et il eut la pensée
d'y mettre la dernière main; mais sa mort prématurée laissa
l'œuvre inachevée.

« Les travaux furent bientôt continués, mais les frais considérables de l'entreprise en empêchèrent la réussite; enfin je
pensai à vous confier les travaux et à les partager entre vous.
Aujourd'hui l'œuvre est accomplie, grâce à vous, mes frères.
Malgré mon désir de finir l'édifice pour le centenaire de la
fondation de cette ville et de ma dynastie, vous étiez d'abord
presque tous d'avis qu'une œuvre aussi gigantesque ne pourrait être achevée à temps. Moi-même je doutais de la possibilité de ce souhait; mais je demandai à genoux devant le
Bouddha d'émeraude qu'il me fût permis de finir l'édifice à
temps, et j'ajoutai que si mon vœu était exaucé, j'y verrais un
indice certain que mes descendants continueraient à régner
sur le Siam.

« Après ma prière je vous réunis tous, ô princes de ma
maison; je vous exposai mon désir de prouver par l'achèvement du temple notre reconnaissance à mon père, qui ne put
l'éprouver de son vivant; car nous étions tous trop jeunes
encore. Vous avez fait ce que je vous demandai. Je me re-
posai sur vous, mes frères, vous que j'avais toujours traités
avec sollicitude, fermement persuadé que vous feriez tout votre
possible pour que mon vœu fût exaucé. Vous avez réussi, et

je vous remercie. J'ai puisé dans le trésor royal, et par mes seuls moyens le temple est achevé.

« L'exaucement de mon vœu est une preuve que mes desseins étaient justes et honnêtes. Mon cœur se remplit de joie en voyant le temple terminé, car j'ai ainsi témoigné de ma reconnaissance à mes ancêtres. D'un autre côté j'ai vu que vous m'aimiez, frères; j'ai vu votre habileté, votre persévérance, votre fermeté, votre courage, votre fidélité et, ce qui est mieux encore, votre concorde.

« Enfin je me réjouis de notre œuvre en constatant que c'est un signe de ma piété et la preuve que notre grand dieu Bouddha m'a assisté pour faire triompher sa religion; j'espère que ma famille partagera ma joie.

« Princes de ma maison, je demande pour vous à Bouddha sa bénédiction, une longue vie, le bonheur, les honneurs, la paix et la sagesse, pour vous et pour le pays. Princes et fonctionnaires de tous grades, prêtres et gens de toutes conditions et de tous métiers, vous tous qui êtes réunis pour honorer les trois joyaux, je vous prie de prendre part à ma joie. Je demande pour vous à Bouddha que votre mérite soit récompensé et que le bonheur emplisse votre vie. Je fais ce sacrifice en souvenir du fondateur de cette dynastie. Que partout dans ce royaume les anges chantent avec nous des louanges sur l'accomplissement de notre désir, sur l'achèvement de cette œuvre magnifique! »

CHAPITRE XXXI

Une des attractions durant le centenaire était l'exposition nationale, la première de son espèce. Son pavillon de bambous se dressait, indépendant de toute autre construction, en face du palais royal. Le bâtiment était gardé par des soldats, précaution utile, non seulement à cause de la valeur des objets exposés, mais parce qu'on avait voulu y mettre le feu avant l'ouverture. Heureusement les matières incendiaires avaient été découvertes à temps par la sentinelle.

L'exposition comprenait soixante parties différentes, occupant chacune une salle spéciale.

La plus intéressante était la neuvième; elle contenait un grand nombre de boîtes de verre renfermant une immense variété de joyaux. Ils étaient pour la plupart la propriété de Sa Majesté le roi, qui occupe continuellement un grand nombre d'orfèvres et de bijoutiers.

Il y avait là des boîtes charmantes en or massif, émaillées et enrichies de pierres précieuses, ornées des armes royales; on voyait aussi de lourdes chaînes d'or, des coupes et des gobelets en or ciselé, tout l'attirail de boîtes à bétel, de crachoirs, d'étuis à cigarettes, qui sont offertes de temps en temps par le roi.

Au milieu de tout cela figurait une grande boîte dépassant toutes les autres; elle était remplie de pierres précieuses montées ou non montées, la plupart très grosses. Les brillants et les rubis étaient les plus nombreux, et ils ornaient des tabatières, des bracelets, des vases et des bagues de toutes formes et de toutes grandeurs. On disait qu'il n'y avait pas moins de dix mille bagues, et le contenu de cette seule boîte était estimé à la somme fabuleuse de vingt-cinq millions de francs.

Dans la pièce à côté se trouvait toute la vaisselle d'argent.

L'orfèvrerie a une grande importance à Bangkok, et ce sont les Chinois qui exploitent cette industrie. J'ai visité beaucoup d'ateliers, j'ai vu les ouvriers fondre les métaux précieux; mais jamais je n'ai vu parmi eux un Siamois. Même le roi n'a pas un bijoutier de sa nation. Les indigènes n'ont ni l'adresse ni la persévérance nécessaires; ces qualités, les Chinois les possèdent à un degré très élevé.

Le travail est toujours fait sur commande, et il n'y a pas de boutiques pour les objets fabriqués. Rien n'indique le métier de l'orfèvre, sinon une bande de papier rouge avec une inscription siamoise collée à sa maison. Quelquefois ces hommes sont assis sur les fenêtres ou sur les portes, pour avoir le jour nécessaire, sans s'occuper le moins du monde si on les regarde ou non. On donne à l'orfèvre une quantité d'or ou d'argent, et l'on reçoit ensuite l'objet commandé avec le compte de main-d'œuvre. Leur travail n'a pas le fini de nos bijoux; mais pour de grands objets, tels que des vases, des boîtes, des coupes, il est assez soigné.

Un travail fort joli, c'est leur orfèvrerie d'argent avec ornements en or; il est d'origine siamoise et rappelle certains objets fabriqués en Russie, mais le travail russe est plus fin.

Dans une autre salle se trouvait un certain nombre de figures en cire de grandeur naturelle, représentant des fonctionnaires siamois en uniforme et des femmes du harem royal en costume de cour. Les habillements nationaux étaient largement représentés par des panungs de soie, des ceintures, des écharpes, des jaquettes et toutes sortes d'habillements, depuis celui du prince jusqu'à celui du paysan.

Les beaux-arts avaient aussi leur place. Il y avait là une chambre pleine de dessins, d'aquarelles et de peintures à l'huile ; mais toujours les mêmes sujets, des hanumans, des éléphants, des ratschasis. Peu de portraits, je crois, sauf quelques croûtes dues à un artiste de Sa Majesté.

Si les Siamois n'ont pas de peintres, il peuvent se vanter d'avoir des sculpteurs ; on voyait quelques sujets parfaitement exécutés et plusieurs modèles de wats.

La division des travaux de nacre et de laque, portant le nᵒ 52, contenait des jardinières, des paniers à fruits, des couvertures de livres, des ornements de portes représentant des animaux ; exécutés avec goût, ce sont de vrais travaux de patience.

Les nacres ouvragées sont très répandues à Siam et occupent un grand nombre de personnes.

Les incrustations de nacre sur la laque noire sont d'un effet très séduisant ; et comme la mode exige maintenant dans tous les pays d'avoir ces sortes d'objets, je suis persuadé qu'on en vendrait énormément à Paris.

On y admirait aussi la collection du roi, qui comprenait des objets splendides bien éclairés ; ils produisaient un grand effet. On voyait également les bibliothèques de quelques wats.

Les objets de prix en nacre sont exclusivement réservés aux prêtres, car ceux-ci ne doivent pas en avoir en métal précieux.

Les plats des prêtres sont formés de filaments de bambou si bien tressés, qu'on les croirait taillés dans du bois ; c'est la couche de laque qui leur donne cet aspect ; elle se compose d'un mélange de laque, d'huile et de cendre, et on y trempe les morceaux de nacre, en remplissant l'espace avec du rack.

La trente-troisième division contenait une collection très intéressante de tressages en bambou. Il est difficile de dire à quoi le bambou n'est pas employé, et l'exposition des objets fabriqués avec cette plante aurait pu prendre une place infinie, si le concours avait été ouvert aux étrangers et si le bambou y était aussi estimé que dans le Siam.

Une salle contenait une belle collection de défenses d'éléphants. Sept sortes d'ivoire étaient exposées ; la plus fine coûte, à Bangkok, 1 935 francs les 60 kilos. La corne de rhinocéros, qui est employée comme médecine, coûte 80 francs la livre.

Quant aux productions agricoles et forestières, le riz et le tabac méritent seuls une attention particulière.

La gomme-gutte coûte, à Bangkok, 420 francs les 60 kilos ; l'ordinaire vaut 130 francs. Les bois de teck, de sapan, d'aigle et de rose étaient aussi représentés, ainsi que le sucre, le poivre, la gomme, les nids d'oiseaux, les peaux de buffle, de cerf, d'éléphant, de rhinocéros, etc.

La pêche n'était pas oubliée non plus ; j'ai remarqué de belles écailles de tortues.

La division des minerais mérite aussi d'être citée. Siam est très riche en minerais : on trouve de l'or dans plusieurs parties du royaume, surtout à Kabin, à 160 kilomètres est-nord-est de Bangkok. De nouvelles dispositions y ont été prises dernièrement pour son extraction ; Kabin est relié avec Pastchin par un chemin de fer de 40 kilomètres de longueur.

On trouve du cuivre en grande quantité dans les mines de Korat. Le fer est aussi d'excellente qualité. Le plomb argentifère est assez commun dans les provinces du nord-ouest ; mais c'est l'étain qui y abonde le plus, et on en exporte de grandes quantités ; ces mines sont exploitées par des sociétés chinoises.

Les pierres précieuses ne sont pas rares, surtout les saphirs, les rubis, les grenats et les œils-de-chat.

Enfin on remarquait encore une belle collection d'antiquités, des armes et des drapeaux des vieilles races monta-

Princesse siamoise.

gnardes, ainsi qu'une collection d'anciennes monnaies : des plates, des rondes, des sphériques, et du papier-monnaie.

L'exposition eut un succès éclatant ; car elle présentait un aperçu des produits indigènes, et montrait aux yeux de tous la possibilité de l'extension du commerce siamois. Les ressources naturelles du pays sont fort nombreuses, et, en continuant la politique commerciale du roi actuel, un avenir prospère attend prochainement le Siam.

CHAPITRE XXXII

La fête du centenaire avait tellement réclamé l'attention du
roi, qu'il ne put m'accorder une audience que vers le milieu
de juillet.

J'avais demandé cette audience pour remercier Sa Majesté
de l'appui qu'elle m'avait accordé pour visiter ses États.
S. A. R. le prince Devan me conduisit devant le souverain,
qui me donna la main et me félicita de mon retour, quoique
j'eusse maigri de moitié.

Je pris la parole pour dire au roi que, si je n'étais plus que
la moitié de moi-même, je le remerciai cependant du fond
du cœur de la protection qu'il m'avait accordée pendant mon
séjour dans son royaume. Ayant désiré voir mes dessins,
je lui en montrai quelques-uns ; il les examina longuement,
et me prouva que, s'il n'était pas artiste, il était du moins
connaisseur ; car il m'indiqua aussitôt quelques points où le
dessin laissait à désirer.

Sa Majesté me demanda le résultat de mon voyage ; je fis
des réponses fort brèves, en esquissant à grands traits les
difficultés que j'avais eu à surmonter chez les indigènes ; et le
roi dit que c'était le plus souvent la faute de mon interprète.

Ces soupçons du roi me confirmèrent encore dans mon
opinion sur Kao ; car j'étais persuadé que, quoique bon serviteur, Kao ne rendait pas toujours fidèlement ma pensée,

et le succès dans un pays étranger dépend surtout de l'emploi que l'interprète sait faire de sa langue.

Le roi me remit alors très gracieusement son portrait, ainsi que ceux de la reine et du prince héritier.

Avant de quitter Bangkok j'eus encore le plaisir de visiter le harem royal; j'y fus conduit par S. A. R. le prince Diss, aide de camp du roi, à qui je suis redevable de bien des services.

En même temps je reçus la permission de visiter le wat Puttha-Nivet, aussi nommé le palais de Bouddha. C'est la chapelle privée du roi, et la visite n'en est accordée qu'aux personnes privilégiées. Cette chapelle est très petite, mais elle est renommée par la splendide statuette de Bouddha en cristal qui y est conservée; elle trône sur un autel en ivoire, dont la partie supérieure est faite d'une plaque d'or massif. La transparence de cette statue lui donne un aspect particulier, difficile à exprimer. C'est devant elle que la reine et les dames de la cour font leurs prières. De chaque côté de l'autel se dressent des arbres d'or, faisant partie du tribut de Tschengmai ou d'un autre État laote, et tout près de là se voient encore deux petites statuettes de Bouddha.

A côté de ce palais de Bouddha s'élève le cloître royal, que le roi a habité pendant le temps de sa prêtrise. Les objets les plus remarquables de cette pièce sont une rangée de fresques dans le style du pays, c'est-à-dire sans perspective, retraçant plusieurs événements de la vie du monarque: d'abord la première réception d'ambassadeurs européens, puis le serment de fidélité, un événement de sa jeunesse dans lequel figure aussi sa gouvernante, Mme Leonowens.

Le moment de quitter Bangkok approchait à grands pas, et après avoir pris congé de tous mes amis, qui avaient tant contribué à rendre mon séjour agréable, je m'embarquai le 2 août sur le vapeur *Ban-Jong-Hu*, qui me ramena à Singapour, d'où je repartis bientôt pour l'Europe.

APPENDICE

I

Le nom de Siam vient du malais *Sayam*, et s'applique évidemment à la couleur de la race.

Les indigènes appellent leur pays *Muang-Thai*, c'est-à-dire Royaume des hommes libres.

Le Siam est limité: à l'est, par le Cambodge; à l'ouest, par la Birmanie; au nord, par le Niau et le Chau.

Il est divisé en quarante et une provinces.

La langue siamoise n'a pas de mot pour désigner la semaine. Les jours sont :

        Dimanche. . . . . *Wan-aht-it.*
        Lundi. . . . . *Wan-tschau.*
        Mardi. . . . . *Wan-angk'ahn.*
        Mercredi . . . . *Wan-put.*
        Jeudi . . . . *Wan-pra-hat.*
        Vendredi . . . . *Wan-suk.*
        Samedi . . . . *Wan-san.*

Wan signifie jour.

Les mois se comptent de 1 à 12 :

Du an ai.	1.		*Du an tschet.*		7.
—	*vi.*	2.	—	*paat.*	8.
—	*sahm.*	3.	—	*kan.*	9.
—	*si.*	4.	—	*sip.*	10.
—	*hah.*	5.	—	*sip-et.*	11.
—	*hok.*	6.	—	*sip-saung.*	12.

Du an signifie mois.

Le mois siamois se règle d'après la lune, et dure 29 jours et demi ; ainsi on a un mois de 29 jours, le suivant en a 30, et ainsi de suite. Pour ajouter les 11 jours qui manquent, on ajoute tous les 19 ans 7 à 8 mois et quelques jours.

Quand on indique la date, on ajoute toujours si la lune croît où décroît.

Les années se comptent de 1 à 12 sur des noms d'animaux. *Pi* signifie an, et on ajoute le nom de l'animal.

1. Rat.	7. Cheval.
2. Vache.	8. Chèvre.
3. Tigre.	9. Singe.
4. Lapin.	10. Coq.
5. Grand dragon.	11. Chien.
6. Petit dragon.	12. Truie.

Les Siamois ont trois saisons, qu'ils appellent *Radu-u :*

1re *Radu raun.*	Saison chaude.	
2e — *fon.*	— de pluie.	
3e — *nau-a.*	— froide.	

Les Siamois ont deux ères.

L'ère sacrée, qui s'appelle *Putta sankaraht*, se compte à partir de la mort du dernier Bouddha. Le jour de la pleine lune du sixième mois siamois, c'est-à-dire le 21 avril 1883, cette ère était à sa 2426e année.

L'ère bourgeoise s'appelle *Tschula-sakaraht ;* elle se compte à partir du règne d'un célèbre roi siamois. Le dernier jour du quatrième mois siamois, c'est-à-dire le 8 mars 1883, terminait l'année 1244 de cette ère, elle est donc en retard sur l'ère chrétienne de 639 ans.

II

UNE VISITE AU ROI DE SIAM ET A L'ÉLÉPHANT BLANC[1]

Le 13 janvier 1867, vers onze heures du matin, par une chaleur torride, comme nous revenions de la messe à notre case de bambou, en songeant à tous les courageux missionnaires qui, depuis saint François Xavier en 1562, ont débarqué sur ce quai et puisé là des forces nouvelles avant de commencer, dans les forêts insalubres de l'intérieur, leur vie d'abnégation, de souffrances, de solitude, mais de devoir, nous voyons arriver tout haletant un mandarin, premier chambellan du roi. Il nous remet un papier long de deux pieds et large de deux pouces, où quatre lignes de cinquante à soixante mots chacune, en écriture siamoise, demeurent inintelligibles pour nous. C'est la réponse royale; mais sont-ce nos passeports ou nos lettres d'introduction? Nous recourons au père Larnaudie, et nous voilà bien ébahis d'apprendre que Sa Majesté siamoise nous attend depuis huit heures du matin. Évidemment le roi est surpris de ne pas nous voir arriver; vite nous sautons en gondole, nous recrutons le généralissime, qui porte l'uniforme français de général de division, avec cette seule différence qu'il a un éléphant brodé sur son collet, mais quand nous nous présentons au guichet de la porte royale, on nous dit que Sa Majesté a quitté la salle d'audience où elle entretient tous les matins ses actifs mandarins des besoins pressants de l'État, et qu'elle s'est enfermée dans son harem, dont personne ne peut franchir le seuil pour la chercher, sans mériter la peine de mort!

Grâce à nos guides, la première enceinte du palais étant franchie, nous en profitons pour voir ce qu'elle recèle.

Plus d'audience royale, donc plus d'étiquette; nous ôtons avec bonheur nos habits de drap, sous lesquels nous mourons de cha-

---

[1] Comte de Beauvoir, *Siam, Java et Canton;* librairie Plon, 1870.

leur, et nous arpentons les péristyles et les terrasses, comme les Parisiens en manches de chemise qui visitent les fortifications en été. Un des pages du roi, vêtu d'un casaquin et d'un langoutis de cachemire azur, nous fait d'aimables révérences et des accroupissements multipliés. Toutes les fois qu'il parle, il met sa cigarette parfumée au repos, en la passant entre l'oreille et le crâne. Nous obtenons de lui la permission de rendre nos devoirs à la grande idole vivante, l'Éléphant blanc !

Au seuil du temple-écurie, une quinzaine de mandarins qui nous accompagnent se prosternent à quatre pattes en présence de l'animal-dieu ; et, nous conformant aux convenances, nous entrons chapeau bas dans le sanctuaire, avec force révérences respectueuses. La voilà donc cette fameuse divinité blanche qui est l'emblème du royaume de Siam, et devant laquelle tout un peuple s'incline ! Quel n'est pas notre désenchantement de trouver l'Éléphant blanc de la couleur de tous les éléphants du monde ! En revanche, il est surchargé de bracelets d'or, de colliers d'or, d'amulettes et de pierreries.

On lui sert son repas sur d'énormes plateaux du précieux métal, finement ciselés, et l'eau qui lui est destinée est conservée dans de magnifiques amphores d'argent. Pourtant, en approchant de l'animal chargé de reliques, nous pouvons bien trouver que sa peau est un peu plus grise et d'une nuance plus blanchâtre que celle du « commun des éléphants » ; ce sont seulement ses yeux entièrement blancs qui l'ont désigné à tant d'honneurs et à une si servile vénération. En cela, le dieu est albinos, qualité très rare.

Suivant ce que l'on nous raconte, dès qu'un des chefs de l'intérieur découvre un quadrupède ainsi marqué, il rassemble toutes les tribus avoisinantes pour le traquer : on le prend grâce à de puissants stratagèmes, et après cette douce violence, qui a bien coûté quelques centaines de bras et de jambes broyés, on l'amène jusqu'à Bangkok sur une barque royalement ornée, où il est servi par une escouade d'esclaves prosternés à ses pieds. Pour prix des fruits et du blé vert qu'ils lui offrent, les malheureux sont, paraît-il, récompensés par de mortels horions toutes les fois qu'ils se trouvent à une longueur de trompe. Mais peu importe que le dieu pue, rue et tue ! Les mandarins de Bangkok, installés dans les barques royales, remontent le fleuve au-devant de lui et l'honorent des plus beaux présents; car leur religion leur enseigne que les âmes des Bouddhas transmigrent dans le corps des oiseaux blancs, des singes blancs, des éléphants blancs : à ces derniers surtout hommage et vénération, en raison du nombre prodigieux de mètres cubes de divinité qu'ils doivent renfermer.

Quant à nous, nous ne refusons, malgré nos fous rires, aucun des hommages consacrés à l'Éléphant : c'est la moindre politesse que nous devions à nos aimables hôtes siamois. La bête elle-même, ravie du tas d'herbe tendre que nous lui faisons offrir sur un de ses plateaux d'or, trépigne et se dandine gaiement sur les trois pieds qui lui sont laissés libres. Le quatrième est maintenu par une chaîne rivée, sans quoi je pense que l'idole vivante déguerpirait bien vite de ce lieu où elle est en odeur de sainteté et autres, pour courir dans la jungle avec ses profanes et regrettés compagnons de vie nomade. Nous restons plus d'une demi-heure dans ce temple, examinant les ornements de grande cérémonie qui sont, comme des harnais, suspendus aux parois de marbre. Il y a un kiosque doré à clochetons, monté en sellette, des étuis et des boucles d'oreilles, des pierres précieuses et des centaines de bagues « à défenses », qui, ajoutées à ce qu'il porte déjà, doivent lui faire une étonnante décoration mythologique. Car nous devons songer que nous ne voyons l'éléphant qu'en négligé du matin : jugez de ce que cela doit être quand il est en grande toilette !

Mais nous ne voulons pas sortir du temple sans mettre à exécution un pari que nous avions fait avant de partir d'Europe, et que nous nous plaisions à nous rappeler sur les grandes vagues du cap de Bonne-Espérance comme dans les bals de Sydney : « rapporter chacun trois poils de l'Éléphant blanc ! » Mais cette pieuse opération épilatoire nous paraît une facétie fort dangereuse, maintenant que nous nous trouvons nez à trompe avec l'animal. Corrompre à coup de boulettes d'argent son premier valet de chambre, qui se faufile dévotement, respectueusement, en marchant sur ses genoux, et qui de neuf coups saccadés les arrache sous la lèvre inférieure, voilà qui est fait plus vite qu'il ne faut de temps pour l'écrire, et je vous rapporte ces reliques capillaires dans un médaillon sans emploi jusqu'à présent.

Il n'y a plus rien à voir dans la série de péristyles, où les patrouilles seules montent la garde; et le flot très augmenté de nos acolytes, mandarins et camériers royaux, nous conseille de revenir vers cinq heures du soir pour tenter la fortune et savoir si Sa Majesté nous recevra quand elle sortira de son harem. . .

. . . .

Mais nous n'oublions pas notre rendez-vous donné ce matin pour huit heures et prorogé par la fantaisie d'un mandarin jusqu'à cinq heures du soir. La place du palais est remplie des troupes royales, qui, nu-pieds, mais en bon ordre, obéissent parfaitement aux commandements français du général. Bataillon carré, charge à la baïonnette, défilé et salut, musique entraînante, tout est réussi d'une manière étonnante pour des Asiatiques ! Bravo pour le général-maréchal Lamache !

Cette fois, le portique de la seconde enceinte nous est ouvert à deux battants : il y a des canons sur les terrasses, des sentinelles portant armes sur chaque marche de porcelaine de l'escalier sinueux. Nous arrivons au seuil de la salle du trône, et le roi vient au-devant du prince en traversant une moisson de mandarins accroupis dans l'attitude du plus profond respect, et n'osant même pas lever les yeux sur le maître qu'ils adorent.

Sa Majesté est précédée d'une dizaine de ses enfants, qui sont vraiment ravissants : ils ont la tête rasée, excepté le sommet, d'où s'élève une petite mèche entourée d'une guirlande de fleurs blanches maintenue par des épingles de saphir; leur buste nu est orné de nombreux colliers de pierreries, et leurs reins, d'une ceinture d'étoffe argentée; au-dessous pend un langoutis de soie chinée rose et bleue; enfin sept ou huit gros anneaux, où sont attachés en pendeloques saphirs et rubis, s'enroulent au-dessus de la cheville. Les voilà donc ces petits êtres mignons que les sultanes ont parés et enguirlandés ! L'un porte la boîte aux cigarettes, l'autre le grand sabre du roi, celui-ci un parasol à sept étages, celui-là un crachoir d'or. Ils avancent en trottinant et en nous saluant de leurs plus gentils sourires.

Quel contraste entre ces petits chérubins asiatiques et le vieux roi, dont la figure rabougrie est enchâssée sous une couronne-pyramide dorée, et dont les membres de squelette tremblotent sous les manteaux chamarrés et les pierreries innombrables ! Sa

Majesté siamoise, âgée de soixante-trois ans, est parfaitement laide et tient beaucoup du singe. Mais le roi Mongkut se pique de parler anglais, et nous comprenons à peu près un mot sur dix. Le colloque est fort solennel: le roi nous parle de Louis XIV et de sa fameuse mission; tout en discourant sur les grandeurs du roi-soleil, il se détourne deux ou trois fois par minute pour cracher sa boulette de bétel dans un vase d'or, puis en reprend une autre dans une des boîtes ornementées de diamants que lui tendent ses enfants. Mais l'audience ne dure guère que cinq minutes; nous sommes sur le seuil de la grande salle du trône: le roi nous y fait faire sept ou huit pas. Je ne saurais la comparer qu'à une nef de nos églises, tant elle est élevée et majestueuse. Ne pouvant la mesurer que des yeux, je lui donne trente mètres de long sur neuf ou dix de haut; c'est un magnifique assemblage de colonnades dorées, de lustres filigranés, de panoplies bizarres; le parquet comme le plafond est en marqueterie brillante, et dans les parois sont coupés deux étages de galeries, sorte de loges cintrées, d'où la vue plonge comme dans un théâtre de dorures. Au milieu de la paroi qui est en face de nous, est taillée une immense alcôve: des cierges, d'un demi-pied de diamètre et plus hauts qu'un homme, brûlent sur les marches du trône qui est au fond et qui ressemble à un autel. Au-dessus s'élève le grand parasol à sept étages, un vrai clocher de cathédrale!

Dans tous les coins, des groupes de mandarins prosternés sur les genoux et sur les coudes, des meubles orientaux chargés de bijoux et de parures, des Bouddhas couverts de diamants, à côté de cadeaux (articles de Paris) donnés par les souverains d'Europe. Un fauteuil de velours d'Utrecht, à fond mobile (meuble de malade), sous un dais argenté de pacha! Les insignes de la Légion d'honneur, encadrés au-dessus d'une gravure coloriée (à un sou) représentant des sapeurs! Des blocs de pierres précieuses à l'état brut, dans des plats à barbe de la dernière quincaillerie d'Auvergne! Une architecture et des boiseries d'une beauté inconnue chez nous, et des colifichets de foire de village! Oh! que c'est bien là l'Orient: mélange des plus admirables joyaux indigènes et d'une bimbeloterie européenne, que l'ignorance des possesseurs taxe d'objets d'art; ensemble grandiose et minable, doré et étamé, merveilleusement laqué et enluminé de peintures enfantines! Je donnerais je ne sais quoi pour voir toutes ces vitrines qui nous environnent : la plus proche nous fait éclater de rire; elle contient un fouillis d'ivoires superbes, de jattes valant des milliers de francs, de bouteilles de benzine Colas, d'eau de Cologne, et une douzaine de tasses de faïence de la grosseur d'un melon, à rebords épais et à anse solide. Il paraît que c'est un malin Français qui a vendu au roi ce grotesque ustensile de ménage, comme si c'était un service de table!

Mais le temps d'achever une inspection aussi curieuse ne nous est pas laissé. Le roi dit quelques paroles au groupe de ses filles qui se sont tenues timidement à distance jusque-là, et elles vont ouvrir une cave à liqueurs placée sous la copie du tableau de Jérôme, qui représente la réception des Siamois à Paris. Une d'elles, âgée d'environ treize ans, couverte de bijoux, gracieuse et vraiment charmante, nous verse par son ordre une décoction abominable sous le nom de vin : le roi tient beaucoup à trinquer avec nous en faisant sonner les verres, et il nous congédie fort aimablement en donnant ordre à ses filles d'apporter en grande pompe trois de ses cartes de visite sur papier glacé. Sa Majesté nous les a libéralement octroyées, et voici le témoignage de cette royale munificence :

SOMDETCH-PHRA-PARAMENDR

MAHA-MONGKUT,

MAJOR REX SIAMENSIUM.

Cette fin, en langue latine, n'est-elle pas délicieuse?

III

FÊTES SUR LE MÉNAN A BANGKOK[1]

C'est l'époque des fêtes; le fleuve est sillonné de magnifiques et immenses pirogues chargées et décorées avec ce luxe d'hommes, de dorures, de sculptures et de couleurs que l'Orient seul sait déployer, et qui s'entre-croisent avec les lourds bateaux des marchands de riz, des cultivateurs et des pauvres femmes qui vont brocanter quelques noix d'arec ou des bananes. Ce n'est guère qu'à cette époque et dans une ou deux autres occasions que le roi, les princes et les grands mandarins déploient ainsi leurs richesses et leur importance. Le roi se rendait à une pagode où il allait offrir des présents, précédé, escorté et suivi de toute la cour. Chacun des mandarins était dans une de ces splendides pirogues dont les rameurs étaient couverts d'étoffes aux couleurs brillantes. Beaucoup d'embarcations étaient chargées de soldats en habits rouges; celle du roi se distinguait surtout parmi toutes les autres par un trône surmonté d'une petite tour se terminant en flèche, et par la masse de dorures et de sculptures dont elle était chargée. Le roi, qui avait à ses pieds quelques jeunes princes, ses enfants, saluait de la main les Européens qui se trouvaient sur son passage.

Tous les navires à l'ancre étaient pavoisés, et chaque maison flottante avait à son entrée un petit autel couvert de différents objets où fumaient des bâtons odoriférants.

La plupart des dignitaires, chargés d'embonpoint, sont mollement appuyés sur des coussins brodés et triangulaires au milieu de leurs magnifiques embarcations, sous une espèce de dais élevé et élégant. Une foule d'officiers, de femmes et d'enfants accroupis ou prosternés, les entourent, prêts à leur tendre l'urne d'or qui

[1] Henri Mouhot, *Voyage dans les royaumes de Siam, de Cambodge et de Laos*; Paris, Hachette et Cⁱᵉ, 1868.

leur sert de crachoir, des boîtes d'arec ou des coupes à thé, faites du même précieux métal, et chefs-d'œuvre des orfèvres du Laos ou du Ligor. Chacune de ces embarcations est montée par quatre-vingts et même cent rameurs, la tête et le corps nus, les reins ceints d'une large écharpe blanche, tranchant sur le bronze de leur peau et sur leur langouti rouge; ils lèvent ensemble simultanément leurs pagaies et frappent l'eau en mesure, tandis qu'à la proue et à la poupe, relevés en courbes légères et gracieuses, se tiennent deux autres esclaves, l'un maniant avec dextérité une longue rame qui lui sert de gouvernail, l'autre prêt à prévenir tout abordage.

Continuellement un cri d'excitation sauvage se fait entendre : « Ouah ! ouah ! » tandis que, par intervalles, l'homme de l'arrière en pousse un autre plus prolongé et plus fort qui domine tous les autres; puis viennent des pirogues chargées de musiciens, de rameurs, de femmes et même de nourrices avec leurs nourrissons.

Tout cela passe rapidement, et déjà on n'entend plus que les cris lointains et les sons étouffés des instruments, on ne voit plus que d'autres embarcations montant et descendant le fleuve, presque aussi longues que les premières, quoique également taillées dans un seul tronc d'arbre, n'ayant d'autre ornement que des banderoles, beaucoup plus légères et luttant de vitesse. Les hommes, les jeunes filles, les enfants, chaque âge, chaque sexe a la sienne; mais que d'efforts, que de mouvement, et surtout quel bruit de voix confus !

Le coup d'œil, relevé par l'éclat des plus vives couleurs, est certainement charmant d'étrangeté. De temps en temps on voit aussi apparaître, parmi cette foule bruyante et pittoresque, la barque de quelque Européen, celui-ci se faisant remarquer par l'énorme tuyau de poêle qu'il a adopté pour coiffure sur tous les points du globe.

Par l'insouciance que le peuple montre, il est aisé de reconnaître qu'il ne souffre pas de cette affreuse misère qu'on rencontre trop souvent, hélas ! dans nos grands centres de population. Quand son appétit est satisfait, et il ne faut pour cela qu'un bol de riz et un morceau de poisson assaisonné d'un peu de piment, le Siamois est gai et heureux, et s'endort sans souci du lendemain ; c'est une autre espèce de *lazzarone*.

IV

EXCURSIONS A PETCHABURY[1]

Le 8 mai, à cinq heures du soir, je quittai Bangkok dans une magnifique embarcation couverte de dorures et de sculptures, appartement au khrôme Luang, un des frères du roi.

Le courant nous était favorable, et avec nos quinze rameurs nous remontâmes le fleuve avec rapidité. Notre bateau, pavoisé de toutes sortes d'insignes, queues de paon, pavillons rouges flottant à l'arrière, etc., attirait l'attention de tous les résidents européens dont les maisons sont bâties sur les rives du fleuve, et qui, de leurs balcons couverts (*varandas*), nous envoyaient leurs salutations de la voix et du geste. Trois jours après notre départ de Bangkok, nous étions à Petchabury.

Le roi devait y arriver le même jour pour visiter le palais qu'il a fait construire au sommet d'un mont voisin de la ville; le khrôme Luang, le Kalahom, ou premier ministre, et une grande suite d'autres mandarins l'y avaient déjà devancé. En nous voyant arriver, le khrôme Luang, qui se trouvait dans une jolie petite habitation qu'il possède en ce lieu, nous appela. Dès que nous eûmes échangé notre tenue négligée contre une plus présentable, nous nous rendîmes près du prince, et nous causâmes avec Son Altesse jusqu'à l'heure du déjeuner. C'est un excellent homme, et de tous les dignitaires du pays celui qui témoigne le moins de hauteur et de réserve aux Européens. Pour la culture de l'esprit, ce prince et ses frères, les deux souverains, sont très avancés, surtout si l'on considère l'état de barbarie dans lequel ce pays a été tenu depuis si longtemps; mais quant aux manières, ils ne diffèrent que peu de la « vile multitude ».

Je fis chez lui la connaissance d'un noble et savant Siamois,

---

[1] Henri Mouhot, *Voyage dans les royaumes de Siam, de Cambodge et de Laos.*

Kum-Mote, qui n'est inférieur à aucun homme de sa nation par l'esprit d'érudition et le caractère.

Notre première promenade fut pour le mont le plus rapproché de la ville, et au sommet duquel se trouve le palais du roi. De loin, l'apparence de cette construction, d'architecture européenne, est charmante, et sa situation sur la hauteur est des mieux choisies. Une magnifique chaussée y conduit depuis le fleuve, et le sentier sinueux qui mène à l'édifice a été parfaitement ménagé au milieu des roches volcaniques, basaltes, scories qui couvrent toute la surface de cet ancien cratère.

Du sud au nord s'étend, à vingt-cinq milles seulement, une chaîne de montagnes nommée *Deng,* habitée par les tribus indépendantes des primitifs Karens, et dominée par des pics plus élevés encore. Au pied de ces montagnes se déroule la plaine avec ses forêts, ses nombreux palmiers, ses beaux champs de riz; puis viennent des monts détachés, aux formes pittoresques, aux tons riches et variés, quoique sombres. Enfin, à l'est et au sud, et au delà d'une autre plaine, s'étend le golfe, dont la teinte vaporeuse se confond avec celle de l'horizon, et où croisent quelques navires à peine perceptibles.

C'est un de ces paysages qu'on ne peut oublier, et le roi a fait preuve de goût en y faisant construire un palais. Rien n'est moins poétique que l'imagination des Indo-Chinois; leur cœur ne se ressent nullement des rayons brûlants de leur soleil; cependant cette sublime nature ne les trouve pas tout à fait insensibles, puisqu'ils profitent des sites les mieux doués et des plus belles perspectives pour y élever des châteaux et des pagodes.

En quittant le sommet de ce mont, nous descendîmes dans les profondeurs d'un antre à trois milles de distance, et qui est également un volcan éteint ou un cratère de soulèvement. Ici se trouvent quatre ou cinq grottes, dont deux surtout sont d'une largeur et d'une profondeur surprenantes, et surtout d'un pittoresque extrême. A la vue d'un décor qui les représenterait avec fidélité, on les croirait l'œuvre d'une riche imagination, et on nierait qu'il soit possible de rien voir d'aussi beau dans la nature. Ces roches, tenues longtemps en fusion, ont pris par le refroidissement ces formes curieuses particulières aux scories et au basalte; puis plus tard la mer se retirant, car tous ces monts ont surgi du sein des eaux, et l'humidité de la terre continuant à suinter, ces mêmes rochers se sont teints de couleurs si riches, si harmonieuses; ils se sont ornés de si imposantes, si gracieuses stalactites, dont les hautes et blanches colonnades semblent soutenir les voûtes de ces souterrains, que l'on croit assister à une de ces belles scènes féeriques qui font la fortune des théâtres de Londres et de Paris.

Si le goût de l'architecte qui a construit le palais du roi en ville a échoué à l'intérieur, ici du moins il a tiré le meilleur parti possible de tous les avantages qu'offrait la nature, et heureusement sans leur nuire en rien. Pour peu que le marteau eût touché aux roches, il les eût défigurées; on n'a donc eu simplement qu'à niveler le sol, et à pratiquer quelques beaux escaliers pour aider à descendre dans l'intérieur des grottes et les faire paraître dans toute leur beauté.

La plus vaste et la plus pittoresque des deux cavernes a été convertie en temple; elle est bordée sur toute son étendue d'une rangée d'idoles, dont la plus grande, représentant Bouddha dans le sommeil, est toute dorée.

V

LE BOUDDHISME[1]

Il existe à Posat, comme dans toutes les villes du Cambodge, une pagode bouddhique, et même plusieurs pagodes. Le surlendemain de notre arrivée, des chants lamentables nous réveillèrent vers quatre heures du matin; ce n'était plus la musique du gouverneur, c'étaient les bonzes. Nous avions le palais à notre droite, la bonzerie à notre gauche. Ce voisinage m'inspira des idées dévotes, et la protection du Santi-Pédei m'ouvrit les portes du temple. Je reconnais que mon instruction religieuse resta superficielle et que je ne méritai point le titre de docteur en théologie;

---

[1] E. Boulangier, *Un Hiver au Cambodge;* Tours, A. Mame et fils, 1887.

mais enfin c'est quelque chose de pouvoir mettre sur ses cartes de visite : *Ancien élève de la bonzerie de Posat.* Permettez-moi de vous faire part des petites connaissances que j'acquis, dans un noviciat de trois jours, sur la religion et la justice au Cambodge, ou, pour mieux dire, en Indo-Chine; car tous les traits, tous les caractères que je vais faire ressortir sont vrais pour les différentes

Figuier des banians.

races qui peuplent la grande péninsule. Siamois, Cambodgiens, Laotiens, Annamites, ont, à fort peu de chose près, les mêmes bonzes, les mêmes juges, les mêmes bourreaux. Tous ils vénèrent Bouddha, le plus sage des hommes. Tous ils sont justiciables des mêmes tribunaux corruptibles, et victimes des mêmes lois impitoyables. Il y a des nuances sans doute; mais comme je me tiendrai dans les généralités, les nuances disparaîtront.

Le bouddhisme est l'aîné du christianisme d'environ six siècles. Il a pris naissance dans l'Inde, où florissait le brahmanisme avec ses castes, dont la première était celle des prêtres, et la dernière

celle des parias. La révolution bouddhique consiste dans l'affirmation de l'égalité des hommes devant Dieu. Nous sommes tous
frères, dit Bouddha, et il ouvrit la guerre contre les brahmes,
après avoir écrit ces mots de fraternité, de tolérance et de charité
sur son drapeau.

Il y a une ressemblance frappante entre cette révolution sociale
et la révélation que le Christ devait apporter plus tard dans l'Occident. Mais si le bouddhisme enseigne l'immortalité de l'âme,
il repousse l'éternité des récompenses et des châtiments. Boud-

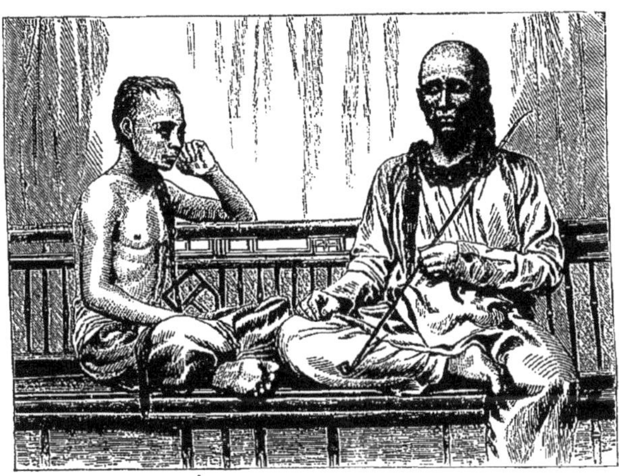

Bonze cambodgien et jeune Siamois à queue.

dha suppose que les fautes humaines, qu'il regarde comme finies
parce qu'elles émanent d'un être fini, n'entraînent pas une punition infinie.

Après la mort, dit-il, Dieu pèse nos bonnes actions et les mauvaises, et fait la différence. Vous êtes récompensé ou puni suivant
la grandeur de cette différence. Après quoi, la jouissance finie ou
l'expiation consommée, l'âme retombe sur la terre et recommence
une vie nouvelle dans un autre corps. Cette seconde vie terminée,
Dieu pèse encore le bien et le mal; il accorde une nouvelle récompense ou inflige un nouveau châtiment, limités l'un et l'autre
dans leur durée.

Ces successions d'existences terrestres, séparées par des voyages
plus ou moins longs dans des mondes inconnus, où l'on est heureux ou malheureux suivant ses mérites, pourraient se prolonger

indéfiniment; mais, comme il y a un terme à tout, il arrive, ou
bien que l'âme a lassé par ses méfaits la patience de la Providence,
qui, la jugeant incorrigible, prend le parti de la précipiter dans
un enfer d'où elle ne sort plus, ou qu'au contraire elle s'est tellement approchée de la perfection, que les portes d'un ciel où elle
s'immatérialise à jamais dans la contemplation de Dieu s'ouvrent
pour elle.

Telle est la conception bouddhique, qui rappelle de loin celle
de Pythagore, et que les sinologues retrouvent enveloppée de
légendes obscures et délayée dans des poèmes où l'imagination
orientale se donne libre carrière.

Bouddha ne s'est pas contenté d'assigner philosophiquement à
l'âme humaine, non une épreuve unique, mais plusieurs épreuves
successives; il a matérialisé sa conception pour la mettre à portée
des masses. Ainsi font tous les fondateurs de religion. Il a donc
créé plusieurs étages de cieux (je crois qu'on en compte seize) et
à peu près autant de purgatoires, dans lesquels les âmes sont
récompensées ou punies de différentes manières, mais en conser-
vant toujours une enveloppe charnelle. Cette enveloppe, l'âme ne
la quitte que pour aller dans le plus profond des enfers ou dans
le ciel le plus élevé de tous, le *Nirvana*. Dans ces deux derniers
refuges, où l'âme humaine ne peut entrer qu'après avoir accu-
mulé les crimes ou les bonnes actions, on ne trouve que des jouis-
sances ou des souffrances morales. Partout ailleurs, ce sont des
joies ou des peines matérielles.

Je me demande ce que le Cambodgien préfère. En fait de plaisirs, je n'en vois pas qu'il mette au-dessus des plaisirs des sens;
en fait de châtiments, son dos est habitué aux coups de bâton.
Puis, pour entrer au Nirvana, il faut avoir mené une vie d'ana-
chorète extrêmement dure sous un climat chaud, s'être mortifié
sans cesse, avoir fait abnégation complète des biens de ce monde.

« C'est bien difficile d'aller au Nirvana, me disaient gravement
les vieux bonzes fanatiques; nous n'espérons pas trop dans cette
vie-ci. »

Du reste, Bouddha lui-même semble avoir fait entendre que ce
n'était pas commode. Quand il mourut sous son figuier, — arbre
sacré depuis cet événement, — ce sage prit congé de ses disciples
par ces paroles :

« Mes amis, je vais au Nirvana, et je vous souhaite d'en faire autant. »

Depuis Bouddha, paraît-il, une condition nouvelle a été introduite pour forcer la porte de ce paradis inaccessible. Il faut être bonze toute sa vie. Or combien peu de Cambodgiens en sont là ! En les comptant, on aurait la limite maxima du nombre des heureux élus. Il se trouve justement que ce calcul est fait pour les vingt-cinq siècles qui nous séparent de la fondation du bouddhisme. En effet, tous les sages qui, par leur vie exemplaire, ont paru à leurs concitoyens mériter la félicité éternelle ont été proclamés bouddhas. Les savants versés dans l'étude des religions vous en diront le nombre à peu d'unités près; s'ils en ont compté deux douzaines, c'est bien tout. Sur mille Cambodgiens, il y en a certainement neuf cent quatre-vingt-dix-neuf qui ne sont bonzes que par occasion.

Pendant plusieurs années, les enfants sont envoyés dans les bonzeries, où ils apprennent à lire et à écrire. Ce sont les seules maisons d'école. Ils servent d'esclaves aux bonzes d'âge mûr. Ils vivent jour et nuit avec eux, séparés de leurs parents, qui leur apportent à manger à la pagode. Comme les bonzes, ils portent la tête complètement rasée et la toge de laine jaune. Avec eux ils chantent à plusieurs époques de l'année, par exemple, aux changements de lunaison, des prières nocturnes en langue bali, qui rappellent certaines litanies plaintives en usage dans la religion catholique. A cela se réduit le culte. Les Cambodgiens *laïques* ne mettent que rarement les pieds à la pagode, pour faire des présents à Bouddha.

Lorsque l'enfant est suffisamment instruit en toutes choses, il quitte la bonzerie. Mais il peut y rentrer, devenu homme, quand il lui plaît, et en sortir encore de la même façon. Il est tenu d'être rigoureusement chaste tant qu'il y sera, mais il ne fait pas de vœux perpétuels. C'est une période de calme hygiénique que les rois eux-mêmes s'imposent. Quand l'observation de ses devoirs devient pénible à un bonze, il rentre dans la vie civile; personne n'y trouve rien à dire.

A côté de privations volontaires, les bonzes ont bien quelques petits avantages qu'ils sont loin de dédaigner. Ainsi, le peuple les nourrit, et les nourrit bien : car, s'ils ne mangent qu'une fois par jour, c'est de bon appétit. Tous ceux que j'ai vus dans la force de l'âge avaient une mine de prospérité magnifique; avec cela un petit air de dévotion qui sied bien à l'emploi. Quand ils voyagent, quand ils se promènent, ils font adroitement main basse sur tout ce qui leur plaît. Adroitement, car ils se gardent bien de prendre; ils entrent dans une paillote, trouvent que le riz est blanc, disent qu'il est beau; la femme le leur donne et se couche sans souper. Ils visitent un magasin, s'arrêtent devant un objet, s'extasient, et le Chinois, — bouddhiste aussi, — s'empresse de leur en faire cadeau. S'opposer au désir d'un bonze, ou ne pas le satisfaire, ce serait offenser Bouddha. Le roi lui-même cède le pas au chef des bonzes, mais il ne faut voir là qu'une simple marque de déférence, qui n'a aucun rapport avec les affaires de l'État.

Je dois vous dire en terminant qu'après avoir triomphé du brahmanisme, la religion bouddhique a été vaincue par lui et chassée de l'Inde. Elle s'est réfugiée dans l'Indo-Chine, en Chine et à Ceylan.

FIN

TABLE

———

CHAPITRE I

CHAPITRE II

CHAPITRE III

CHAPITRE IV

CHAPITRE V

CHAPITRE VI

CHAPITRE VII

CHAPITRE VIII

CHAPITRE IX

CHAPITRE X

CHAPITRE XI

CHAPITRE XII

CHAPITRE XIII

CHAPITRE XIV

CHAPITRE XV

CHAPITRE XVI

CHAPITRE XVII

CHAPITRE XVIII

CHAPITRE XIX

CHAPITRE XX

APPÉNDICE

20293. — Tours, impr. Mame.

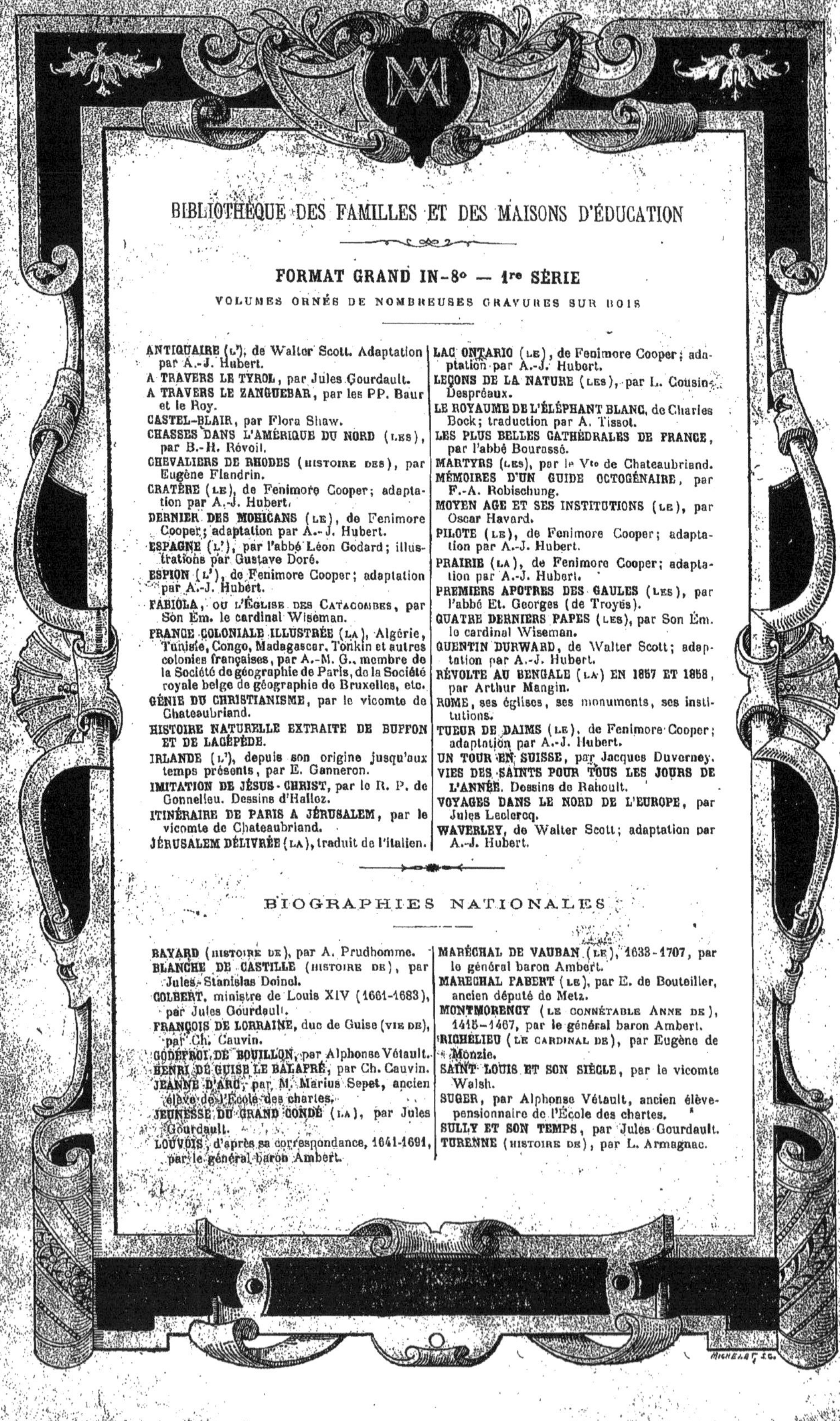

BIBLIOTHÈQUE DES FAMILLES ET DES MAISONS D'ÉDUCATION

FORMAT GRAND IN-8° — 1re SÉRIE

VOLUMES ORNÉS DE NOMBREUSES GRAVURES SUR BOIS

ANTIQUAIRE (L'), de Walter Scott. Adaptation par A.-J. Hubert.

A TRAVERS LE TYROL, par Jules Gourdault.

A TRAVERS LE ZANGUEBAR, par les PP. Baur et le Roy.

CASTEL-BLAIR, par Flora Shaw.

CHASSES DANS L'AMÉRIQUE DU NORD (LES), par B.-H. Révoil.

CHEVALIERS DE RHODES (HISTOIRE DES), par Eugène Flandrin.

CRATÈRE (LE), de Fenimore Cooper; adaptation par A.-J. Hubert.

DERNIER DES MOHICANS (LE), de Fenimore Cooper; adaptation par A.-J. Hubert.

ESPAGNE (L'), par l'abbé Léon Godard; illustrations par Gustave Doré.

ESPION (L'), de Fenimore Cooper; adaptation par A.-J. Hubert.

FABIOLA, OU L'ÉGLISE DES CATACOMBES, par Son Em. le cardinal Wiseman.

FRANCE COLONIALE ILLUSTRÉE (LA), Algérie, Tunisie, Congo, Madagascar, Tonkin et autres colonies françaises, par A.-M. G., membre de la Société de géographie de Paris, de la Société royale belge de géographie de Bruxelles, etc.

GÉNIE DU CHRISTIANISME, par le vicomte de Chateaubriand.

HISTOIRE NATURELLE EXTRAITE DE BUFFON ET DE LACÉPÈDE.

IRLANDE (L'), depuis son origine jusqu'aux temps présents, par E. Ganneron.

IMITATION DE JÉSUS-CHRIST, par le R. P. de Gonnelieu. Dessins d'Halloz.

ITINÉRAIRE DE PARIS A JÉRUSALEM, par le vicomte de Chateaubriand.

JÉRUSALEM DÉLIVRÉE (LA), traduit de l'italien.

LAC ONTARIO (LE), de Fenimore Cooper; adaptation par A.-J. Hubert.

LEÇONS DE LA NATURE (LES), par L. Cousin-Despréaux.

LE ROYAUME DE L'ÉLÉPHANT BLANC, de Charles Bock; traduction par A. Tissot.

LES PLUS BELLES CATHÉDRALES DE FRANCE, par l'abbé Bourassé.

MARTYRS (LES), par le Vte de Chateaubriand.

MÉMOIRES D'UN GUIDE OCTOGÉNAIRE, par F.-A. Robischung.

MOYEN AGE ET SES INSTITUTIONS (LE), par Oscar Havard.

PILOTE (LE), de Fenimore Cooper; adaptation par A.-J. Hubert.

PRAIRIE (LA), de Fenimore Cooper; adaptation par A.-J. Hubert.

PREMIERS APOTRES DES GAULES (LES), par l'abbé Et. Georges (de Troyes).

QUATRE DERNIERS PAPES (LES), par Son Ém. le cardinal Wiseman.

QUENTIN DURWARD, de Walter Scott; adaptation par A.-J. Hubert.

RÉVOLTE AU BENGALE (LA) EN 1857 ET 1858, par Arthur Mangin.

ROME, ses églises, ses monuments, ses institutions.

TUEUR DE DAIMS (LE), de Fenimore Cooper; adaptation par A.-J. Hubert.

UN TOUR EN SUISSE, par Jacques Duverney.

VIES DES SAINTS POUR TOUS LES JOURS DE L'ANNÉE. Dessins de Rahoult.

VOYAGES DANS LE NORD DE L'EUROPE, par Jules Leclercq.

WAVERLEY, de Walter Scott; adaptation par A.-J. Hubert.

BIOGRAPHIES NATIONALES

BAYARD (HISTOIRE DE), par A. Prudhomme.

BLANCHE DE CASTILLE (HISTOIRE DE), par Jules-Stanislas Doinel.

COLBERT, ministre de Louis XIV (1661-1683), par Jules Gourdault.

FRANÇOIS DE LORRAINE, duc de Guise (VIE DE), par Ch. Cauvin.

GODEFROI DE BOUILLON, par Alphonse Vétault.

HENRI DE GUISE LE BALAFRÉ, par Ch. Cauvin.

JEANNE D'ARC, par M. Marius Sepet, ancien élève de l'École des chartes.

JEUNESSE DU GRAND CONDÉ (LA), par Jules Gourdault.

LOUVOIS, d'après sa correspondance, 1641-1691, par le général baron Ambert.

MARÉCHAL DE VAUBAN (LE), 1633-1707, par le général baron Ambert.

MARÉCHAL FABERT (LE), par E. de Bouteiller, ancien député de Metz.

MONTMORENCY (LE CONNÉTABLE ANNE DE), 1415-1467, par le général baron Ambert.

RICHÉLIEU (LE CARDINAL DE), par Eugène de Monzie.

SAINT LOUIS ET SON SIÈCLE, par le vicomte Walsh.

SUGER, par Alphonse Vétault, ancien élève-pensionnaire de l'École des chartes.

SULLY ET SON TEMPS, par Jules Gourdault.

TURENNE (HISTOIRE DE), par L. Armagnac.

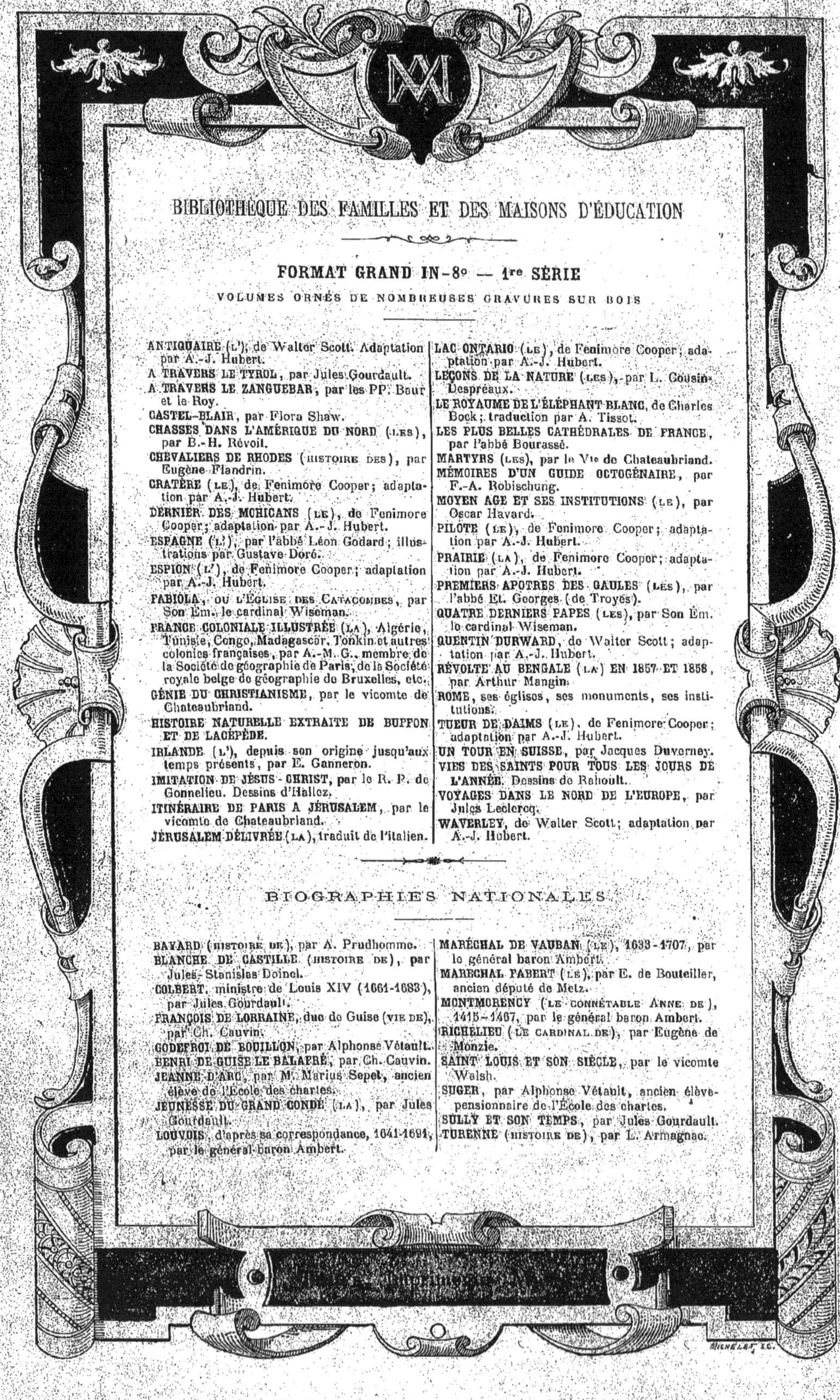

BIBLIOTHÈQUE DES FAMILLES ET DES MAISONS D'ÉDUCATION

FORMAT GRAND IN-8° — 1re SÉRIE
VOLUMES ORNÉS DE NOMBREUSES GRAVURES SUR BOIS

ANTIQUAIRE (L'), de Walter Scott. Adaptation par A.-J. Hubert.
A TRAVERS LE TYROL, par Jules Gourdault.
A TRAVERS LE ZANGUEBAR, par les PP. Baur et le Roy.
CASTEL-BLAIR, par Flora Shaw.
CHASSES DANS L'AMÉRIQUE DU NORD (LES), par B.-H. Révoil.
CHEVALIERS DE RHODES (HISTOIRE DES), par Eugène Flandrin.
CRATÈRE (LE), de Fenimore Cooper; adaptation par A.-J. Hubert.
DERNIER DES MOHICANS (LE), de Fenimore Cooper; adaptation par A.-J. Hubert.
ESPAGNE (L'), par l'abbé Léon Godard; illustrations par Gustave Doré.
ESPION (L'), de Fenimore Cooper; adaptation par A.-J. Hubert.
FABIOLA, OU L'ÉGLISE DES CATACOMBES, par Son Em. le cardinal Wiseman.
FRANCE COLONIALE ILLUSTRÉE (LA), Algérie, Tunisie, Congo, Madagascar, Tonkin et autres colonies françaises, par A.-M. G., membre de la Société de géographie de Paris, de la Société royale belge de géographie de Bruxelles, etc.
GÉNIE DU CHRISTIANISME, par le vicomte de Chateaubriand.
HISTOIRE NATURELLE EXTRAITE DE BUFFON ET DE LACÉPÈDE.
IRLANDE (L'), depuis son origine jusqu'aux temps présents, par E. Ganneron.
IMITATION DE JÉSUS-CHRIST, par le R. P. de Gonnelieu. Dessins d'Halloz.
ITINÉRAIRE DE PARIS A JÉRUSALEM, par le vicomte de Chateaubriand.
JÉRUSALEM DÉLIVRÉE (LA), traduit de l'italien.

LAC ONTARIO (LE), de Fenimore Cooper; adaptation par A.-J. Hubert.
LEÇONS DE LA NATURE (LES), par L. Cousin-Despréaux.
LE ROYAUME DE L'ÉLÉPHANT BLANC, de Charles Bock; traduction par A. Tissot.
LES PLUS BELLES CATHÉDRALES DE FRANCE, par l'abbé Bourassé.
MARTYRS (LES), par le Vte de Chateaubriand.
MÉMOIRES D'UN GUIDE OCTOGÉNAIRE, par F.-A. Robischung.
MOYEN AGE ET SES INSTITUTIONS (LE), par Oscar Havard.
PILOTE (LE), de Fenimore Cooper; adaptation par A.-J. Hubert.
PRAIRIE (LA), de Fenimore Cooper; adaptation par A.-J. Hubert.
PREMIERS APOTRES DES GAULES (LES), par l'abbé El. Georges (de Troyes).
QUATRE DERNIERS PAPES (LES), par Son Em. le cardinal Wiseman.
QUENTIN DURWARD, de Walter Scott; adaptation par A.-J. Hubert.
RÉVOLTE AU BENGALE (LA) EN 1857 ET 1858, par Arthur Mangin.
ROME, ses églises, ses monuments, ses institutions.
TUEUR DE DAIMS (LE), de Fenimore Cooper; adaptation par A.-J. Hubert.
UN TOUR EN SUISSE, par Jacques Duvernoy.
VIES DES SAINTS POUR TOUS LES JOURS DE L'ANNÉE. Dessins de Rahoult.
VOYAGES DANS LE NORD DE L'EUROPE, par Jules Leclercq.
WAVERLEY, de Walter Scott; adaptation par A.-J. Hubert.

BIOGRAPHIES NATIONALES

BAYARD (HISTOIRE DE), par A. Prudhomme.
BLANCHE DE CASTILLE (HISTOIRE DE), par Jules-Stanislas Doinel.
COLBERT, ministre de Louis XIV (1661-1683), par Jules Gourdault.
FRANÇOIS DE LORRAINE, duc de Guise (VIE DE), par Ch. Cauvin.
GODEFROI DE BOUILLON, par Alphonse Vétault.
HENRI DE GUISE LE BALAFRÉ, par Ch. Cauvin.
JEANNE D'ARC, par M. Marius Sepet, ancien élève de l'École des chartes.
JEUNESSE DU GRAND CONDÉ (LA), par Jules Gourdault.
LOUVOIS, d'après sa correspondance, 1641-1691, par le général baron Ambert.

MARÉCHAL DE VAUBAN (LE), 1633-1707, par le général baron Ambert.
MARÉCHAL FABERT (LE), par E. de Bouteiller, ancien député de Metz.
MONTMORENCY (LE CONNÉTABLE ANNE DE), 1415-1467, par le général baron Ambert.
RICHELIEU (LE CARDINAL DE), par Eugène de Monzie.
SAINT LOUIS ET SON SIÈCLE, par le vicomte Walsh.
SUGER, par Alphonse Vétault, ancien élève-pensionnaire de l'École des chartes.
SULLY ET SON TEMPS, par Jules Gourdault.
TURENNE (HISTOIRE DE), par L. Armagnac.

9 782019 194901